高世良 著

南苑春秋

中国发展出版社
CHINA DEVELOPMENT PRESS

图书在版编目（CIP）数据

南苑春秋/高世良著．—北京：中国发展出版社，2019.8
ISBN 978-7-5177-1037-0

Ⅰ．①南…　Ⅱ．①高…　Ⅲ．①丰台区—地方史　Ⅳ．①K291.3

中国版本图书馆 CIP 数据核字（2019）第 150769 号

书　　　名：南苑春秋
著作责任者：高世良
出 版 发 行：中国发展出版社
联 系 地 址：北京市西城区裕民东路 3 号 9 层　100029
标 准 书 号：ISBN 978-7-5177-1037-0
经　销　者：各地新华书店
印　刷　者：河北鑫兆源印刷有限公司
开　　　本：710mm×1000mm　1/16
印　　　张：19
字　　　数：298 千字
版　　　次：2019 年 9 月第 1 版
印　　　次：2019 年 9 月第 1 次印刷
定　　　价：78.00 元

联 系 电 话：（010）68990642　68990692
购 书 热 线：（010）68990682　68990686
网 络 订 购：http：//zgfzcbs. tmall. com//
网 购 电 话：（010）68990639　88333349
本 社 网 址：http：//www. develpress. com. cn
电 子 邮 件：271799043@qq. com

版权所有·翻印必究

本社图书若有缺页、倒页，请向发行部调换

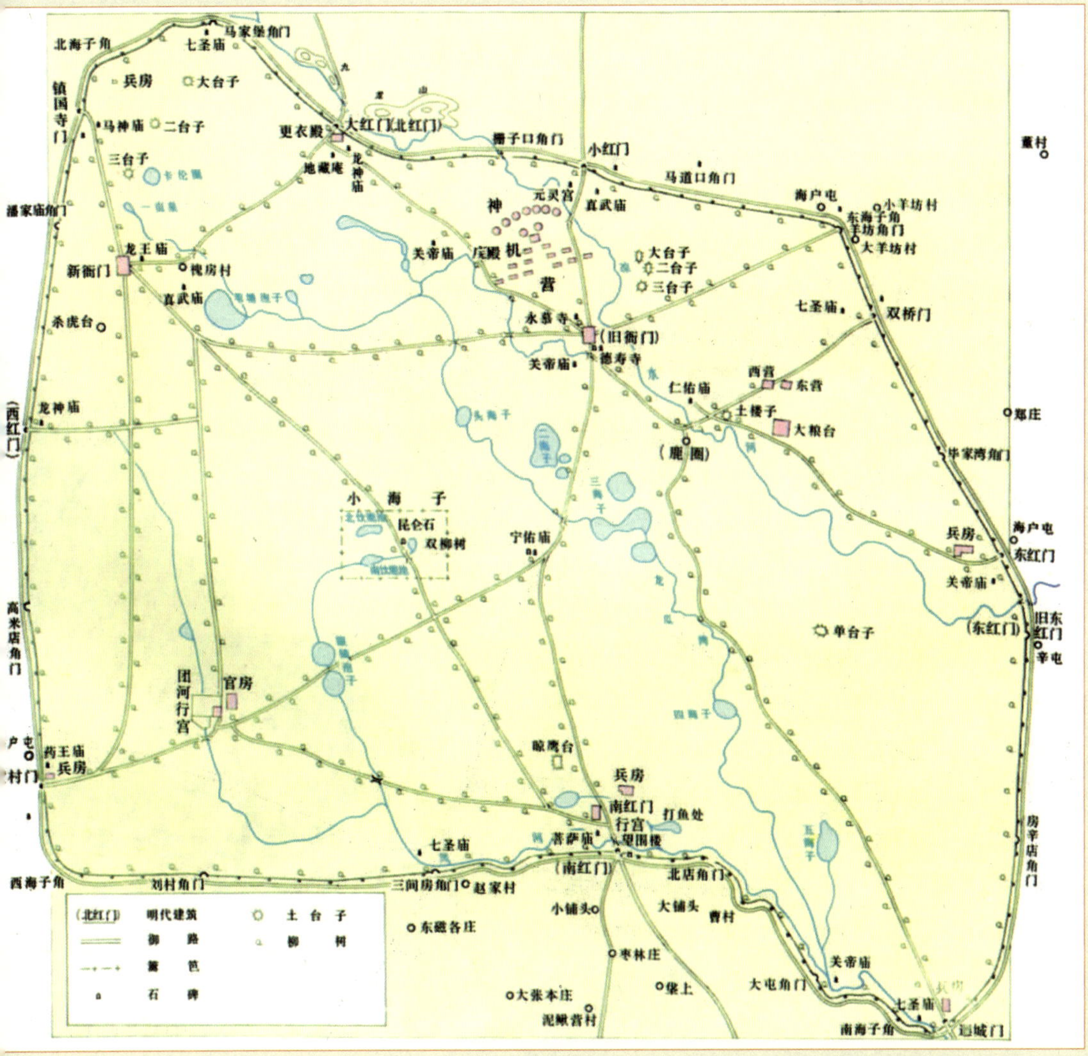

北海子角
七圣庙
马家堡角门
兵房
大台子
镇国寺门
马神庙
二台子
更衣殿
大红门(北红门)
栅子口角门
小红门
董村
三台子
地藏庵
龙神庙
马道口角门
元灵宫
真武庙
海户屯
小羊坊村
潘家庙角门
神机营
东海子角
羊坊角门
大羊坊村
龙王庙
关帝庙
庑殿
大台子
二台子
新衙门
槐房村
三台子
真武庙
七圣庙
双桥门
杀虎台
永慕寺
(旧衙门)
德寿寺
关帝庙
西营
东营
仁佑庙
龙神庙
(西红门)
土楼子
大粮台
郑庄
(鹿圈)
华家湾角门
小海子
昆仑石
双柳树
宁佑庙
兵房
海户屯
东红门
关帝庙
高米店角门
单台子
旧东红门
(东红门)
辛屯
团河行宫
官房
药王庙
兵房
晾鹰台
兵房
南红门行宫
打鱼处
菩萨庙
望围楼
七圣庙
房辛店角门
(南红门)
西海子角
刘村角门
三间房角门
赵家村
北店角门
小铺头
大铺头
曹村
东磁各庄
枣林庄
关帝庙
大张本庄
垡上
大屯角门
七圣庙
泥鳅营村
南海子角
回城门
(北红门) 明代建筑
御路
篱笆
石碑
土台子
柳树

清代南苑示意图

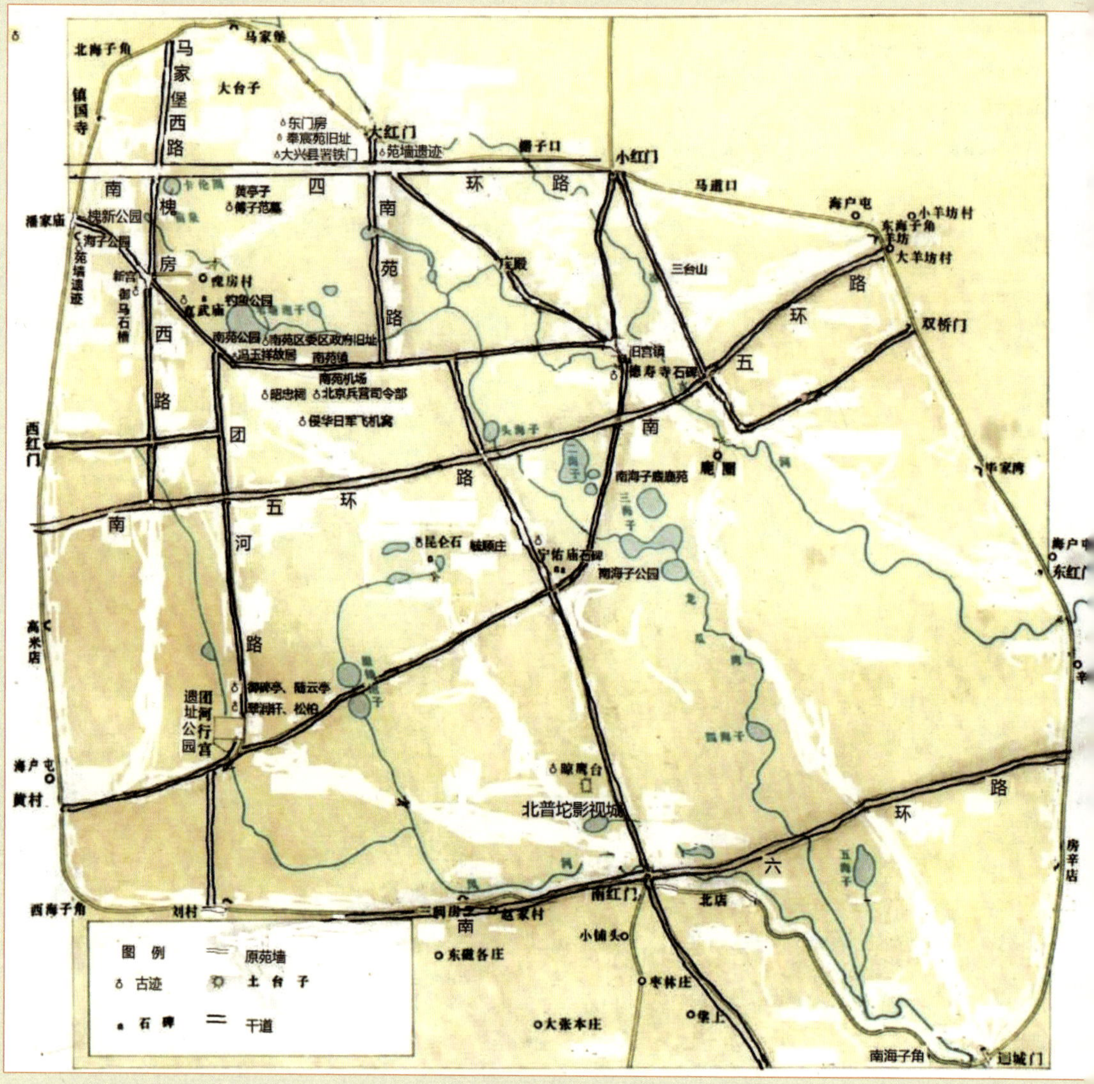

南苑现存古迹示意图

序 言
Foreword

习近平总书记十分重视历史文化，他指出，历史文化是城市的灵魂，要像爱护自己的生命一样保护好历史文化遗产。中华优秀传统文化是中华民族的根，是中华民族的魂，要让历史文化活起来，要让文物古迹说话。

南苑一带原为一片广阔的湿地，泉源遍地，湖泊众多，树木繁盛，芦苇丛生。凉水河、小龙河、凤河流经此地，且发源地均是泉源。南苑是水稻和蔬菜的重要产地，对京城百姓的副食供应发挥过重要作用，尤其南苑稻享誉京城。

南苑地区是辽、金、元、明、清五朝帝王猎场，元、明、清三朝皇家园林。南苑园囿，明朝兴建，清朝扩建，占地面积相同。明朝称南海子，即燕京十景之一“南囿秋风”之地。清代称南苑，建有4座行宫，20多座庙宇，清代初中期为皇家第一园，其围墙长120华里，面积210平方公里。

清末以来，南苑成为驻军重地。南苑地区经历了八国联军侵华、北洋军阀混战、抗日保卫战、北平解放等重大历史事件。民国期间，冯玉祥将军及其部队长期驻守南苑。抗战时期，佟麟阁、赵登禹两位将军就是在南苑壮烈牺牲的。

此外，马家堡火车站是北京最早的火车总站，马家堡火车站至永定门有轨电车是北京第一条公交线路。中国第一座飞机场就建在南苑，即南苑机场。1958年在南苑飞机修理厂的基础上兴建中国运载火箭研究院，成为中国航天的摇篮。

如今，北京市总体规划要把南中轴建设成生态轴、文化轴和发展轴，南四环路至南苑机场地区要建设面积1.6万亩的南苑森林湿地公园，而《南苑春秋》的出版对弘扬南苑历史文化、建设南中轴文化轴、建设南苑森林湿地公园有重要意义。

本书作者高世良是南苑乡退休干部，退休后20多年专心研究南苑历史文化，80多岁高龄仍笔耕不辍。他经常骑自行车去图书馆查资料，到乡间实地考察，访问老者。在过去，没有专门记述南苑的书籍，他成为编著南苑书籍的第一人。他对弘扬南苑历史文化做出了突出贡献，先后被评为丰台区社区教育先进工作者、丰台区首都文化守望人，并获得首都精神文明建设奖，北京日报、北京晚报、北京青年报、丰台报、北京电视台、丰台电视台等媒体纷纷报道了他的事迹。

1999年由燕山出版社出版了高世良的《南苑杂记》。十年磨一剑，他又于2009年由中国旅游出版社出版了《南苑往事》。如今，又经十年，他又于2019年由中国发展出版社出版了《南苑春秋》。本书在《南苑往事》的基础上进行了精减，增加了《南苑抗日保卫战》《历史上的南苑区》《南苑乡改革开放40年纪实》等内容以及许多珍贵资料和历史图片。全书共配有图片200多张，包括众多平面绘图、老照片、历史遗迹照片，极大丰富了南苑历史的内容，为研究南苑历史提供了丰富的资料。在新中国华诞70周年之际，《南苑春秋》堪称一份厚重书卷大礼！

北京市丰台区南苑乡党委书记

刘永宗

2019年3月25日

目　录

Contents

第一篇

南苑皇家园林

一　南苑为五朝猎场

南苑自古以来是一个天然狩猎场，为辽、金、元、明、清五朝皇家猎场和元、明、清三朝皇家苑林，经历了一千多年的历史。

皇家苑林也称“帝王苑囿”，是专供帝王游乐、生活、工作的园林。苑是兼具囿和宫室功能的园林，形式有大有小。大苑是圈定的一片广大区域，具有囿的传统内容，有天然植被，畜养禽兽，供帝王射猎之乐。苑内建有供帝王居住、宴饮、游乐的宫室建筑群。南苑为明清两代皇家大苑，“南囿秋风”为明代燕京十景之一，清代初期为皇家第一园。“苑”字，一般人俗读为yuán（音园），而正确读音为yuàn（音院），因此，对南苑不应读南yuán，应读为南yuàn。

天鹅（孙玉华·摄于北京动物园）

辽金时期，封建统治者常于南苑进行围猎活动，时称“春捺钵”“夏捺钵”。契丹会同三年（938）得幽蓟十六州，升幽州（今北京地区）为幽都府，建号南京。辽南京（今北京西南）为辽朝五京之一。侯仁之、金涛著《北京史话》记载：“辽代为了加强契丹政权的统治，施行契丹皇帝四时巡抚的‘捺钵’制度，就是契丹皇帝在每年的春、夏、秋、冬四季以到各地狩猎或者避寒暑的名义，召集臣僚商议军政大事，这种制度称作‘四时捺钵’。南京

（今北京）城虽然不是契丹皇帝‘四时捺钵’的固定地点，但在辽圣宗（983–1031年在位）时，因对北宋王朝有军事行动，‘春捺钵’（又称春水）和‘夏捺钵’（又称坐夏纳凉）多在南京。”

“捺钵”是辽代契丹族语，意为汉语之“行宫”。据《辽史·营卫志》记载：辽主“秋冬违寒，春夏避暑，随水草，就畋渔，岁以为常。四时各有行在之所，谓之捺钵”。金代女真族、元代蒙古族、清代满族同辽代契丹族同为北方少数民族，延续采用“捺钵”制度。蒙古族也称“捺钵”为“纳宝”。

辽朝皇帝为东北游牧民族契丹族，重视狩猎，常在南京城东南的延芳淀纵放海东青捕捉天鹅。延芳淀在今通州区南部漷县镇一带，辽时置漷县。辽代延芳淀水域广阔，芦苇丛生，方圆数百里。延芳淀的范围北到张家湾、台湖一带，西至马驹桥，西南至大兴区采育，南至通州区南界，东至牛堡屯、于家务。辽代在此地建有宫殿、呼鹰台，并设立先帝石像。延芳淀水泊大约从元代逐渐缩小，至清中期完全消失。

金代北京为中都（首都），据《金史》记载，金中都南城外有广乐园（又称熙春园、南园、南苑），广乐园内有熙春殿、常武殿、临武殿等。金代皇帝多次幸临广乐园。《金史·刘頍》载：“初，南苑有唐旧碑，书‘贞元十年（794）御史大夫刘怦葬’。”刘怦曾任唐幽州节度使，刘頍是刘怦的后裔，章宗帝赐钱三百贯令其改葬苑外。金代海陵王、世宗、章宗皇帝多次到常武殿（临武殿、广武殿）骑马击毬、射柳。《金史·世宗纪上》载：“大定三年（1163）五月乙未，以重五，幸广乐园射柳，命皇太子、亲王、百官皆射，胜者赐

天鹅（孙玉华·摄于北京动物园）

物有差。上复御常武殿，赐宴击毬。”《金史·世纪补·显宗纪》载：“大定二十五年（1185）皇太子允恭卒，九月庚寅，殡于南园熙春殿。己酉，世宗至自上京，未入国门，先至熙春殿致奠，恸哭久之。”世宗皇帝由上京会宁府（故址在今黑龙江省阿城南白城）来到燕京，未入京城，而先到南园熙春殿向太子祭奠。由此得知，广乐园又称南园，其址在中都南门外。

金代时南苑有座建春宫，它和大宁宫（今北海公园）齐名。明代佚名《北平考》记载了建春宫的一些情况。建春宫原名春水，金代承安三年（1198）改称建春宫。该书记载：“《地理志》：大兴有建春宫。《章宗纪》：承安元年（1196）二月己巳，幸都南行宫春水。三年（1198）正月丙辰，如城南春水。己未，名行宫曰建春。”该书记载了金代章宗皇帝自承安元年至泰和八年（1201）6年时间共去建春宫14次。关于建春宫的地点，《金史·地理志》记载：大兴府中“大兴，倚。辽名析津，贞元二年（1154）更今名。有建春宫，镇一广阳”。建春宫在广阳镇，广阳为古城，其地在今大兴区天宫院东南。成吉思汗攻打中都时，建春宫毁于战火。关于建春宫的地点还有一说，在漷县延芳淀（今通州区漷县镇附近）。赵兴华著《北京园林史话》中金中都城及近郊行宫分布图上，建春宫位于延芳淀西北角，紧邻延芳淀。

南苑是元、明、清三代的皇家苑囿，明、清把南海子列为皇家苑林第一园。元时南苑为“下马飞放泊”，明时称“南海子”，清时名“南苑”。元时为了供皇帝游牧打猎，在城南辟为“广四十顷”的围场，名“下马飞放泊”。元代在大都郊区开辟多处飞放泊，多以当地村名命名，唯南郊命名“下马飞放泊”。“下马”即离大都城近，上马不一会就到。“飞放”指放飞海东青，“泊”指湖泊。古时称水汇之处一片汪洋为“海子”，海子之名起于唐代末期，金元

海东青飞行（周广银·提供）

时期对大的湖泊称为“海”。明代扩充下马飞放泊，《明一统志》记载：“永乐十二年（1414）增广其地，周围凡一万八千六百六十丈，乃育养禽兽种植蔬果之所，中有海子大小凡三，其水四时不竭汪洋若海。”以禁城北有海子（指积水潭，当时称海子、西海子），故别名“南海子”。明、清两代有多位皇帝在南苑举行打猎活动。

鸿雁（郭耕·摄于南海子麋鹿苑）

辽、金及元、清时期为北方少数民族做皇帝，重视狩猎活动，因而宫廷颁布保护禽兽的规定。《金史》记载：“正隆五年（1161）禁中都、河北、山东、河南、东京兆军民网捕禽兽及育养雕隼者。”《元史》记载：至元十年（1273）“禁京畿五百里内射猎”。大德元年（1297）“禁民间捕鬻（通育）鹰鹞”。至治二年（1322）“禁捕天鹅，违者籍其家”。《清代道光实录》记载：“京师南苑为我朝肄武之地，皇子皇孙亦于此讲武习勤，操练弓马，家法相承，垂诸久远断不可废之典。乃近年来围场牲畜甚属寥寥，此皆管理不善之故。嗣后苑内草木应如何禁止砍伐□□”

明清时代京城四郊修建了东苑（又称苑内）、西苑、南苑、北苑4座皇家苑林。南苑为京郊四苑中规模最大的一座。清代在南苑重修苑墙、增苑门、建行宫庙宇，因其位于京城正阳门正南20华里处，因而得名南苑。南苑地名一直沿用至今。

二　元代下马飞放泊

至元八年（1271）蒙古大汗忽必烈定国号为元，次年定都大都（今北

元世祖忽必烈像

京）。忽必烈（1215—1294），即元世祖，1260~1294年在位。1251年开府滦河上游之地，注意农桑，兴办屯田。1253年率军攻云南，次年灭大理，1259年攻宋鄂州（今湖北武昌）。1260年在开平（今内蒙古正蓝旗东闪电河北岸）即大汗位，始建元中统。这个游牧民族出身的皇帝为了在冬春之际进行驰骋围场，纵放鹰隼之需要，在郊区开辟了供皇族游猎的四处飞放泊游猎区：下马飞放泊（南苑）、柳林飞放泊、北城店飞放泊和黄堠店飞放泊。

在南苑下马飞放泊东边，通州西南有延芳淀，辽代时有数百里的湖面，到元代水源减少，离析成几个较大的湖泊，分别名南辛庄飞放泊、栲栳垡飞放泊、马家庄飞放泊、柳林飞放泊（海子）。至元十八年（1281）忽必烈在柳林海子兴建柳林行宫。

《元兵志》载："元制，冬春之交，天子亲幸近郊，纵鹰隼搏击，以为游豫之度，谓之飞放。"《元混一方舆胜览》载："下马飞放泊在大兴县正南，广四十

元世祖忽必烈行猎图

顷。”元时下马飞放泊面积4000亩地，是一个小型的猎场，而北城店、黄堠店飞放泊广30顷。清代史志著作《日下旧闻考》载：“按下马飞放泊，即今南苑之地。曰下马者，盖言近也。”“泊”指南苑有湖泊。南苑水源丰富，草繁树茂，禽兽昌盛，在四大飞放泊中下马飞放泊是规模最大的一处。明代刘侗《帝京景物略》记载：南海子“海中殿，瓦为之，……殿旁晾鹰台，……台临三海子，水泱泱，雨而潦，则旁四淫，元旧也。”

元代把下马飞放泊当作游猎和训练兵马的重要场所，在这里筑起晾鹰台。晾鹰台位于南红门内，为高土台，“高六丈，径十九丈，周径一百二十七丈”，是专供统治者纵鹰搏击为乐的。元代在晾鹰台处有仁虞院，即鹰坊。明代佚名《北平考》载：“武宗纪：至大元年（1308）二月癸巳，立鹰坊为仁虞院。仁宗纪：至大四年（1311）二月，罢仁虞院，改置鹰坊。”由此证明，晾鹰台、仁虞院、鹰坊皆一地也。元代在漷县（今属通州区）西南建有呼鹰台，在德胜门外建有鹰坊，它们与南苑晾鹰台、鹰坊无涉。

辽金元清四朝均为北方少数民族统治者所建王朝，四朝统治者皆喜欢纵放海东青捕捉天鹅、大雁的狩猎活动。南苑有13座高大的封土台，都是皇帝、重臣纵放海东青捕捉天鹅、大雁的地方。天鹅、大雁是候鸟，有春天往北飞、秋天往南飞的迁徙习性，春秋两季是捕捉它们的时节。天鹅是大鸟，在高空飞翔，人们很难捕捉，只有海东青能捕捉到它们。捕捉到第一只天鹅后，皇帝则要宴请群臣。

《日下旧闻考》之“元朝宫室”篇记载：“国制自御位及诸王皆有锡宝齐（蒙古语养禽鸟人也，旧作昔宝赤），盖鹰人也。及一天下，又设捕猎户，俾致鲜食以荐宗庙，供天庖齿革羽毛以备用，而立制加详。地有禁，取有时，违者罪之。冬春之交，天子或亲幸近郊，纵鹰隼搏击，以为游豫之度，曰飞放。仁庙以谷不熟民困，曰朕不飞放。”

元代柯九思《宫词》云：

元戎承命猎郊坰，敕赐新罗白海青。

得隽归来如奏凯，天鹅驰道入宫庭。

注：柯九思（1290—1343），元代书画家，台州仙居（今属浙江）人。官奎章阁监书博士，能诗文，擅书法，精画墨林。

宋代陈阵皋《蕃骑弄箫图》

元代张昱《辇下曲》云：

天朝习俗乐从禽，

为按名鹰出朗阴。

立马万夫齐指望，

平空鹅影雪沉沉。

关于下马飞放泊坐落之具体位置各说不一。一说在今大红门东南庑殿（原名幄殿）村一带；二说在南小街以南方圆6平方公里的地区；三说在大红门以南，南苑镇以北，东高地以西地区。说庑殿为下马飞放泊之旧地者，其可能因《帝京景物略》中有“海中殿，瓦为之。曰幄殿者……殿旁晾鹰台”而误认为晾鹰台和幄殿距离很近，其实晾鹰台距幄殿约9公里。1941年11月29日北京《晨报》载：元时“建新晾鹰台，名曰‘下马飞放泊’，仁虞院亦在此。每一猎场为一‘海子’，元时场内共包括海子五处，即一大猎场内分五部”。

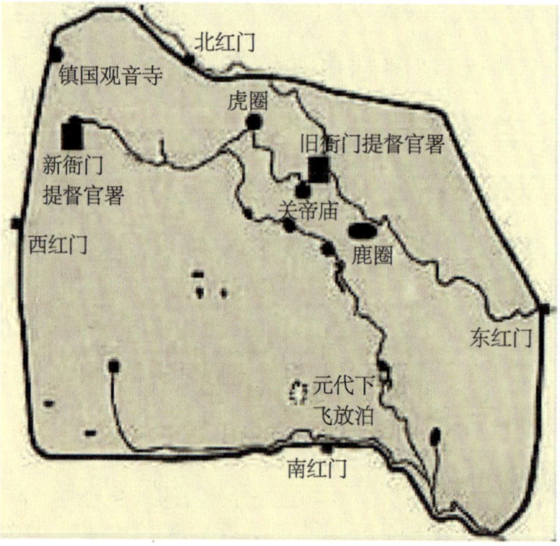

中国第一历史档案馆绘下马飞放泊位置图

笔者认为，下马飞放泊面积约近3平方公里，其范围当在今晾鹰台至三海子之地区。

元代史书对下马飞放泊之幄殿的具体地点没有记载。《辞海》解释：幄（音握），篷帐。帷幄，在旁边的叫“帷”，四面合起来像屋宇的叫“幄”，有运筹帷幄句。庑（音武）殿：我国传统建筑屋顶形式之一，由四个倾斜的屋面、一条正脊

（平脊）和四条斜脊组成，屋角和屋檐向上起翘，屋面略呈弯曲。元代下马飞放泊之幄殿和明代幄殿（庑殿）行宫是否指同一地点呢？是否由元代的幄殿演变为明代的庑殿呢？今旧宫镇有庑殿村。《大兴县地名志》记载：庑殿村"原有明朝庑殿行宫。《帝京景物略》载：'城南二十里有囿，曰南海子……。海中殿，瓦为之……曰幄殿者，猎尔屋焉尔，不可以数至而宿处也。'幄殿即今庑殿村一带。据传明代有废妃居此，修殿无脊，名无脊殿，简称无殿。清乾隆三十六年（1771）这里已颓败，'胜朝庑殿但存名，颓垣落桶埋榛荆'。后被葺为御马圈。清末，始成村落以庑殿为名。1949年前曾名五里店，因距大红门、小红门、旧宫、南苑皆五华里。"

三 明代南海子

明朝建文元年（1399）镇守北平（今北京）的燕王朱棣（1360—1424），起兵自称"靖难"，建文四年（1402），破京师（今南京），夺取了中央政权，当了皇帝，是为明成祖，年号永乐，1402~1424年在位。北平府改称顺天府，升为北京。北京之名就是从这时开始的。之后的十几年里，明朝在北京大兴土木，建筑了新皇宫、苑林、坛庙、王府官衙、陵墓等许多巨大工程。永乐十九年（1421）明政府正式从南京迁都北京。

明成祖朱棣像

明代在下马飞放泊的基础上兴建了一座大型皇家苑林，即南海子。南海子的范围，即今大红门往南至南大红门，马驹桥往西至西红门，东西长约17公里，南北宽约12公里，经大兴区文史委原主任李丙鑫科学计算，总面积210平方公里。据国家图书馆藏之1936年四万分之一的清代《南苑全图》标明，南苑总面积

清代狩猎图

20186公顷（折合201.86平方公里），与上述所提面积相近，是我国北方地区最大的皇家苑林，面积是北京城的3倍。南苑为永定河和温榆河冲积平原，地势平缓，土壤肥沃，水草丰茂，优良的天然植被适宜各种禽兽繁衍生息。《明一统志》记载，永乐十二年（1414），“增广其地，周围凡一万八千六百六十丈”。明代在南海子建了围墙，是夯土墙，即板打墙。“南海子在京城南二十里，……中有海子三，以禁城北有海子，故别名南海子。”关于明代南海子的面积，明清两代范围相同，但说法有别：明诸家均称南海子周围160里，但清朝经测量确定实际面积“周垣百二十里”。明代所称160里是不准确的，清代所测的120里是正确的。明代在南海子四面辟有四门：北红门、南红门、东红门、西红门，建有幄（庑）殿行宫（在今旧宫镇庑殿村，此行宫到清朝已坍塌），管理南苑的机构旧衙门提督署、新衙门提督署，鹿圈、二十四园等。二十四园建于晾鹰台（也称按鹰台）旁，按二十四节气栽花种树，畜养禽兽。当时，南海子有海户1600人。

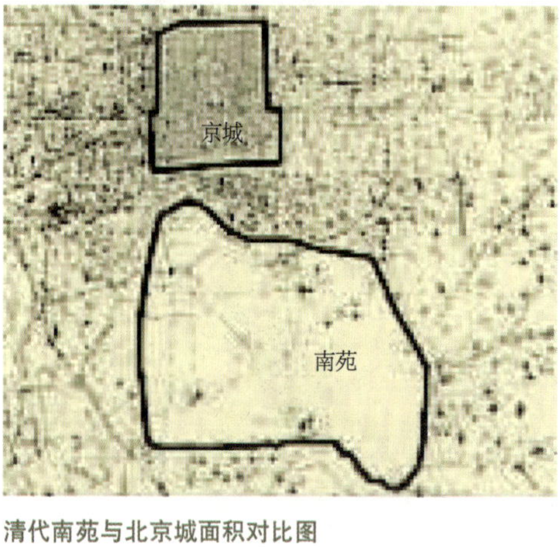

清代南苑与北京城面积对比图

明代刘侗、于奕正著《帝京

1984年的三海子（李丙鑫·摄）

景物略》记载："城南二十里，有囿，曰南海子。方一百六十里。海中殿，瓦为之。曰幄殿者，猎而幄焉尔，不可以数至而宿处也。殿旁晾鹰台……台临三海子，水泱泱，雨而潦，则旁四淫，筑七十二桥以渡，元旧也。我朝垣焉。四达为门，庶类蕃殖，鹿、獐、雉、兔，禁民无取，设海户千人守视。"自永乐迁都北京后，每年都要在南海子进行大规模的狩猎和练兵活动。永乐、正统、成化、弘治、正德、嘉靖等皇帝经常出猎于此地。

明代张居正《游南海子》诗云：

芳郊秘苑五云中，犹识先皇御宿宫。
碧树依微含雨露，朱甍窈窕郁烟虹。
空山想见朱旗绕，阙道虚疑玉辇通。
此日从臣俱寂寞，上林谁复叹才雄。

明代大学士、礼部尚书金幼孜《随驾猎南海子》诗云：

暖日融融静鼓鼙，条风拂拂动旌旗。
柳间饮马春泉细，花里闻莺昼漏迟。
近苑猎回犹赐馔，行宫庙罢更题诗。
晚来独向都城望，云拥蓬莱五色垂。

明代南苑为了与皇宫办事方便，还在城内设有办事机构。《北京城内街道胡同名称的分类》记载：菜厂胡同在东安门大街南，是明代司苑局南海子（即南苑）在京的外署，职掌寿鹿、獐兔、蔬菜西瓜果子，又是收选内官的

明宣宗狩猎图

接待站。“凡收选内官，于礼部大堂同司礼官监官选定，由部之后门到厂，次晨点入东安门赴内官监细选，无违碍者，方给乌木牌，候收毕，诣万岁山拨散。”

明中期后南海子逐渐荒废。明代南海子的遗存古迹很少，只留下两座石碑。一是万历十三年（1585）立于西南海子角北侧的“重修镇国观音寺碑”，碑文记载“都城南四十里许乃上林苑海子，我国家蕃育鸟兽之所也”，现存于团河行宫遗址公园内。二是近年在旧宫镇庑殿路出土的“上林苑南海子碑”，出土之地正是明代管理南海子的机关——旧衙门提督署旧址，此碑现存于大兴区文物管理所院内。此碑为汉白玉质，通长194厘米，宽76厘米，厚19厘米，碑首篆书“上林苑南海子”（碑文见本书附录部分）。碑文记述了明代南海子的历史沿革，是表彰时任上林苑南海子提督张敬齐的功德碑。

四 清代南苑

明朝南海子的建筑，经过二三百年的风雨，发生了很大变化，幄殿已倒塌，二十四园也无处可寻。清代又继续兴建南海子，清初时南苑为皇家第一园，后来与圆明园、颐和园齐名。清代初、中期叙述皇家园林的书籍总把南苑放在第一位，以乾隆帝钦定的《日下旧闻考》为例，国朝苑囿部分共计14卷，头两卷为南苑，其后才是畅春园（西苑）、乐善园、西花园和圣化寺、泉宗庙、圆明园、长春园、清漪园（颐和园）、静明园（玉泉山）、静宜园（香山）。

清朝统治者为满族，和元朝一样非常重视骑射。《清史稿·世祖本纪》载，清世祖于顺治十年（1653）三月在南苑南台较射时说："我朝以此定天下，朕每出猎，期习骑射，今综万几，日不暇给，然未尝忘也。"清代把南海子作为重要苑囿，称为南苑。

各封建王朝都在皇城或都城四围建游玩、驻跸的苑囿，分别称东苑、西苑、南苑、北苑。明代在北京皇宫东西两侧建有东苑（东华门外以南之地，清改建普渡寺，今菖蒲公园，此地有东苑戏楼）、西苑。清代在北京建有西苑（先是沿用明代的北海、中海、南海为西苑，后又在西直门外建畅春园为西苑。畅春园被八国联军焚毁，其旧址在今北京大学以西至颐和园之范围）、南苑（永定门外）、北苑（安定门外），西苑、南苑、北苑现在成为地名。

满族是"马上民族"，清代初、中期皇帝皆是文武双全的"马上皇帝"，为了巩固政权，皆重视狩猎。康熙、乾隆帝不但自己亲自狩猎，而且要求皇室子弟和大臣们都要参加。康熙登基亲政之初，主要在南苑一带围猎，后来在承德西边建了木兰围场，50年中他累计去木兰围场48次之多。木兰围场位于河北省北部，此地森林茂密，草源广阔，农牧发达，1913年时改围场县。

清代在南苑大兴土木，重修围墙，将土墙改为砖墙，在明代4座苑门基

郎世宁绘乾隆帝南苑狩猎图

清代狩猎图

础上增建了小红门、双桥门、回城门、黄村门、镇国寺门5座大门，并新辟13座角门，将旧衙门提督署、新衙门提督署改建成行宫，名旧衙门行宫、新衙门行宫，又兴建了南红门行宫、团河行宫，共4座行宫，还兴建了元灵宫、德寿寺、宁佑庙、永慕寺等寺庙及奉宸苑、更衣殿等。南苑德寿寺、元灵宫、旧衙门行宫、南红门行宫、团河行宫等建筑是清代著名建筑学家“样式雷”设计的。清代宫廷设有样式房，负责皇家建筑的设计、样式，因多是雷姓设计，并执掌样式房的工作，故对其世袭建筑师家族总称“样式雷”。清代200多年间共有7代11位雷氏主持皇家建筑。为了帝王行走方便，环绕围墙、各大门至行宫、各行宫之间都建有专供皇帝行走的御路，共有13条御路，总长度约177公里，御路两旁及围墙内环墙栽有柳树。《日下旧闻考》记载：“南海子即南苑……元时为飞放泊，明永乐时复增广其地……我朝因之，设海户一千六百人……春搜冬狩，以期讲武，恭遇大阅，则肃陈兵旅于此。”

南苑是明清统治者“临憩”“行围”“大阅”的美好苑囿。据史料记载，从明英宗正统五年（1440）至清光绪二十九年（1903），先后共有12位皇帝来南苑行围打猎，累计达132次之多。顺治来南苑11次；康熙帝在位61年，来南苑150多次，康熙二十二年（1683）一年竟来南苑8次；乾隆来南苑32次；嘉庆来南苑9次；道光来南苑12次；光绪、慈禧太后于光绪二十八年（1902）春和二十九年（1903）春巡幸南苑，先后驻跸团河行宫、旧衙门行宫、新衙门行宫，游览了南苑的大部景点，这是清代帝王在南苑的最后一次临憩活动。

乾隆帝于乾隆三十六年（1771）所作《海子行》，详叙了南苑的始末，描写了南苑之沿革建置及水源风貌。其诗如下：

元明以来南海子，周环一百六十里①。
七十二泉非信征②，五海至今诚有此③。
诸水实为凤河源，藉以荡浑防运穿④。
岁久淤阏事疏治，无非本计廑黎元。
蒲苇戟戟水漠漠，凫雁光辉鱼蟹乐。
亦弗恒来施矰缴，徒说前朝飞放泊。
迤南有台高丈余，晾鹰犹踵前明呼。
其颠方广不十丈，元院何以容仁虞⑤。
二十四园泯遗迹⑥，耕地牧场较若画。
是何有于国用资，裕陵诏谕量斯窄。
所存新旧两衙门，中官尔日体制尊。
一总督更四提督，有如是夫势焰薰。
内虚外怨祸来乍，大军曾此经南下⑦。
阉逃不知何所之，纵横路便黄羊射。
胜朝庑殿但存名⑧，颓垣落桷埋榛荆。
葺为驷厩飞龙牧，时得良骑出骏英。
沿其成例海户守，刍荛往焉雉兔否。
设概听之将无禽⑨，如杀人罪则何有。
少时习猎岁岁来，猎余亦复摅吟裁。
五十年忽若一瞥，电光石火诚迅哉。
即看平原双柳树，叠为宾主凡几度⑩。
世间万事付不知，风摆长条只如故⑪。

注：①元明诸家记载，并称海子周围一百六十里。今缭垣故址划然实按之，不过百二十里耳。

②旧闻称有水泉七十二处。近经细勘，则团河之泉，可指数者九十有四，一亩泉亦有二十三泉，较旧数殆赢其半。稗野无征，大率类是。

③旧称三海，今实有五海子。但第四、第五，夏秋方有水，冬春则涸耳。

④海子内泉源所聚，曰一亩泉，曰团河。而潴水则有五海。考一亩泉在新衙

门之北。曲折东南流，经旧衙门南至二闸。凉水河自海子外西北来，入苑汇之。其水发源右安门外之水头庄，东流折而南，入海子北墙，至此又南流。五海子之减水，自西南注之，又东南流出海子东墙，过马驹桥，至张家湾入运。团河在黄村门内，导而东南流，经晾鹰台南，过南红门。五海子之水自北注之，又东流出海子东南，是为凤河。东流历东安、武清境，至天津之双口，与永定河汇。浑河藉此荡漾，乃成清流，又东至韩家树，入大清河，又东至西沽入运。虽五海子之水与凉水河、团河时相灌输，而二河正流仍各判别。若玉泉，则由昆明湖达于长河，穿禁城出东南流，为通惠河，至通州入运，并不经行海子，与一亩泉、团河渺不涉相涉。综而论之，通惠河源在北，入运最近；凉水河源居中，入运次近；凤河源在南，入运最远。源委秩然不紊。前代著述家，未加稽考，率以玉泉率附海子，支离可笑，因详订之。

⑤吴伟业《梅村集》云，晾鹰台，元之仁虞院也。今台基宛然尚在，其颠不及十丈，势不可以建院，即云台或称院。而旁近皆旷地，杳无院址可征，仿佛其谬，不待辨矣。

⑥吴伟业又言，明置二十四园。明时较元更近，岂有二十四处澌灭无存若此，且不能一举其名耶？

⑦我朝太宗文皇帝时，六师既围燕京，分兵南下，道经海子，如入无人之境。旧传曾于此中射黄羊鹿兔。

⑧在新旧衙门之间，相距各十余里（本书编者说明：原注如此。庑殿至旧宫实约三里）。

⑨苑中鸟兽皆驯豢之物，岂能任游手弋猎，竟无典守？向以子舆氏文囿之喻，不免过情。设果听民尽取，久之将无雉兔。所谓尽信书不如无书，曾有诗纪及此。然虽有禁制，亦岂如孟子所云，杀麋鹿者如杀人之罪乎。

⑩苑中有双柳，其一先萎，补植之，拱把矣。其一复继焉，萎补相踵。抚而增怀，缘起并悉，昔所为赋。

⑪南海子中有双柳树池，即饮鹿池。据《日下旧闻考》：南苑双柳树在海子居中之地，有水一道，为饮鹿池。昆仑石在池之西。

道光皇帝庚寅年（1830年）《南苑春光》诗云：

旋骖就路临南苑，只为春搜五日停。
陌柳依依迎客骑，无边绣甸尽含青。
平原策骑今同昔，问政批章昔异今。
举目风光增恷慕，继绳德薄惕予心。
几余日夕倚危楼，暮霭闲云大野浮。
空外尘消春雨足，青青麦色喜盈畴。

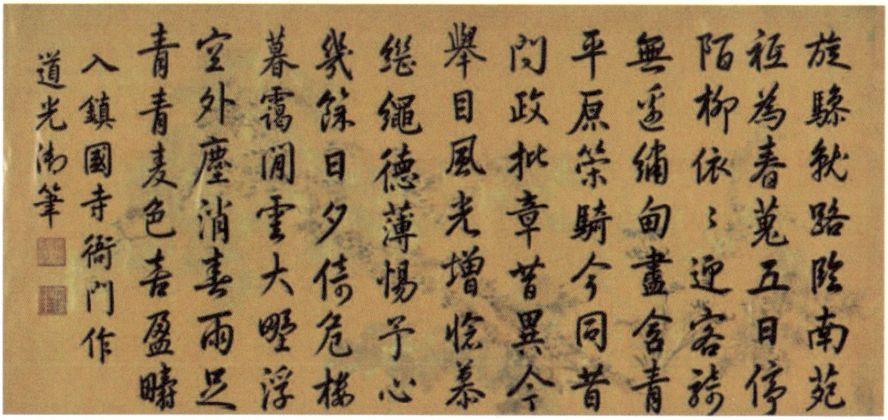

道光皇帝庚寅年《南苑春光》诗（杜星洲·提供）

清代咸丰进士、光绪年间刑部尚书潘祖荫《南苑绝句》诗云：

新衙门接旧衙门，二广前车属内阍。
此事自怜殷鉴在，唐家神策汉西园。
双双古柳几番栽，蚂蚁坟高土一堆。
只有元朝铁狮子，曾看延祐晾鹰台。
旧院仁虞说定诬，三千海户旧衣租。
似闻铁骑从天下，廿四离宫已尽芜。
红墙百廿里纵横，处处长桥流水平。
谁志河渠徵守敬，更谈潞水续贞明。
御楼天上敞云房，松盖童童倚夕阳。
畅好六飞来驻跸，满园林木尽秋光。
问安中使朝驰骑，进膳园官夕贡鲜。
舜日万年真大孝，至尊心在两宫前。
射熊馆古昼阴森，霹雳弓鸣已殪禽。
骑射共知家法在，网开三面圣人心。
撰拟词臣日进笺，大书龙爪细蚕眠。
凤河浩渺兰舟稳，丹札亲题一洞天。
扈从羽葆尽仙官，衣染鹅黄羽翠鸾。
五彩云霞朝日捧，十行诏下万人欢。

彩旗结陈龙蛇动，银烛成城星月繁。
神武圣谟周万里，玉关金甲尚云屯。
琳宫古鼎焕天章，惜未西清两鉴详。
好古小臣生苦晚，簪毫不及继梁王。
宫门咫尺隔红桥，一片苍烟夜未消。
处处冈峦如画里，飞泉万点逐风飘。
狐啼乌叫隔山愁，月色朦胧万树秋。
斗帐醉眠浑不觉，醒来珠斗正当头。
雪笠烟蓑忆钓矶，此间七十二泉飞。
溪山大好萦乡思，不为莼鲈也合归。

五 “南囿秋风”为燕京十景之一

“南囿秋风”是著名的“燕京十景”之一。北京在历史上有四个时期称为燕京。一是唐代乾元二年（759）改范阳为燕京；二是辽开泰元年（1012）称北京为燕京；三是金天会三年（1125）复称北京为燕京；四是元代成吉思汗十年（1215）称北京为燕京。明代人在居庸叠翠、玉泉垂虹、太液晴波、琼岛春阴、蓟门烟树、西山晴雪、卢沟晓月、金台夕照八景之外，复加南囿秋风、东郊时雨，统称“燕京十景”。

“南囿秋风”即指南苑秋天的风光。古时南苑的秋季，天高气爽，碧空如洗，百泉涌流，河道纵横，湖波荡漾，绿荫遍野、莺歌燕舞、禽鸣兽吼、鹰飞鱼跃，三条河流和数十个湖泊闪烁着银光，如镶嵌在碧绿的林木草地上的明镜和项链，琉璃瓦覆盖的宫殿寺庙闪耀着金光，宛如人间仙境。

明代文学家李东阳写有《南囿秋风》诗：

别苑临城辇路开，天风昨夜起宫槐。
秋随万马嘶空至，晓送千旓拂地来。
落雁远惊云外浦，飞鹰欲下水边台。

宸游睿藻年年事，况有长杨侍从才。

注：李东阳（1447—1516），诗人，明代湖广茶陵（今属湖南）人，天顺进士，官至吏部尚书、华盖殿大学士。

清高宗(爱新觉罗弘历，即乾隆皇帝）乾隆五年（1740）《秋日奉皇太后驾幸南苑即事八首》诗中，有赞美南苑秋季风光的诗句："如京畿甸风光好，万户欢声夹道周"“虞人建帐甸人随，南苑秋清好猎时”“万物熙和大造中，郊原辉映苑门红”“十里秋光伯虎画，一鞭斜日晾鹰台”。

南海子麋鹿苑南囿秋风石

日本国学者罔田玉山于清代嘉庆年间出版的《唐土名胜图会》中有一幅南苑风景图，描绘了南苑一片湿地、树木茂盛的景象，图上有清代康熙进士、文华殿大学士兼礼部尚书张英作《南苑讲武恭纪》中一首诗：

时平讲武近岐阳，甲胄搜春出建章①。

洛水旌旗周甫草，西京词赋汉长杨。

御园云气成龙虎，天厩星精本骕骦。

画戟雕弓森羽卫，射生群与奉君王。

注：张英（1637—1708），安徽桐城人，康熙进士，官文华殿大学士兼礼部尚书。

①胄：盔甲。

清朝词人纳兰性德写的《南苑杂咏》诗，赞颂了南苑槐柳千行、湖河鱼跃、芰荷香满、百花竞放、万点荷灯、莺燕争鸣的优美风景。其诗如下：

宫花半落雨初停，早是新凉彻画屏。

何必醒泉堪避暑，藕丝风好水西亭。

离宫近绕绿苹洲，冰簟银床到处幽。

好是万几清暇日，亲持玉勒奉宸游。

太液东头散直迟，一双水鸟掠杨枝。

从臣献罢平滇颂，坐听中涓报午时。

进来瓜果每承恩，豹尾前头拜至尊。

正是日斜花雨散。传呼声在望春门。
幔展青罗一色裁，璅窗深映拂云槐。
重帘那得微风入，叶叶荷声急雨来。
黄幄临池白鸟飞，金盘初进脍鱼肥。
太平时节多欢尝，丝络雕鞍半醉归。
射生才罢晚开筵，十部笙箫动暝烟。
月上南湖波似练，几星灯火是龙船。
轻丝蜀锦护银塘，谁许延秋报早凉。
缥缈蓬山应似此，不知何处白云乡。
才翻急雨暗金河，曲罢催陈杂技多。
一自花竿身手绝，那将妙舞说阳阿。
玉映窗扉静不开，藕花深处绝尘埃。
三更露坐清无暑，共待蕉园彩鹢回。
香引轻飔散玉除，下帘声彻退朝初。
马曹日日承恩处，也逐清班许钓鱼。
烟柳千行宿鸟多，虹梁曲曲水萤过。
新凉却爱中元节，万点荷灯散玉河[1]。
夜深帘幕卷银泥，十二楼高望欲迷。
莲漏滴残闻幼锁，一钩斜月碧河西。
轻云欲傍最高楼，重露看垂白玉旒。
处处红芳零落尽，众香园里不曾秋。
时攀玉柳拂华簪，水槛行开玉一函。
几日乌龙江上去，回看北斗是天南。
珍珑朱阁拟三山，上驷门依御柳间。
倦听月中歌吹杳，晨凫秣罢夜飞还。
制胜由来仗德威，夜郎何物敢轻违。
河清欲颂惭才尽，空羡儒臣赐宴归。
讲帏迟日记花砖，下直归来一惘然。
有梦不离香案侧，侍臣那得日高眠。

不须惆怅忆江湖，身入金门待漏图。
中夜擎来仙掌露，莼羹风味得如无？
花映初阳覆绮寮，玉河双引望中遥②。
凭君莫作烟波梦，曾是烟波梦早朝。

注：纳兰性德（1655—1685）是满洲正黄旗人，其父纳兰明珠是康熙朝宰相。纳兰性德18岁于顺天府乡试中举，21岁进士及弟，始为康熙侍卫，即皇帝出巡的护驾侍从人员，后官至正三品。近代学者王国维称其为宋以后的第一词人。①②“万点荷灯散玉河”“玉河双引望中遥”中的玉河，指凉水河。凉水河也称玉河，大红门石桥旧称玉河桥。

六 南苑的泉河湖

南苑水资源丰富，泉源密布，湖泊星罗棋布，河流纵横。概括起来，南苑有两大水源、3条河流、117处泉源、25处湖泊。

两大水源是一亩泉、团河源。一亩泉是小龙河的发源地，团河源是团河及凤河的发源地。据《北平史表长编》记载：“一亩泉发源南苑西北隅，大亩许，虽旱不竭。”“乾隆三十二年（1767）重加疏浚，并添设闸座，以资蓄泄。”在一亩泉南边建有龙王庙。南苑乡在20世纪60年代兴修水利时，对一亩泉（称一号水库）进行了挖掘和利用，在农业灌溉中发挥了重要作用。当时一亩泉扩充为20多亩面积的湖泊。一亩泉于80年代干枯，旧址位于今槐新公园东南部。一亩泉石制闸座前几年尚在，位于槐房村西北，当地群众俗称土桥，后在修马西路时拆除。《日下旧闻考》记载：“团河之源旧称团泊，在黄村门内六里许，河南北旧宽六十余丈，东西五十余丈，乾隆四十二年（1777）重加疏浚，复拓开数十丈。”

2009年4月笔者采访了槐房村任宗新（1948年生）。任家人口众多，清朝末年迁到土桥东边小龙河北居住，由任家庄园形成村落，先后名任家庄、任庄子、土桥村。任宗新说，他家老房坐落在一亩泉东北岸，门前为一亩泉。一亩泉的泉源有小牛那么大，咕嘟咕嘟地冒水，泉水汇成湖，成为小龙河的源头。他曾祖父任宝徵在清朝国子监任巡导职，在清末于新宫北一亩泉东北岸盖了两处四合院，先盖的东院，后盖的西院。西院有南房、北房各5间，东房、西房各2间。都是匾砖到顶的房子，门口有一棵1.5米直径的大柳树。南房有门道，门上方有砖雕的“一亩泉”3个楷书大字，字有70~80厘米见方，落款是任宗新的爷爷的名字“任菊生”。东房山头上有砖雕的“东海”两个大字，西房山头上有砖雕的“西山”两个大字。“一亩泉”3个大字在“文革”中被毁坏。新宫村人穆富元对笔者介绍：“1966年我上小学时，常去村北一亩泉玩，我姑奶奶在一亩泉南边住。一亩泉边上有几间砖房，墙上雕刻着‘一亩泉’3个大字，字有二尺见方大，有题款，但记不清了。”

3条河流：北有凉水河，中有小龙河，南有凤河。凉水河发源于南海子西北部（今丰台区卢沟桥乡）水头庄凤泉，东南流至大红门，循南海子北墙东流，在栅子口流入苑内，经旧宫、鹿圈，由东红门流出苑墙，经马驹桥、张家湾汇入北运河，全长52.7公里。发源于南苑内的两条河流之名字十分有趣：发源于新宫北边一亩泉的河流向东弯曲流淌，似条小龙，于是名小龙河。一亩泉于20世纪纪80年代干枯，今小龙河上游水源只是雨水和污水；发源于团河行宫的团泊水源头的河流叫团河，它向东南流淌，因河呈“之”字形，似凤飞翔而名凤河。这两条河合起来为“龙凤”。小龙河流经南苑镇北侧，往东经庑殿，汇入凉水河，全长7.7公里。凤河流经南苑南部晾鹰台、南红门、东南海子角，经凤河营汇入永定河。据清代光绪年间《南苑全图》记载：“凉水河由栅子口进水闸至半边桥（旧东红门附近）出水闸计长六千三百八十五丈。（小龙河）一亩泉至德寿寺东大河（凉水河）计长四千六百十丈五尺。凤河源由团河宫出水口至

湖上划筏（1910年法国摄影家摄于京城南郊）

回城门南出水口计长五千八百四十五丈。”按清代一尺等于0.32米折算，南苑内凉水河长度为20.43公里，小龙河长度为14.75公里（现今小龙河下游流向进行了调整，所以今小龙河长度比清代减少近一半），凤河长度18.7公里。

南苑泉源遍地，有的书记载南海子有水泉72处。清高宗乾隆对南苑水资源进行了详细勘察，他在《海子行》诗中写道：“七十二泉非信征，五海至今诚有此。”并注曰：“近经细勘，则团河之源可指数者九十有四，一亩泉（新宫北）其东南亦有二十三泉。”因此说明，南苑72泉没有得到证明，而查清实有水泉117处。

据清乾隆年间疏浚南苑河流、湖泊后统计，南苑共有湖泊25处。乾隆四十七年（1782）清高宗《仲春幸南苑即事杂咏》诗注曰：“近年疏剔南苑新旧诸水泊，已成者共二十一处，又展宽清理河道，清流演漾，汇达运河，并现在拟开水泊四处，次第施工，通流济运，较昔时飞放泊尤为益利云。”

古时，蒙古族、满族居住地区水源奇缺，对水汇之处称“海”“泡子”。元、清时代蒙古族、满族人坐皇帝，所以对南苑湖泊名“海子”“泡子”。南苑内有头海子、二海子、三海子、四海子、五海子、小海子（南北饮鹿池）、苇塘泡子（今大泡子，是古永定河道的遗迹湖）、眼睛泡子、卡伦圈、鸭闸泡子、团河宫后泡子、南宫后泡子、打鱼处等，水面6000余亩。头海至五海毗邻，这5个海子中，3个常年有水，2个为季节性湖泊，夏秋雨季有水，冬春少雨季节无水。卡伦圈，位于南苑西北部，今李庄子村北。卡伦为满语，即哨所，在关隘地方设官兵瞭望，称为卡伦。经查《大百科全书》解释：卡伦，清代的哨所。亦作喀伦、卡路、喀龙，为台或站的满语音译。由于任务、作用、设置地点和条件不同，有多种形式。皇帝专用猎场的围场卡伦，专门负责围场警卫。笔者分析，为了南苑警卫，而在此地设置卡伦，由于此地有湖泊，因而名卡伦圈。在清代《南苑全图》上这里被标为“渴龙圈”，当地农民对卡伦圈则俗称蛤蜊圈。此处原有水域面积几百亩，为沼泽地，1958年当地农民起高垫洼，平整其地改成了农田。南苑镇大泡子，清代名苇塘泡子，为永定河故道冲积形成的湖泊。大泡子水源为地下泉水和雨水，小龙河从大泡子北侧向东流过。大泡子东南岸有一辖口与小龙河连通，大泡子饱满后流入小龙河。直至20世纪60年代这里仍湖面宽广，呈椭圆形，周径约4公里，近2平方公里，有1/3水面长芦苇，有鱼虾，有野鸭、长脖老（鹳）、苇柞子等水鸟栖息，呈泉水淙淙、芦苇丛生、岸边垂柳、水鸟鸣叫的景象。

南苑湖泊众多，大片湿地中芦苇丛生。据《南苑区大事记》记载，1950年南苑区有苇塘5484.2亩。新中国成立初期曾设有北京市南苑苇塘管理所，管理南苑地区的芦苇，那时和义农场之地原有300多亩芦苇。

清朝重视南苑的水利，设有闸军，对凉水河、凤河进行过多次疏浚。《大清会典》九十七卷记载："南苑之水出团河、一亩泉，潴为五海，各建闸以宣泄之。""河道苑丞管闸十四、桥五十二，设闸军三百十九名，每月给银一两，米一斛。"据《日下旧闻考》记载：凤河从南苑流出，往东南流至武清堠上村。其河身深广，以下填淤断续，一遇伏秋，雨潦散漫无归。凉水河贯串南苑，出宏仁桥，东流至高各庄，东北流抵张家湾，入运，于高各庄分流，南引至堠上村入凤河故道，过双口，抵清沽港入淀河。雍正四年（1726），命修水利，对凉水河下游进行挑挖，并于高各庄分流之处各建一闸：水小则闭东闸，启南闸，流入凤河；水大则闭南闸，启东闸，泄入运河。次年河成，宛平、漷县、武清、东安一带，积潦尽消。桐林、牛镇、三间房等处开渠引水，各营田数十顷。乾隆《南红门外作》中有"凤河一再渡桥揞，荡漾浑流每藉兹。设使不为之字绕，清波直淀虑无遗"的诗句，其诗注云：凤河"年久淤塞"，对其进行疏浚，"旧河势直，恐其一泻无遗，令作之字形，使其曲折而下"。

乾隆三十八年（1773）对凉水河进行了疏浚。乾隆三十九年（1774）清高宗作《凉水河作》：

凉水出凤泉，玉泉各别路。
源出京西南，分流东南注[①]。
岁久未疏剔，率多成沮洳。
漫溢阻道途，往来颇致误[②]。
王政之一端，未可置弗顾。
迩年治水利，次第修斯处。
建闸蓄其微，通渠泻其怒。

有节复有宣，遂得成川巨。

川傍垦稻田，更赖资稼务。

南苑红门外，历览欣始遇。

或云似江乡，宁饰江乡趣。

兴农利旅然，永言识其故。

注：①凉水河出右安门西南凤泉，东流经万泉寺，分为二支。一自南经草桥。曲折东注；一自北经广恩寺，曲折东注，至永胜桥复汇为一，东南流，循南苑缭垣而东，至小红门之西，入苑墙。东南流，经沙底桥，折而南，历头闸至二闸。一亩泉之水自西来汇之，又南而东，至鹿圈村之海子。以上之水自西南来注之，又东南流，至五空桥，出苑墙，经马驹桥，迤东行至张家湾，入潞河。此凉水河之经流，与玉泉之贯绕京城，入通惠河者，各不相涉也。

②自右安门至永定门，地势洼下，每逢霖潦，辄漫溢阻旅途。岁久未治，积成沮洳。迩年以来，清厘水道，出内帑简大臣董其事，自凤泉至南苑，造水栅二，浚河三千余丈。又自栅口至马驹桥，浚河五千余丈，修建桥闸凡九，新建闸五，以资节宣，于是凉水河之水乃得安流无患。其浚河之土，则于右安门外培筑甬道一千余丈，以便行人。河两岸旧有稻田数十顷，又新辟稻田九顷余，均资灌溉之利。或云其地似江乡风景者，不知予之意，期于农旅俱受其益，并非藉此为点缀也。

乾隆《凉水河作》诗碑恭立于大红门外永胜桥（即今大红门桥）东，凉水河北岸，约在20世纪70年代倒地埋于地下。

旧时及新中国成立初期，南苑地上水、地下水资源丰富，称为水乡。1992年出版的《南郊农场史》记载："地下水位为2~6.2米（经20世纪50年代下降0.5~3.7米）"，按此推算，20世纪50年代地下水位应是1.5~2.5米。50年代南苑一带马路边沟有许多竹管井（将几米长的粗毛竹竿，中间串通，插入地下）泉水涌流，用电机带龙骨水车灌溉农田。50年代在地面安装离心式水泵（"吸七扬八"，即吸7米、扬8米）抽砖井水灌溉农田；到60年代，地下水位下降，用离心式水泵只能抽半管水，南苑地区多采取机泵下坐、凿竹管井、井泵对口抽等措施，增加水源，提高水泵出水量。南苑公社南苑大队（今南苑村）就在砖井里凿竹管井，增加水量，供水泵正常抽水。《南郊农场史》记载，1958年时南郊农场有竹管井1310眼，龙骨水车131架。1957年冬西红门曙光社修建7个条形的水库（柜），联结一体，在库中开凿137个7米多深的自

1984年槐房土桥蓄水池（李丙鑫·摄）

流井，喷水成河，蓄水灌溉。20世纪50年代末期和60年代初期修建了官厅水库、三家店水库，永定河石景山以下多年断流，加之雨量减少，南苑地下水位严重下降，水泉枯竭：南苑地区只有开凿几十米深的机井2000眼用潜水泵抽地下水，灌溉农田。现在凉水河、小龙河、凤河源头随着泉源的消失也改由雨水、污水代替，河水流量也比往时减少，并受到污染，虽采取整治措施，仍未根本改观。南苑现今湖泊数量、水面都比过去减少，现有三海子、南海子公园、新发地海子公园等湖泊，水面1000多亩，都成为人工湖泊，现有水面多改做渔场。

七　古老的凉水河

凉水河位于北京城南部，属北运河水系，发源于丰台区卢沟桥乡东部水头庄，向东南流经万泉寺、大红门、马驹桥、张家湾入北运河，全长58公里，流域面积629.7平方公里，是北京市的一条主要河流。丰台区永定河东部的莲花河、丰草河、马草河、旱河、小龙河等河水均汇入凉水河。

右安门外凉水河

水头庄因是凉水河的发源地而得名，凉水河因其源头之水全部来自地下水温较低的泉水而得名。旧时此地为湿地，芦苇丛生，泉源众多，著名泉源名凤泉。据《明一统志》记载，水头庄附近有泉眼百余处，各路泉水汇聚而形成一条溪水，向东南流至柳村，曾名“百泉溪”。水头庄东三里有万泉寺，平地多有泉水涌出，有三步一泉之说，因而得名。20世纪50年代此地尚有泉水流淌，后来由于附近建自来水厂、永定河上游修水库、石景山以下断流等原因，水源枯竭。经治理，发源于莲花池的莲花河，脱离南护城河汇入凉水河，凉水河起点改为万泉寺铁路桥，莲花池成为凉水河的新发源地。

凉水河自古以来与人民息息相关，在水路运输、排水、灌溉等方面为民造福，她是哺育北京南部地区人民的河。凉水河自隋朝开凿，为一古河道，先后名永济渠、御河、萧太后护城河，隋唐时期为主要水路交通运输线。隋朝时今北京属涿郡，涿郡为兵马粮饷的集结之地，以显赫的军事地位闻名于世。《北京市丰台区志》记载：隋大业四年（608）“正月，发河北诸郡民男女百余万人开永济渠。又连接卫河通桑干河（今永定河，此段为今北京城南凉水河），直达蓟城南”。凉水河自隋朝开渠至今已有1400年的历史了。《日下旧闻考》记载隋朝皇帝杨广曾坐船过凉水河：大业“七年二月，帝自江都行幸涿郡，御龙舟渡河，入永济渠。夏四月，车驾至涿郡之临朔宫”。唐代北京名蓟城，仍为军事重镇和贸易中心，永济渠仍为主要水路交通。金代凉水河为金中都南城墙护城河，城内废水由水关（今右安门外有水关遗址）排入凉水河。旧时，清澈的凉水河芦苇丛生，水鸟飞鸣，是少年儿童游玩的天堂，孩子们常在河里捕鱼捉虾，游泳嬉戏。

明清时期著名诗人写有赞颂凉水河的诗。明代诗人邵经邦（今杭州市人）的《游凉水河》诗，写了凉水河一带湿地景象，夸凉水河似杭州故乡：

凉水河边路，依稀似故乡。

野亭穿径窄，溪柳夹川长。

隔岸闻新调，回车露浅妆。

乘春且随意，莫负碧霞觞。

凉水河流经南苑皇家园林，乾隆皇帝多次跨越、视察、治理凉水河，写有《凉水河》诗，诗碑恭立于大红门外永胜桥（今大红门桥）东凉水河北岸，现无存。

旧时，凉水河有一支岔流经西铁营、马家堡地区。《日下旧闻考》记载：凉水河“源出右安门外西南凤泉，东流经万泉寺，分为二支，一南经草桥，一北经广恩寺（《日下旧闻考》记载：广恩寺在菜户营），俱东注永胜桥（今凉水河大红门桥），复合为一……”乾隆帝《凉水河作》诗注也有相同的解释。据民国二十三年（1934）《北平四郊详图》显示，在铁匠营村北凉水河有一支岔向西南流淌，流经石门村，绕过梆子井、铁匠营、桑园村西，再向东流，在中顶村西向南穿过北宁铁路，经草桥石桥流入马草河，这条支流在西铁营一带绕了一个胳膊肘弯后，在马家堡村东再汇入凉水河。这与《日下旧闻考》记载所说的“一南经草桥”一致，即流经西铁营、马家堡地区之凉水河支岔。西铁营老年人都见证了这条支流，1955年调直凉水河道时取消了这条支流。

凉水河大红门闸

凉水河为农田灌溉、排放城市废水发挥过重要作用。清代乾隆三十八年疏浚凉水河八千余丈（约27公里），并修建桥闸9座，在原有灌溉稻田面积数十顷的基础上，又新辟稻田面积9顷多。南苑公社（今南苑乡）于20世纪

60年代在凉水河南岸建了右安门、马家堡两座大型扬水站。安装20吋轴流泵8台，配套电机10台共600千瓦，提水能力5.3立方米每秒。从扬水站往南修3条干渠，长19.52公里，其中铺直径1.25米的钢筋混凝土管线14.52公里。灌溉花园、右安门、马家堡、新宫、槐房、南苑6个大队农田，灌溉面积1万亩左右。在大红门闸修建了凉水河引水灌渠，灌溉红星公社和南苑公社大红门村10多万亩土地。随着城市化进程的发展，这些扬水站、引水灌渠已完成历史任务，退出历史舞台。

20世纪50年代、60年代、90年代多次对凉水河进行了治理，并新建改建20多座桥梁。原有石桥都改为钢筋混凝土结构桥。1991年冬至1992年夏整治凉水河，拆除旧桥，建了新桥，北京市水利局并建“九孔闸纪念碑”“珊瑚桥纪念碑”。南三环、南四环、南五环、南六环、京津塘、京沈等5条公路干线均跨越凉水河，在交叉处都建了立交桥。

前些年，凉水河成为北京城西南近郊的主要排水河道，随着城市生活污水、工业污水排放量的增加，凉水河受到严重污染，已列入北京市治理的重点河流。凉水河本无过错，只是我们忽视了环境治理，才遭到污染。为此，正在修建卢沟桥、小红门污水处理厂，以使凉水河变清。近些年各级政府加强了凉水河的绿化美化工程，凉水河两岸修了柏油路，并进行树木绿化工程，有的地方在河边建了小花园。

我们要爱护水源，爱护凉水河。爱护河流要变成我们的自觉行动，像爱护家园一样爱护凉水河，不要往河里倾倒垃圾，不要往河里排放污水。凉水河是镶嵌在北京南部的一条绿色飘带，我们盼望凉水河早日变清，变成美丽的凉水河。

八 南苑的桥梁

南苑河湖多，所以桥也多。许多书籍介绍元代下马飞放泊有72座桥。明代《帝京景物略》和清代《日下旧闻考》都记载：“城南二十里，有囿曰南海子，中有殿，殿旁晾鹰台，台临三海子，筑七十二桥，元旧也。”明代史书记载：宣德三年（1428）“命太师英国公张辅等拨军修治南海子周垣桥道”；英宗正统年间修南海子北门红桥；天顺二年（1458）“修南海子大红桥一，小桥七十五”。此数不知是否为当时桥梁的全数。《大清会典》九十七卷载：“南苑河道苑丞一，管闸十四，桥五十二……柳林闸闸管所属，闸十三，桥十二。”清时桥闸共计91座。

据国家图书馆馆藏之清代《南苑全图》标明的桥梁有30余座：从一亩泉至大红门有头道桥、二道桥、××桥；从新宫至旧宫有孟福桥、鸭子桥、树桥、白石桥、庑殿桥、斜桥；凉水河上有大红门桥、九孔闸、头闸、二闸、三闸、三门桥、半边桥、马驹桥；旧宫村南有衙门桥、新泡子桥、中桥；鹿圈村南有鹿圈村桥、二道桥；还有沙底桥、南闸、浮桥、黄家湾桥、凤河桥；南红门行宫附近有4座桥。在《南苑全图》上有些桥梁没标明桥名。

凉水河上的石桥

凉水河是京南的主要河流，河道宽，河上为多孔大型石桥。南苑最著名的桥为北红门外桥和宏仁桥。北红门外凉水河桥原名永胜桥，又名红桥、大红桥。《日下旧闻考》和《宸垣识略》介绍凉水河时记载：凉水河“东流经万泉寺分为二支，一南经草桥，一北经广恩寺，俱东注永胜桥，合为一，东南流至小红门之西……”《宸垣识略》并载：“有御制凉水河诗，勒石大红门外永胜桥东。”此桥是京南交通要道之石桥，历史悠久。创建年月不详，但应在明代以前。明代永乐十二年（1414）修建南海子时，是以永胜桥为北界的。明宣德七年（1432），正统七年（1442）、八年（1443）、十年（1445）、十二年（1447）及天顺二年（1458）6次重修。据《清圣祖实录》记载：康熙十四年（1675），五月癸卯，康熙皇帝率百官在南苑大红门桥头举行郊劳礼，迎接平叛察哈尔部落凯旋的鄂扎、图海等将领。特钦定大红门桥更称永胜桥。丰台区文物所保存之《永胜桥记》石碑记载：“自大清康熙三十三年（1694）起造，至大清康熙四十八年（1709）竣功（工）。”工期长达15年，可见此桥工程之巨大。大红门桥为五孔连拱石桥，新中国成立初期还基本完整。石桥全长43.62米，桥身32.6米，桥面宽10.3米。桥上两侧各有18根望柱、17块护栏板，

清末大红门石桥

2009年新建大红门桥

桥面石板满是车辙深沟。1964年因河道截弯取直和道路的改变决定拆除此桥时，桥梁专家茅以升提出保护此桥的建议，但未被采纳。1965年拆除旧有石桥，建了一座五孔跨河公路桥，桥长70.6米，为钢筋混凝土结构，定名大红门桥。2009年新建了大红门钢筋混凝土结构桥。

马驹桥原为木桥，旧名马驹里、压浑桥，明代天顺七年（1463）四月改建成石桥，名宏仁桥。清代重修此桥，复名马驹桥。桥址在南海子东红门外偏南，距南海子东墙半里许。桥下凉水河所经也，历为通州地域。桥旁有碧霞元君庙（已无存）和马驹桥镇。

明代大臣李贤《敕建宏仁桥碑记》载："名之曰宏仁，盖宏者廓而大之也，仁则不忍人之政也。是桥之建，信乎能宏其仁矣。"《日下旧闻考》记载："出左安门东行四十里……曰宏仁桥。""天顺七年四月，新宏仁桥成，桥在南海子东墙外，旧名马驹桥，水自城西南经南海子出。岁以木为桥，水涨即冲去。往来者病涉。上悯之，发帑金数万，改建石桥。"清代乾隆三十八年（1773）重修，易九洞为七洞。乾隆三十九年（1774）《御制重修马驹桥碑》记载：凉水河"之初出苑垣也，潆（yíng音盈）演喷噶，千溜一趋，瓴如矢如，迴激弗止，则有巨梁揵（jiàn音箭）之，曰马驹桥"。凉水河河水环绕，急流而下，如马驹奔驰，故曰马驹桥。

马驹桥为南北向，七孔桥，长二十五丈，宽二丈五尺。桥侧设石栏，有18对莲花望柱头和19副雕纹栏板，条石横铺桥面，方石纵砌雁翅。桥南有东西两座碑亭，歇山重檐，黄琉璃顶，脊兽栩栩如生；重昂斗拱，井口天花，和玺彩画。亭内各耸立一碑，东为重修马驹桥碑，西为重修碧霞元君庙碑，艾叶青石制，螭首龟趺，碑高5.3米，宽1.4米，厚0.53米，石龟高1米，长3.5米，巨大方座刻海水四兽，碑阳边框围雕二龙戏珠，内镌乾隆御笔，左汉书，右满文。1969年为修渠道，拆除碑亭，今仅存碑身。原马驹桥拱桥于1960年拆去，用原石料改建成水泥平面桥闸。在今马驹桥南新建了两座方亭，在马驹桥镇南端耸立着一座马驹雕塑。

明清时期，在马驹桥西海子墙和凉水河交叉处，建有一座五卷石桥，其桥半在墙内，半在墙外，墙外桥侧置以石柱，故称半边桥。马驹桥、半边桥，都架在凉水河上，相距半华里，二桥锁河，东西呼应。半边桥现已无存。

在今小红门西边凉水河上有一座九孔闸钢筋混凝土结构桥。北京市水利局于1995年春立一座《九孔闸纪念碑》，碑文如下：

此处系凉水河流经元、明、清三朝皇家苑囿南海子之入口。九孔闸旧址。

清乾隆三十九年（1774）疏浚凉水河由凤泉至马驹桥八千余丈，修葺桥闸九座，此乃其一。

1991年冬至1992年夏整治凉水河，九孔闸被废弃拆除，在原址另建新桥。

特立此碑以为北京水利史上一处纪念地志。

在今小红门南边凉水河上有一座珊瑚桥，北京市水利局于1995年春在此河岸立有一块《珊瑚桥纪念碑》，碑文如下：

此处系元、明、清三代皇家猎场南苑内凉水河上一座重要桥梁——珊瑚桥旧址。

珊瑚桥纪念碑

桥始建于明代，为花岗石砌筑七孔板桥，长十余丈宽二丈许。其护栏上曾有清乾隆御笔“珊瑚桥”三字。

七十年代修建珊瑚桥代替旧桥，旧桥随之废弃，1991年冬至1992年夏，整治凉水河，拓宽河道，旧桥遗址因影响行洪而被清除。

特立此碑以为纪念地志。

据《大中华京兆地理志》记载："五虎桥跨凉水河上，原名石虎桥，有石虎四，（明代）万历时一虎夜逸，遂名三虎桥。"笔者分析，"三虎桥"（也称五虎桥、五孔桥、石虎桥、神虎桥），即"珊瑚桥"的前身，"珊瑚桥"由三虎桥演变而来。当地百姓讹误称此桥"杀虎桥"。

凉水河是南海子的主要河流，明清时大约有4座桥，新中国成立后在此凉水河段上新建了7座可通行汽车的钢筋混凝土结构桥，平均约2公里河段即有一座桥。

小龙河上的闸桥

小龙河是横穿南苑的小型河流，河道较窄，河上多石制闸桥。清代在南苑修建了14座闸桥，南苑之水闸有闸军管理。据《大清会典》九十七卷记载："南苑之水出团河、一亩泉，潴为五海，各建闸以宣泄之。""河道苑丞管闸十四、桥五十二，设闸军三百十九名，每月给银一两，米一斛。"在今槐房村小龙河上有一座乾隆修建的石制闸桥，俗称土桥，2007年修建槐房西路时，将此桥拆除了，实在可惜。

旧宫村南闸桥为明代在小龙河上建造的，因地处旧衙门行宫附近，群众称"衙门桥"。旧宫村这座桥保存完好，现仍然作为桥梁使用，可通行马车、

旧宫衙门桥（李丙鑫·摄）

汽车。民国七年（1918）旧宫村自力对衙门桥进行修建，并在桥旁立《金玉在念》石碑。笔者从国家图书馆拓片资料得知碑高125厘米，宽61厘米，碑首高24厘米，宽19厘米，上有“金玉在念”4个楷书大字。碑文记载：“旧宫前原有衙门桥一座，系木梁桥面，年久失修，木朽不堪，来往车辆通行维艰……官桥私修……戊午年仲春月改建石梁桥面……所用石梁等料均由东废桥移建。”碑上刻有提倡人王履三等21人的名字。大兴县干部李丙鑫于1984年10月11日对旧宫衙门桥进行了考察，拍摄了照片。当时他还丈量了桥梁的尺寸，桥长4米，高3米，宽6米。桥两侧出水雁翅各长24米。雁翅开口（河宽）约20米。近年旧宫村修路时将衙门桥埋入地下。

在庑殿村南小龙河上也存有一座明清时期用条石建造的桥闸。桥底、桥墩、桥面都用巨大条石垒砌。为了增加小龙河排水能力，南苑公社于1975年9月将庑殿桥拓宽，把原石桥拆除，以建成水泥构件桥，但新改建的二孔水泥构件桥，仍保留原石桥的条石桥基、桥墩。此桥是南北走向，桥北侧桥墩原封未动，还是旧石桥时之面貌，桥南侧旧桥墩改成桥中间之桥墩，拓宽的水泥桥南侧桥墩为水泥结构。这座桥形成条石和水泥构件相结合的一座新桥。此地有庑殿通往东高地的柏油路。

民国九年（1920）鹿圈修一座石桥，桥旁立一石碑。国家图书馆存有此碑拓片，拓片高147厘米，宽58厘米。碑文记载：“鹿圈向有大桥一道，原系木梁，因年久失修，木朽石陷……有碍交通……南苑厢（镶）黄旗苑丞郭峻峰有鉴于此，首倡斯举会商村中首事人等……改木为石，以图持久，形式扩大。”碑文刻有提倡人于子芳等19人的名字。碑文由清五品官穆宪章正书。

沙底桥在小龙河北支流下游，与凉水河交汇之地。《日下旧闻考》记载：“凉水河由小红门之西入苑墙，东南径沙底桥折而南，与一亩泉（小龙河水）合。”1992年将此桥加宽，改建成钢筋混凝土结构桥。

在东高地北边有树桥村。清朝时期，有一棵歪脖大柳树被飓风刮倒，正好横卧在小龙河上，此树成了行人过河的独木桥，因此得名“树桥”。在此地居住的几户农民，遂名“树桥村”。后来树桥改建成木板桥，20世纪70年代改建成水泥板桥。

团河行宫内桥闸为过河亭之桥闸。

清初重修南苑，辟东北门，以门东羊坊沟上有石桥两座，门曰双桥门。门外渐有人居住，形成村落，随与门相应，村名双桥。因其与朝阳区双桥相对，又称南双桥。双桥村现属亦庄镇。

南苑各苑门门外建有石桥。据《北京市大兴县地名志》记载："环海子四周有壕沟相隔，门下建有石桥。"

九　南苑的苑墙

南苑为元明清三代皇家园林，元代称下马飞放泊，明代称南海子，清代称南苑。为了保护苑内建筑和动植物，明代永乐十二年（1414）在南海子四周兴建了围墙，南海子围墙以永胜桥（今大红门桥稍东，凉水河上之石桥）为北界，向南推30里为南界，以幽州南大道（今京开路）为西界，以高梁河故道为东界。围墙呈不规则四方形，为夯土墙（俗称板打墙），长一万八千六百六十丈，墙高一丈，并修建了北红门（今大红门）、南红门、西红门、东红门四个大门。《明一统志》记载："南海子四门缭以周垣，设海户千人守视，自永乐定都以来，岁岁搜猎于此。"围墙称为苑墙、"缭垣"，因围墙内称南海子，老百姓对苑墙称海子墙。以围墙为界，墙内称海子里，墙外称海子外。清代将南海子改称南苑后，人们仍习惯称南苑为南海子，清末废弃南苑后，海子墙逐渐坍塌、消失，当地老百姓仍习惯称"海子里""海子外"。这种称呼一直延续到新中国成立初期。

清代沿用明制，南海子改称南苑，仍为皇家苑囿。明代建的海子墙，到清代已损毁严重。乾隆年间拨38万两白银重修南苑围墙，把土墙改筑成砖墙。砖墙用五尺厚三合土做根基垒48层城砖。据清代《总管内务府现行则例》"南苑卷"记载：改砌砖墙九段，共凑长一万九千二百九十二丈九尺，底厚二尺三寸，顶厚一尺八寸，连蓑衣顶通高一丈。每一丈距离垒一砖垛，共一万九千八十五垛，高八尺五寸。清代《日下旧闻考》记载"南苑缭垣实一万九千二百八十丈"。在国家图书馆藏有清代官绘《南苑全图》，其上标有南苑围墙分段丈量的准确长度“一万九千二百九十二丈九尺”，两者相吻合。清代工部营造所用的尺，为当时的标准长度单位。清一尺折合为0.32米，按此标准计算，南苑围墙长度为61737米，折合61.74公里，为123.48华里，称南苑围墙120里是对的，而称160里是不确切的。南苑围墙东西长约17公里，南北宽约12公里，现在一般称总面积210平方公里。清代《南苑全图》标明南苑总面积20186公顷，折合为201.86平方公里，比元代40公顷增加了500倍，是我国北方地区最大的皇家园林。

南苑围墙因地势而建，与长城相仿，随高就高，随低就低，蜿蜒起伏，连绵不断。墙涂红垩（指红色土，也有的说未涂色），宛如万里长城，十分壮观。潘家庙村南的南苑西墙就建在一条长1.5公里的沙土岗子上。海子墙地基比附近地面高10米左右，可见这段苑墙之高大雄伟。

海子墙四犄角称海子角，即有东海子角、南海子角、西海子角、北海子角。明清两代对南苑管理很严格，并在围墙四角建角堡，盖有房屋，设专人保护围墙，防止民众越墙进苑偷猎南苑里的动物。后来这些看护围墙的人员，在其地长期居住，逐渐形成居民点，成为自然村。在今丰台区草桥东边有角儿堡（村），简称角堡。此地即南海子北海子角（即西北之角）。在大兴区黄村镇东南有一海子角村，此海子角即西南海子角。此地明代已成村，因姓得名何各庄，清改名西海子角，后简称海子角，今为黄村镇一个自然村。随着黄村卫星城建设的发展，海子角之地与黄村镇融为一体，由海子角派生出一些新地名。以海子角十字形大街为中心向四面建成了四条街，分别名海子角东街、海子角西街、海子角南街、海子角北街，还有海子角南路、海子角东路。建了海子角东里、海子角西里、海子角北里三个居民区。角堡和海子角两个村名成为南苑标志性方位地理名称。

南苑管理极为严格，各苑门、角门都有士兵守卫，未经皇帝批准，任何官员不得进入。在苑内劳作的海户日常出入均须携带证明本人身份的腰牌，并有专人负责领入领出，须走指定的路线，按指定的门出入。当时有“里爬杀，外爬发”的规定，凡是翻越海子墙，由外向里者杀头，由里向外者发配边疆充军。据《北京市丰台区志》记载，光绪年间曾发生4次聚众持械冲击南苑事件：“光绪三年（1877）六月初二，南苑何龙九等聚众30余人，持械突入镇国寺门前，扎伤阻拦的清军马甲。”“光绪七年（1881）三月，杨洪秀等聚众数十人，冲进南苑，捕打牲畜，并放火枪打伤总领章京文喜等。”“光绪十三年（1887）六月二十八日，20余人冲进南苑，捕打牲畜，并扎伤前来捕捉之清军马甲。”“光绪十五年（1889）十一月十六日，多人进南苑，施放洋枪，捕打牲畜，打伤清军马甲。”

由于年久失修、光绪十六年（1890）大水和八国联军的破坏，到清末时苑墙只剩残墙断壁。清代震钧著《天咫偶闻》记载:“畿辅自癸未（1886）以后，无岁不水，且年甚一年”“浑河（永定河）屡决”，光绪十六年“秋，畿南大水，直至右安门外。大树皆倒，几欲入城”。这年大雨，永定河决口，城南一片汪洋，洪水从海子北墙九空闸冲进海子里，多处围墙被冲塌。此时的清朝国库空虚，无力修复。1900年又遭八国联军的破坏，围墙逐渐毁坏消失。1904年十月初五《京话日报》有《拆毁南苑围墙》报道:“永定门外南苑，周围垣墙一百二十里，本为狩猎讲武之所，咸丰以后，久不举行，里面行宫殿座，大半坍塌，野兽也逃逸无存。前年两宫谒陵，驻跸团河，因此大加修理，但里面地段广阔，听其荒废，不免可惜，奏准百姓领地开垦，两年来垦熟地亩很多，现在又把围墙拆去，把砖石运向火车站等处发卖，也是一大宗

大红门村东南苑北墙遗迹（高星·摄）

款项。”所剩残墙在新中国成立后多被修路建房用土运走。

现在只剩大红门东边一段南苑残墙。在大红门东凉水河南原有一段1.1公里长的海子墙，1958年北京市清洁车辆厂在此墙南建厂，并在此段海子墙上修了柏油路，可通行汽车。此路名九龙山路，因凉水河北岸原有九龙山而得此名。这段路高2米左右，宽8~10米。这段围墙，墙为路基，路护围墙，因此才保护得好。这段围墙是目前保存最好最长的一段，也是唯一的一段苑墙遗迹，并且未见诸报刊书籍介绍。我在丰台区及南苑乡工作期间，曾多次从这段路上走过。这段围墙是一道抵御寒风的屏障，大红门村曾在墙南建了温室和大棚，发展蔬菜生产。2000年修建四环路时把此路东段占用，现在只剩一段300米的海子墙。

在京开路东侧潘家庙至西红门一线原为南海子西墙旧址，潘家庙村南苑墙就建在一条长达1.5公里的沙土坡子上，海子墙基比地面高10米左右。新中国成立初期，在潘家庙至镇国寺一线尚存一段3公里长的苑墙。1962年新发地建果园和修北京环城铁路而将苑墙平掉。在潘家庙村南海子墙基上建的长1.5公里、宽50余米的果园中，有3座埋设高压电线杆的土丘，高度为5~6米，宽25~35米。在土丘顶部有比较完整的清代南苑围墙基础，宽约1.5米，厚

新发地南苑西墙遗址（高星·摄）

31~33厘米，三合土夯实，坚实紧密。此地是永定河故道冲积平原，为沙性土壤，这几座土丘是用黄土堆筑的，质地致密纯净。苑墙消失后，沙土坡还在，在新发地与新宫村之间，原有一条南北走向好几里长、宽50多米、高约6米的沙土坡，因南海子西墙建在此沙土坡上，人称“海墙坡”。海墙坡上长着酸枣树，在新中国成立前后附近地区的少年儿童常到海墙坡上玩。2003年新发地村在此地建成海子公园。有两处海子墙遗址：一处在公园内，并在海墙坡遗址上建了观景亭，从而起到保护海子墙旧址的作用；在海子公园南侧还有一处海墙坡遗址，因在坡顶矗立高压线电杆，才使此处海墙坡得以保留，在坡顶上尚存有夯实的三合土墙基之遗迹。这两处海子墙遗址呈南北走向，高约5米，长约20米，海子墙就建在沙坡顶上。原来海墙坡比现在要高，因风吹雨冲和人工取土降低了高度，缩小了宽度。这条海墙坡虽经多年平整取土，仍保持明显较高的地势。

1970年开展农业学大寨运动，平整海子墙西坡农田，当时在南郊农场西红门分场工作的吴德正拍摄了一张潘家庙至西红门段海子墙照片。吴德正同志说：“村民说海子墙原来6米多高，我到西红门时海子墙已无存。1970年尚存有潘家庙至西红门打靶场约800米的海墙坡，我拍了其中一段，照片顶部

近年新发地海墙坡顶上暴露出来的南苑苑墙墙基

1970年南苑西墙遗迹（吴德正·摄）

1984年镇国寺南苑砖墙（李丙鑫·摄）

是二尺多厚的三合土墙基，很坚硬，用镐头凿都很难凿动。新中国成立后，拍摄电影《新儿女英雄传》，有一镜头背景是在此地拍摄的。”

20世纪80年代，在镇国寺40号薛春燕家保存着一段比较完整的清代南苑苑墙，这段墙是作为薛家东院墙保存下来的。墙体宽80厘米，高约3米，长约11米。从地表到墙顶部共42层青色长条砖，顶部呈三角形蓑衣顶。这段苑墙在90年代末期因整修房屋而被拆除。新宫村村民高振明说，他1953年生人，老家是潘家庙村人，本人在儿童时代见过南苑西墙的残破砖墙，由于无人管理，农民就拆南苑残墙的砖修房盖屋，所以南苑围墙没能保留下来。

目前，丰台区政府已将南苑围墙列为重点文物保护单位，但未指出具体地点，也未竖立标志。建议丰台区文化委员会在残墙地段竖立丰台区重点文物保护单位标志，以加强对南苑苑墙遗址的保护。

十　南苑的苑门

明代永乐十二年（1414）修建南海子围墙时建了4座大门：北红门、南红门、东红门、西红门。清朝康熙年间增辟5座大门：小红门、黄村门、镇国寺门、双桥门、回（旧时写作“迴”）城门。《日下旧闻考》记载了南苑九门的方位：“南苑缭垣为门凡九。正南曰南红门，东南曰回城门，西南曰黄村门，正北曰大红门，稍东曰小红门，正东曰东红门，东北曰双桥门，正西曰西红门，西北曰镇国寺门。”

清代在北红门东边新增之门因规制小（一个门洞）而称小红门，为与原北红门相区别，北红门改称北大红门（后简称大红门），南红门改称南大红门。清代在扩建苑门时将明代所建东红门，由凉水河南侧，改建在凉水河北边。

南苑东西南北4座大门按方位定名，四隅之门皆以所临近之地名称之。9座大门配置情形为：北、东、南各为2座门，西面为3座门。据国家图书馆藏之清代官绘《南苑全图》表明，南苑9座大门各门规格不同：3个大门的有大红门、南红门、镇国寺门、双桥门；2个大门的有西红门、黄村门、回城门；1个大门的有东红门、小红门。3个门的中间大，两边小，中间高，两边低；2个门的一大一小，一高一低。这些大门都有方形的门洞，门洞可通行马车、轿子，门洞顶端建有屋脊式门楼。大门都漆饰红色，大门上钉有横竖成行的大圆帽铁钉。

小红门（或东红门，约1937年日军合影）（张友才·提供）

为什么要建成9座大门呢？南苑为皇家苑囿，古代以“九五”数指帝王之尊，古时认为，“九五”阳气盛至于天，故飞龙在天。将南苑增至9座大门也符合“君之门以九重（音崇，指帝王居住之处）”的要求。明清时的北京内城也是9座大门，即德胜门、安定门、东直门、朝阳门、西直门、阜成门、正阳门、崇文门、宣武门。

各苑门管理极为严格，每座门派有10名士兵守卫。为了维护南苑的安全，士兵稽查各门出入之人。在苑内镇国寺门、黄村门、南红门、回城门、东红门内及旧衙门行宫、新衙门行宫设有9处供护苑士兵居住的兵房。南苑门禁极严，不但平民百姓及一般官员不得入内，即使王公大臣，不经传召也不准擅入。在苑内劳作的海户等人在苑外居住，日常出入均须携带证明本人身份的腰牌，腰牌上刻有本人姓名、年龄、相貌特征的文字，出入苑门有专人负责验牌，经验明无误始得放行，并有专人负责领入领出，须走指定的路线，按指定的门出入。

清代，南苑内近海子墙地带，有许多海户地、苑户地、寺庙香火地等，以“植柳为限”。柳树与苑墙距离240丈，“近海子墙设庄头种地”，“庄头”为田地管理人员，柳树以外皆为猎场。当时，南苑内禁例甚严，不准搭建棚舍，南苑的海户、苑户出入南苑耕种只得绕行9座大门，极为不便，亦不利于苑墙的维护。因此清代乾隆年间改建南苑苑墙时，南苑苑丞获准在围墙上开辟了13座角门，角门即旁门。

南苑原有的9座苑门，现已无存，但有些苑门作为地名却流传下来，有5座苑门成为村镇名。大红门清末成村，现为丰台区南苑乡大红门行政村，也是丰台区南苑乡政府和大红门街道办事处驻地。小红门清时成村，现为朝阳区小红门乡驻地。西红门唐时已成村，名西綦村，明时扩建南海子时有大批民工在此地落户，住户猛增，时以“千户屯”为名，由于该村位于西红门外，更名为西红门村，现为大兴区西红门镇。东红门为大兴区鹿圈乡之自然村。南大红门明初成村，名磁永村，明代在村北建南红门，曾名南红门村，后改南大红门村，现为大兴区垡上乡自然村。原来以附近地名命名的镇国寺、黄村、回城、双桥4座大门，其地名仍存：镇国寺已无存，但有镇国寺村，为丰台区花乡之自然村；黄村为大兴区黄村镇，是大兴区政府驻地；回城为大兴区青云店乡之自然村；双桥为大兴区亦庄镇之自然村。

南苑大红门

大红门如今已成为一个响亮的地名，它是丰台区南苑乡和大红门街道办事处驻地，著名的大红门服装商务区就在此地。

明代在围墙上辟有北红门、西红门、南红门、东红门4座大门，康熙年间新增镇国寺、黄村、回城、双桥、小红门5座苑门。在北红门东边建小红门后，原北红门就改称北大红门，后来又简称大红门。北红门是明代永乐十二年（1414）扩建皇家苑囿南海子时始建的。清代乾隆年间在南苑大兴土木，修建行宫寺庙。北京城坐北朝南，正阳门（俗称前门）是北京的正门，而南苑为皇家苑囿，面对北京城，坐南朝北，北红门（即大红门）为南苑的正门。

大红门在明清时期是南苑的重要之门，它是帝王赴南苑必经和歇憩之地，也是各地信使及给皇宫送粮米等人所经之地。大红门原址在大红门路上，凉水河南岸，今大红门公共汽车站附近。它有3座方形门洞，中间者大，

大红门东门房旧址

两边者稍小，飞檐斗拱的门楼上面覆盖着黄色琉璃瓦，门漆饰红色。此门洞可通行马车、轿子、汽车。1955年8月为了方便交通，拓宽路面，而将其拆除。大红门内建有东门房、西门房。东门房是清朝南苑的重要门房，除驻有守军外，还有2名门军，负责南苑9个门门军的联络。东门房现存7间朝南旧平房，已经改建了，新中国成立后先后由大红门派出所、丰台区人力三轮车客货运输管理站六分站使用，现又改建成宾馆。东门房遗址现位于大红门汽车站南边路东，门前立有丰台区政府文物保护单位标志。西门房已无存。

在大红门地区曾发生过一些历史事件和故事。康熙皇帝于康熙十四年（1675）闰五月在大红门举行隆重的郊劳礼，迎接平叛凯旋的将军。是年三月蒙古察哈尔部首领布尼尔乘北京清军赴前线围剿三藩之机，在辽西一带发动叛乱，起兵反清，康熙帝派大将军鄂札、副将军图海率数万人出兵追剿。出师两个月，清军即迅速平定布尼尔的叛乱，解除了清朝在三藩之乱时的后顾之忧，凯旋北京。康熙甚为高兴，于是亲率诸王贝勒大臣于南苑大红门行隆重的郊劳礼。抗战时，冯玉祥将军在南苑驻军，为了表达抗日的心情，他在大红门的门洞上题了3条大字标语，在东小门洞上题写“努力奋斗”，在西小门洞上题写“救我国家”，在中间门洞上题写的是“亡国奴，不如丧家犬”。1937年“七七事变”时大红门是二十九军与日军激战最烈的地方，抗日英雄赵登禹、佟麟阁将军壮烈牺牲大红门。

大红门已成为重要的地名。南苑皇家苑林衰败后，原来居住在大红门附近为南苑奉宸苑、皇帝更衣殿、东平房、西平房、寺庙服务的满族人员以及外地来此地开荒种地的农民形成村落，名大红门村，现在为大红门行政村，属丰台区南苑乡管辖。大红门为南苑乡政府和大红门街道办事处驻地。此地带有大红门的地名较多：有大红门路、大红门南路、大红门西路；南四环与南苑路交叉地建有大红门桥，此桥东边建有大红门东桥，有几处大红门公交车站；有大红门南里、大红门北里、大红门西里、大红门东街、大红门西街居民区。改革开放后此地形成大红门服装商务区，有多个以大红门命名的商城。

大红门是风景如画的地方

当年，大红门是风景如画的地方。金碧辉煌的宫殿、庙宇，碧绿的苇塘、树木，弯弯曲曲的凉水河和高低起伏的苑墙在大红门北边由西向东延伸。凉水河上有1座石桥，名永胜桥，后称大红门桥。凉水河北岸有九龙山，共3座土山，高10余米，长约1.5公里。九龙山是乾隆修凉水河挖淤泥堆集而成。九龙山北边有1座碧霞元君庙，称南顶，是北京“五顶”之一。清代吴长元《宸垣识略》载:“九龙山在南顶永胜桥北岸，乾隆间疏浚凉水河土堆成。自西至东，约长三里，高二三丈不等。委蛇起伏，宛如游龙，环植桃柳万株。开庙时，游人挈榼敷席群饮。夏木阴阴，水田漠漠，不减江乡风景也。”清澈的凉水河映照着南岸的苑墙和北岸的九龙山。凉水河、九龙山、苑墙宛如3条欲飞的巨龙。凉水河里鱼群畅游，河畔稻田碧绿，九龙山上桃红柳绿，苇塘里水鸟鸣叫，形成一条独特的风景线。

康熙皇帝、乾隆皇帝、诗人多次写诗赞颂大红门风景。

康熙皇帝《海子北红门秋雨后行围戏作》云：

昼漏稀闻紫陌长，霏霏细雨过南庄。
云飞御苑秋花湿，风到红门野草香。
玉辇遥临平甸阔，羽旗近傍远林扬。
初晴少顷布围猎，好趁清凉跃骕骦①。

注：①骕骦（音肃霜）：古书上说的一种良马。

乾隆皇帝《射猎南苑即事诗》云：

北红门里仲秋天，爽气游丝拂锦鞯。
行过雁桥人似画，踏来芳甸草如烟。

清代举人、进士查慎行作《南海子四首》，其中一首：

红门草长少飞埃，万里平畴掌上开。

一道修眉浓似画，近南遥识晾鹰台。

注：查慎行（1650—1727），清代诗人，浙江海宁人，康熙进士，翰林院编修。

几经周折找到大红门规制资料

老人爱忆旧，现代人爱追寻古代建筑。南苑的古建筑大部无存，人们却爱唠叨那些消失的东西。清末由于八国联军的洗劫焚烧、永定河洪水冲击，南苑被废弃，后又屡遭兵燹，绝大部分建筑无存，留下的老照片也屈指可数。南苑的9座苑门大多在清末和民国年间损坏拆除，新中国成立时只剩下大红门和小红门了。根据档案资料记载，这两座苑门均于1955年拆除，小红门是因损坏严重经南苑区人民政府报北京市人民政府批准拆除的，大红门是因展宽马路拆除的。现在大红门附近留有南苑围墙、南苑奉宸苑、东门房、大兴县署铁门、黄亭子傅子范墓等几处历史遗迹。

南苑苑门是皇家苑囿的重要建筑，也是本地人的骄傲。这些苑门消失多年后，当地人民很流连它。改革开放后，经济比较发达的南苑、西红门和小红门等乡镇多方寻找这些明清时期曾在本地辉煌过的皇家苑门建筑规模形制，有的还想复建南苑的苑门，做成本地标志性建筑，但因未能找到准确的图纸或照片而作罢。南海子麋鹿苑构思筹建南苑文化园，已列入城南行动计划，也在寻找大红门的规制情况。他们都为寻找大红门的规制而求索。笔者退休后成为南苑文史业余研究者，经常去国家图书馆、首都图书馆查资料，在国图善本室查阅了清代官绘彩色《南苑全图》，图上有对南苑大门用红色画的门洞数量及门洞样式，但没有找到大红门的详细资料和老照片。笔者于1954年在北京市政府行政干校学习期间，参加南苑区的普选工作，曾路过大红门，但因时间久远，对大红门的具体情况已记不清了。笔者之前写南苑文史时对大红门的描述是根据访问少数人的情况写成的，误写成门洞是拱形的。因笔者曾写过南苑历史的书籍，有关人员找本人询问苑门的规制情况，所以又对大红门的具体情况重新进行了调查。

经与多位专家学者询问，得知清代《康熙南巡图》绘有南苑北红门。本人查到此图在第一卷确有北红门。清代画廊巨作《康熙南巡图》的主要作者是清初六大画家之一王翚。王翚（1632—1717），字石谷，号耕烟散人，又称乌自由人、剑门樵客；因画《康熙南巡图》，康熙皇帝赐书“山水清晖”四字，所以又称“清晖老人”。12卷巨制的《康熙南巡图》，经过王翚、杨晋等众多画家的努力，历时3年才告完成。《康熙南巡图》现收藏于故宫博物院。第一卷，绢本设色，纵67.8厘米，横1555厘米，描绘康熙二十八年正月初八，南巡从京师出发的情景。车驾从北京外城的永定门到京郊的南苑，画面开始即为永定门，康熙皇帝一行已经出城，送行的文武官员站在护城河岸边。浩浩荡荡的队伍在大路上行进，康熙皇帝骑在一匹白马上，由武装侍卫前呼后拥，沿途路旁有舆车及大象。前哨越过北红门外凉水河一座石桥，抵近南苑。路边仪仗鲜明整齐，一直排列到南苑北红门门口。

从《康熙南巡图》之北红门部分观看，画得北红门是侧视角度，北红门有3个门洞，门洞是方形的，中间门洞比两边高，门洞顶部有横木，3个门洞上方的屋脊式建筑是中间高，两边低。

但是在康熙以后，尤其是乾隆年间在南苑大兴土木时对北红门有没有改动呢？

因为拆除大红门已60年，没找到其老照片，只能找当地老人询问、回忆，但多数人已经淡忘了，只能说个大概，有的地方张三说的与李四说的不一样。笔者共访问了10多人。2009年11月19日和12月13日笔者两次访问了南苑乡大红门村退休干部张福香。张福香1915年生，1937年从山东来到大红门居住，新中国成立后一直担任大红门村支书，直至退休。他是大红门的多年

《康熙南巡图》之北红门

见证者、亲历者。他说："大红门有3个门洞，中间大些，两边略小，高约10米，宽约5米，3个门洞都能走汽车。底座是用石头砌的，上边垒的城砖，门洞长约3米，木门，上面钉有成排的铁钉。门洞顶上有屋脊，铺黄色琉璃瓦。门洞上的屋脊，中间的比两边的略高一些。大门上不是'发碹'，而是铺的长条方木，方木一直铺到'门口'（读重音，此'门口'为建筑上用词，与'门口mén kǒu儿'之词读音不同）。此处之木板也称'过木'，过木上砌砖。门洞墙涂红色。"

笔者知道大兴县政协文史委原主任李丙鑫先生是较早搜集整理南苑历史资料的人，而且工作认真仔细。经电话联系，果然从他那里得到一份珍贵的大红门资料。他根据1982年3月30日《北京土建学会会讯》刘喜同志的文章整理了南苑大红门规制情况。南苑北大红门的位置在今丰台区大红门北站，凉水河南255米处。南北向，3个门洞，中间门洞宽5.2米，两侧门洞各宽4.7米。门洞两旁均有侧墙，中间门洞侧墙宽2.7米，长3.9米；旁门侧墙各宽1.9米，长3.3米。中门墙高约7.6米，旁门墙高约6米。墙上有砖木结构门楼。门楼约高3米，朱红大门、圆柱；门楼上为黄色琉璃瓦顶，四角飞檐斗拱，有仙人、海马等脊兽。仅存的1座南苑北大红门是在1955年8月23~29日拆除的。当时，北大红门是北京至南苑镇间唯一的通道。中间门洞通行机动车辆，受门洞洞宽限制，不能错车。两旁门洞，慢行车、行人挤行其中，拥挤不堪，经常出现交通事故。因此，为改善这里的交通状况，经报请北京市人民政府批准后，将北大红门拆除。由西向东共拆除砖石308立方米，门楼3座。重新铺路后，东西路面宽达27.6米。

从上述资料可看出，大红门中间门洞墙高约7.6米，加上门楼高约3米，总高度约10.6米，有4层楼那么高；中间门洞总宽10.6米，两侧门洞各总宽8.5米，3座门洞总宽度为27.6米，有9间房那么宽。

南海子麋鹿苑找到《南苑大红门草图》

南海子麋鹿苑环保教师靳旭也在为寻找大红门的规制而奔波，他在北京市档案馆从1955年南苑区人民政府拆除小红门的请示文件中查到一张《南苑大红门草图》。此图可能是1955年拆除大红门时画得，画得很规范，是行家里手画的，只是图上没有注明绘制单位和绘图者姓名。图上“派出所”（即大红门派出所）的位置即是东门房旧址。

能找到大红门的规制数据和大红门图是难能可贵的，此资料和图是非常珍贵的，为解开大红门的谜团找到了依据，有了比较正确的答案，使我们找到了大红门的基本模样。此图与《北京土建学会会讯》刘喜同志的文章介绍的大红门情况数据基本一致，只有中间门洞的宽度有差别：文章介绍“中间门洞宽5.2米，两侧墙宽2.7米”，按其资料计算，中间门洞总宽度为10.6米；此图标中间门洞总宽（含门洞墙）为5米，两者相差5.6米，差了一半还多一点。这可能是绘图者将门洞宽与门洞总宽度（加侧墙）弄混了，误将门洞宽当作总门洞宽了。如果门洞总宽5米，那门洞只有2.5米左右，这与实际相差太大，不可信。

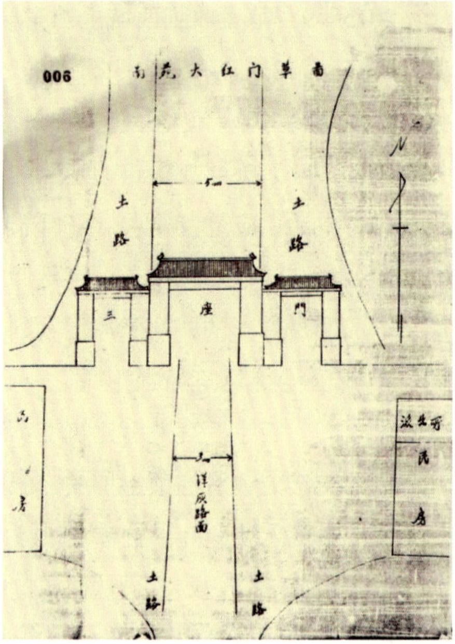

南苑大红门草图（靳旭·供图）

从以上情况分析，康熙时期至清中晚期，大红门的规制是一致的，没有大的变化。说明乾隆时期大修南苑时并没有改变北红门的规制。

从《西城追忆》得到大红门老照片

笔者写的《追寻消失的大红门》的拙文于2011年在丰台区文学刊物《卢沟月》总第22期发表，呼吁大家关注大红门老照片。不久大红门村孙士元给笔者打电话说，他前些年在丰台区档案馆查找资料时曾在一本杂志封面上看到过登载大红门的老照片，此照片上有南苑公社干部邵世珍、钱洪玉等人的合影。但他记不清杂志的名称了。为此，笔者询问了邵世珍、钱洪玉，但他俩也记不清在大红门照相的事了。笔者两次到丰台区档案馆查找，也没有找到。

2015年9月笔者收到西城区档案局寄来的新出版的两本《西城追忆》杂志，其中2015年第2期在《纪念中国人民抗日战争70周年——南苑血战》中，有一幅《中国军队驻防南苑大红门》的照片。这就是南苑大红门！见到这张照片格外高兴，千呼万唤寻找多年的老照片终于见到了。笔者马上给《西城追忆》编辑部打了电话，应笔者要求，编辑部将此照片传至本人电子邮箱。

南苑大红门在照片中显示出雄伟气魄，透出古老沧桑和丰富的历史文化信息。门洞是方形的，从照片上看到大红门的确是“飞檐斗拱”建筑。“飞檐”是我国传统建筑檐部形式之一，屋檐上翘，若飞举之势，常用于亭、台、楼、阁、庙宇、宫殿等建筑上。斗拱是中国建筑特有的一种结构。在立柱和横梁交接处，从柱顶上加的一层层探出成弓形的承重结构叫拱，拱与拱之间垫的方形木块叫斗，合称斗拱。

这张南苑大红门照片是从门里向外照的。南苑大红门本有三个门洞，这张老照片只照了两个门洞，一个中心门洞，一个侧门洞。左边一个侧门洞没照上，但从照片上可看到左边门洞的一段横梁（建筑学称石挂落板）和角柱石与右边的门洞横梁和角柱石是一样的。从照片上看好像是战时防御景况，中心门洞的两扇大门，只打开一扇，另一扇关着。中间门洞的木制大门上的

约为1937年的大红门照片

一排排大铁钉清晰可见。中间门洞堆着一堆土，道路也是七拐八拐的，旁边门洞全部堆着土。大红门门洞的封锁，当是在断绝交通。这可能是1937年7月下旬二十九军在南苑准备迎战日军进攻做的防御。

从这张大红门老照片分析，中间门洞其高度和宽度是一样的，是个正方形，这与拆除时测量的数据是一致的。

夸张地说，寻找大红门建筑数据和老照片，如同大海捞针，经过几年的努力，现在终于有了一个圆满的结果。笔者先后找到了康熙南巡时大红门的画图、1955年拆除大红门时的草图和建筑数据、抗战时期大红门的老照片。这些资料很珍贵，它为南苑皇家苑囿留下宝贵的文史资料，为复制南苑建筑提供了可靠的依据。

南苑是元明清三朝的皇家苑囿，曾辉煌近500年，清初为皇家第一园。它历经战乱沧桑，古迹遗存已很少了，但就是这些少有的寺庙、石碑、古桥等却十分珍贵，它们仍然蕴含着历史信息，传承着丰富的历史故事，这些历史悠久的古代建筑比现代高楼的价值要高得多。如果当初不拆除大红门该有多好呀！这是后话。当初的领导者保护文物的意识不强，以妨碍交通为由就将其拆除了，留下很大的遗憾。文物毁灭了就不会再生，复建总没有原建的价值高。如果当初在原大红门旁另辟道路绕行，既解决了交通问题，也保护了文物，可做到两全其美，在现代交通中间围绕一座宏伟的古色古香的大红门，当会成为南中轴线上的一大景观。我们要牢记这一惨痛的历史教训！

南苑的角门

在丰台区南苑乡马家堡村南有一个叫角门的地名，角门是怎么回事呢？

角门是清朝时期南苑皇家园林围墙上的便门，也就是旁门。明代南苑是4座大门，清代又增加5座，成为9座大门。清代，南苑内近海子地带有许多海户地、苑户地、寺庙香火地，在苑内值差的海户有1000多人，他们早晨进入苑内劳动，傍晚走出苑墙，到附近村落休息。海户、苑户出入苑墙只得绕行9座大门，极为不便，也不利于苑墙的维护。因此清代乾隆年间改建南苑苑墙时，南苑苑丞获准在围墙上开辟了13座角门，北墙有3座：马家堡角门、栅子口角门、马道口角门；东墙有4座：羊坊角门、毕家湾角门、辛屯角门、

北京公交角门站站牌

房辛店角门；南墙有4座：大屯角门、北店角门、三间房角门、刘村角门；西墙有2座：高米店角门、潘家庙角门。角门比正式苑门建筑结构简单，都是对开两扇门，门也漆成红色。各角门有士兵把守，有一值差更房。这些角门都是以附近村名命名的，今天这些角门都已无存，但原来的村名还都存在。

马家堡村南的角门即马家堡角门，现在只简称角门，这是原来13座角门中唯一形成地名的。马家堡是一个历史悠久的古老村庄，角门原址在马家堡南街西头，即今马家堡中路与角门北路交会处的马家堡小学北边约150米的地方。许多人都误以为角门公共汽车站为角门的旧址，即角门路与马家堡路交叉路口处，更有甚者，在北京地图上将角门标在马家堡东路东边。其实角门旧址在角门汽车站西北方向，离汽车站有1公里多的距离。在角门附近原有一角门自然村，新中国成立后合并到了马家堡村。

角门从清朝至二十世纪五六十年代是农业耕作区，是人烟稀少的地方。改革开放后角门地区发生了巨变，已由城乡接合部变为柏油路纵横、楼房林立的城区。东西方向有角门路、角门南路、角门北路；南北方向有马家堡路、马家堡中路、马家堡东路、马家堡西路。角门已由一个地名发展成一地区名，其范围北至角门北路，南至14路汽车总站，东至马家堡东路，西

角门路路牌

角门小学

至马家堡西路。公交车有角门、角门南、角门北路汽车站，地铁有角门东站、角门西站。角门地区有角门东里、角门西里、角门中学、角门小学、中国康复研究中心等，在此地区范围内还有许多以角门某号院命名的居民楼区。

十一 南苑奉宸苑

明代管理皇家园林的机构是上林苑，管理南海子的机构是旧衙门提督署和新衙门提督署。清代管理皇家园林的机构是奉宸苑，管理南苑的机构是南苑奉宸苑。南苑奉宸苑，也称官署房，是管理南苑行宫、寺庙等事务的机构。奉，为侍候、奉迎；宸，指帝王居住的地方；苑，是皇家苑囿。奉宸苑旧址在今大红门东后街156号，北京市磁性材料厂宿舍院内。

《日下旧闻考》记载："大红门，南苑正北门也，亦称北红门。旧有南苑官署房三层，共十有八间。更衣殿，乾隆三年（1738）建，殿内恭悬御书额

南苑奉宸苑前厅后墙

南苑奉宸苑后厅山墙

20世纪30年代大兴县署曾在南苑奉宸苑旧址办公，此为县署铁门（高星·摄）

曰：‘郊原在望’，联曰：‘旧题在壁几行绿，晓日横窗一抹殷’。”其南为地藏庵，东为小龙王庙。官署房系清时所建，进门有影壁，坐北朝南，分前厅和后厅。前厅10间，东西配房略低。后厅2处，各3间。《南苑册》载：“大红门内更衣殿，南向，门二层，大殿三间。”更衣殿为帝王进入南苑后更换衣服的地方。

从现存前后厅看，后厅的房子比前厅高大许多，前厅房子矮小，红砖白灰勾缝，后厅磨砖对缝，后厅山墙上的方砖也比前厅山墙的方砖大。此处后厅的房子也可能是更衣殿，有待进一步核实。

《光绪顺天府志》记载：“本朝设总尉、防御等官守之。”《大清会典》载：“南苑总尉一人，正四品；防御八人，正五品。”奉宸苑官署共设文职官员30人，即郎中1人，员外2人，主事1人，委署主事1人，苑丞7人，苑副13人，笔帖式5人，掌征收南苑之地赋及管理行宫、寺庙等。南苑总尉1人，防御8人，骁骑校2人，掌南苑之门禁。九门门军36人。

奉宸苑官署在清末荒废。1935年以前曾为大兴县南苑区警察分所驻地，1935年3月大兴县政府由北京城内迁至此地，又于1937年9月15日移于南苑万字镇营市街（今新华路5号）。原大红门旧县署在新中国成立前曾做过小学校，新中国成立后为市农场管理局驻地，市农委曾在此建一礼堂，常在此地召开农村干部会，办训练班，郊区农村干部俗称“农委礼堂”，后改为民房。

南苑奉宸苑官署旧址，“前厅十间”基本保持原貌，这10间为一排房，由东往西为两小间三大间两小间（配房）顺序排列，每间房都有后窗，起脊瓦房。“后厅两处”为一排，两个三大间并排着，也是起脊瓦房，这6间房子进行了改建。这些改建的旧房，现为居民住房。在这两排房之间，新盖了一幢居民楼房。原大兴县署两扇铁门仍在原址使用。

十二　南苑的行宫

辽、金、元、清四朝代均为北方少数民族创建的王朝，统治者是游牧民族，喜欢骑射、纵放鹰隼狩猎活动。辽金时期在南京（今北京）、金中都城南大面积湖泊为猎场，但猎场宫殿史籍记载不详。辽在通州张家湾一带有方圆数百里湖泊称延芳淀，在此建有宫殿、呼鹰台。在金中都南门外建有建春宫、南园等多处宫殿，建春宫在广阳城（今大兴天堂河一带），于成吉思汗攻打中都时毁于战火。元代在南苑下马飞放泊建有晾鹰台、“幄殿”。明代在南海子建有旧衙门提督署、新衙门提督署和庑殿行宫（今大兴区旧宫镇庑殿村，明后期废，改为废妃居住，后改御马圈，清代坍塌无存）。南苑地域明

南苑某行宫宫门

代以前的宫殿因历史久远，多次战乱，踪迹难寻。本书重点介绍清代南苑旧衙门、新衙门、南红门、团河4座行宫。

旧衙门行宫

旧衙门行宫简称旧宫，旧址在今大兴区旧宫镇。明代修建旧提督衙门，为上林苑内监提督衙署，称旧衙门提督署，是明代管理南海子的机构。清顺治十五年（1658）改建成行宫，称旧衙门行宫，因其在南苑东部，又称东宫。乾隆年间又重修，它是清南苑中的第一座行宫。据当地老年人回忆，旧宫占地约80亩，红色围墙，灰色琉璃瓦顶，灰砖铺地，宫门前有一对铜狮子。

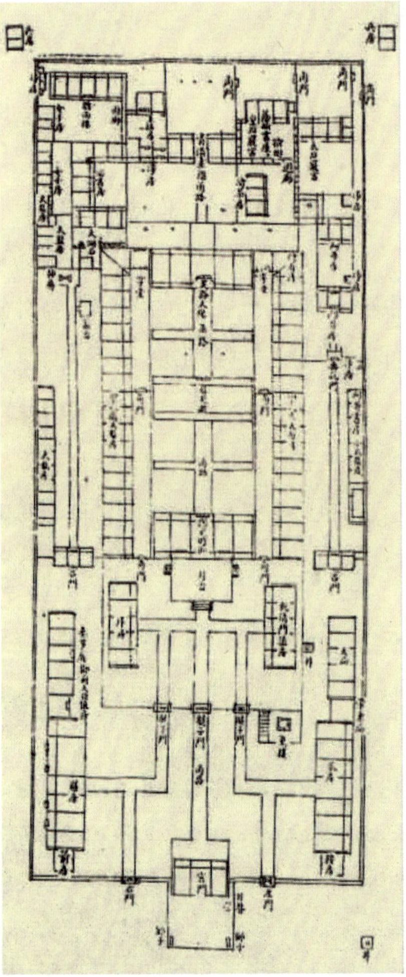

旧衙门行宫平面图

旧衙门行宫，坐北朝南，宫门3楹，前殿、二层、三层殿宇各5楹。后殿有荫榆书屋3楹，并有书房、书室。平台楼之东另有一所，宫门3楹，内殿两层。宫内各题额、楹联均为乾隆御书。二门楹联曰："宝祚无疆，万年绵茀禄；天颜有喜，四海庆蕃厘。"前殿和第三层殿题额"阅武时临""爽豁天倪"。三层殿东壁联曰："平野晴云横短障；满川烟霭润新犁"；东间为佛堂，联曰："七宝庄严成满字；四花涌现得全提"。四层殿西间题额"清溢素襟"，东间联曰："短长诗稿闲中检；来往年华静里观"；中间联曰："入座韶光发新藻；隔林山鸟试春声"。荫榆书屋联曰："烟霞并入新诗卷；云树长开旧画图。"书室联曰："雨是春郊，亭皋开丽瞩；风清书幌，花竹有真香。"东所二层殿内联曰:“风经锦埭香犹细;鹤步兰皋篆欲斑。”

郎世宁《哨鹿图》局部

旧宫朱门绿瓦，金碧辉煌，毗邻德寿寺、关帝庙、宁佑庙3座敕建寺院，两侧有凉水河、小龙河，古木参天，芳草如茵，是皇帝和皇子皇孙经常前来游玩、读书的地方。书室曾为清高宗少年读书的地方，乾隆在《旧衙门行宫》诗中写道:“清时作行宫，明季乃衙门。不必其名易，于中鉴斯存。”注曰:“旧衙门明季太监提督南海子者所居，其时朝政不纲，至阉寺擅权，营构宏壮，号称衙门，兹仍其旧名，亦足存鉴戒也。”

清高宗于乾隆二十三年（1758）年作《旧衙门行宫小憩诗》:

别馆向阳开，收围系玉騋①。

非关问花柳，率欲憩舆台②。

春雨全滋藓，北寒始放梅③。

小停旋移跸，匪为豫游来。

注:①騋（lái音来）:马七尺以上曰騋。

②憩（qì）:休息。

③是处书室前种梅竹苍松，北方寒，向无植梅于地者，近始有之，虽成活而开花必在二三月云。

清高宗于乾隆二十八年(1763）又作《旧衙门行宫即事诗》:

别馆驻旌斿，森然古树稠。

庭轩去卑湿，翰墨足优游。

潦盛将成圮，年深事重修①。

洁恩杜甫什，不乐只生愁。

注:①旧衙门行宫盖仍明季所有，经百余年未大修葺，去岁霖潦，漏圮益多，奉宸请内帑重修，焕然一新。

1900年，旧宫遭八国联军洗劫，民国十六年（1927）春被奉军拆除。旧宫唯一保留下来的是村南建于明代的独孔石桥，群众称之为“衙门桥”。

旧宫遗址之地今已成为大兴区旧宫镇，该镇下属19个村委会，有2万多人，多条公共汽车通往旧宫。

新衙门行宫

新衙门行宫在明朝为上林苑内监提督衙署，俗称新衙门提督署，简称新衙门，是管理南海子事物的机关。清顺治十五年（1658）将新旧两个提督衙署改建成两座行宫，乾隆年间重修。这两座行宫都是新建的，只是沿用原名而称旧衙门行宫和新衙门行宫。新衙门行宫简称新宫，因位于南苑西部也称西宫。乾隆帝在《新衙门行宫作》中也提到其名称：“衙门旧矣尚称新，明季于斯驻内臣。孰谓名当逊乎实，试看假乃胜其真。”

新宫位于新宫村东，坐北朝南，是一个长方形的建筑群。新宫规模宏伟，朱门绿瓦，金碧辉煌，共有房屋403间。新宫门前有两尊元代的铁狮子，《日下旧闻考》记载：“新衙门在镇国寺门内约五里许，建自前明。宫前铁狮子二，上镌延祐元年十月制，元时旧物也。”有资料记载：“南苑新宫门外二铁狮，极有神致，上有‘除邪辟恶镇宅大吉’，后有一花押不可识。前有皇祐十年（北宋皇祐只5年，据《日下旧闻考》记载，为元代延祐元年）月日，又前有彭德安阳县铜冶镇及冶工姓名四五人，古气磅礴。座之四面，一面即字，其三面皆阳文荷花水草，亦极有致，疑是金辇宋物也。”

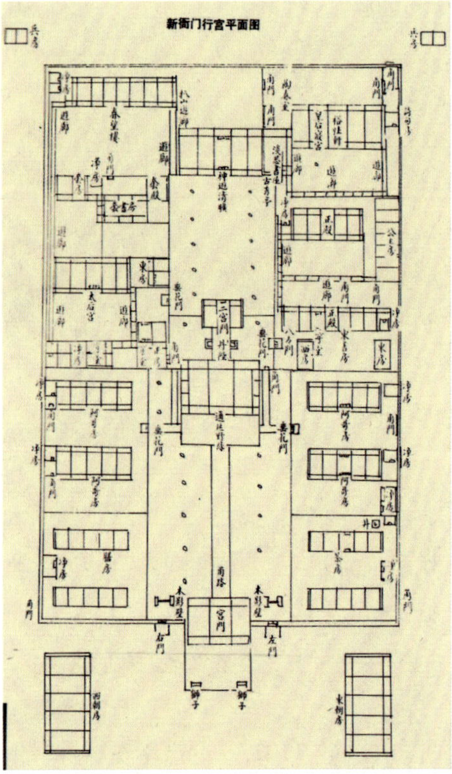

新衙门行宫平面图

新宫四周有宫墙，中轴线上有2座木影壁、4座垂花门、2座宫门、2座大殿，前殿3楹，后殿5

楹。垂花门内对面房御题额曰："迩延野绿"，东西壁上对联曰："绿深草色轻风拂，红润花光宿雨晴；树鸟鸣春声渐畅，砌苔向日绿偏多"。后殿屏扆间恭绘宫廷画家郎世宁绘乾隆画像（《乾隆南苑大阅图》），额曰"神游清旷"，东间联曰："翠峰自写王家画；飞瀑常调雷氏琴"。西间联曰："披图自可寻山对；得句偏宜选壁题。"裕性轩东间佛室联曰："经标窣堵云常护；心印牟尼月共圆。"西间联曰："即境试抽思汩汩；向荣且喜木欣欣。"陶春室内联曰："明月松间照；清泉石上流。"

乾隆皇帝像

中轴线两侧各有5座院落，有裕性轩、古秀亭、陶春室、澹思书屋、诗句房、东书房、套书房、春望楼（上下14间）、2座正殿、太后殿、皇后寝宫、套殿、阿哥房、公主房、膳房、茶房、净房，有11处游廊、14座角门等，宫门前有东西朝房各5间，宫后两角有两处护卫新宫的兵房。宫外有7处公所房105间，东西外膳房46间，苑户房86间。裕性轩前有一株生长茂盛的古玉兰树。新宫环境优美，四周多湿地，树木密布。新宫北边的一亩泉是小龙河的发源地，河水向东流淌，一亩泉北边有卡伦圈；在新宫东边小龙河南有一座龙王庙。由新宫通往各苑门、各行宫有御路，御路两旁栽有柳树。

郎世宁绘《弘历行乐图》局部

乾隆少年时曾在旧宫荫榆书屋和新宫裕性轩读书，即位后曾多次到新宫驻跸，写了许多诗篇，新宫匾额、楹联多是乾隆御笔。光绪二十九年(1903)，光绪帝巡幸南苑，曾在新宫、旧宫、团河宫驻跸，这是清代帝王在南苑的最后一次活动。据当地老人回忆，新宫占地30多亩，红色围墙，绿色琉璃瓦顶，有一两层楼房，大方砖铺地，宫内种植玉兰、丁香、杏、核桃、柿子等树木。

新宫的后殿为裕性轩，5楹，裕性轩西为澹思书屋2间，后为陶春室2间，另有古秀亭、春望楼，是乾隆经常活动的地方。乾隆在《裕性轩忆旧》中写道:“少年于此地，习射复攻书”，在《澹思书屋》诗中写道:“少时恒此读芸编”。据笔者考证，乾隆称帝后曾7次在新宫驻跸，写有13首赞颂新宫的诗。

乾隆四年（1739）写有《南苑新衙门行宫即事诗》:

南苑重来羽骑驰，离宫未御已经时。
新诗消遣闲中兴，旧学商量静里知。
花笑迎人夸得意，鸟吟为我话相思。
留连不是耽风景，却惜年华暗转移。

乾隆二十八年（1763年）作《新衙门行宫叠旧作韵诗》:

三处行宫两宿移，春风小试漫淹迟。
无过武备示规意①，况逮文华进讲时。
昔往今来真迅矣，民情物理慎思之。
皞熙未致伊谁责②？纵曰知难亦底为。

注：①“无过”句原注:“是来本欲以行围之度砂诸回部，故启程之日咸令送驾而去。信宿还宫，即御经筵。”
②皞：通昊，光明幸福。

乾隆十一年（1746）作《裕性轩题壁》①:

宿解读书乐，时复与静宜。
幽苑构离宫，忆昔曾下帷。
几清无俗氛，树古多乔枝。
春风此驻跸②，芸编一再披③。
鸟语如相诉，驹影不肯移④。
欲去重徘徊，长歌有所思。

注：①裕性轩：位于新衙门行宫。
②驻跸：帝王出行在途中暂住。

③芸编：书的别称，古人藏书多用芸香驱虫，故称书为芸编。披：这里作披阅解。

④驹影：有光阴流逝迅速之意。

乾隆十九年（1754）作《裕性轩咏玉兰》：

一树当庭万玉蕤①，春风别馆及芳时。

香色两字无余净，绨几凭参性所宜②。

绘写春光得尔神，去年题句壁间新③。

较量含韵斋前树④，清咏饶他两度春。

注：①裕性轩前有一株30多厘米粗的古玉兰树，生长旺盛，早春时节，满树白花，当地老者曾目睹开花盛况。奉军拆毁新宫后，此花因无人管理而死亡。蕤：草木茂盛和样子。

②绨：比绸厚的丝织品。

③“去年”句原注：“去岁来此，亦值花开。”

④含韵斋：圆明园观赏玉兰花处。

乾隆二十八年（1763）作《裕性轩诗》：

几席有余清①，春风暂驻旌②。

马嘶墙外草，翚焕屋间甍③。

稽古遥怀托④，居今静趣生。

玉兰犹未放⑤，小惜昔年情。

注：①几席：矮或小的桌子叫几，坐卧的地方叫席。

②驻旌；帝王出行在途中暂住

③翚；形容宫殿壮丽。甍：屋脊。

④稽古；稽考古道。

⑤玉兰：指裕性轩前的玉兰树。

乾隆四十一年（1776）又作《裕性轩诗》：

性近人生初，能率斯称道。

是轩额裕性①，命义诚云好。

有余之谓裕②，廓然袪急躁③。

虚受应物来，静守谢私扰。

所见实如斯，全斯勉探讨。

注：①②“是轩”“有余”句：解释裕性轩之名。

③廓：清除。

乾隆二十八年（1763）作《陶春室[1]诗》：

春草绿侵阶，春禽入听谐。
陶春自老屋，坐对始知佳。

注：①陶春室：位子新衙门行宫内。

乾隆四十一年（1776年）又作《陶春室诗》：

书斋清远尘，来驻仲之春。
编简都依旧，柳桃已报新。
因知化工妙[1]，更切体元仁。
搜骑平原待，偶为底事频。

注：①化工：天工，指大自然创造或生长万物的功能。

乾隆二十八年（1763）作《澹思书屋[1]》：

宁夸芝篆余钗脚，喜对芸编在案头。
驰马射獐近豪放，澹思有藉此优游。

注：①澹思书屋：位于新衙门行宫内。澹：为安静。

乾隆四十一年（1776）又作《澹思书屋》：

少时恒此读芸编[1]，思虑无分诚淡然。
今日思艰那语淡？副名只有别经年。

注：①“少时”句：回忆少年在新宫读书境况。

乾隆二十八年（1763）和《古秀亭[1]诗》：

度来十笏犹为少[2]，纳以三千亦觉余。
试凭绿窗静观物，应知此语信非虚。

注：①古秀亭：位于新衙门行宫内。
②笏：上朝时大臣都要手持笏板，原为竹制，后来有的大臣用象牙做成笏，以示名贵。大臣把上朝禀报事项写在上边，以免上朝忘记。此处十笏指十名大臣或官员。

乾隆四十五年（1780）作《新衙门行宫作》：

衙门旧矣尚称新，明季于斯驻内臣。
孰谓名当逊乎实，试看假乃胜其真。
岁时聊以识庚子[1]，诗句奚堪阅丙申[2]？
此去西陵叩七帙，来年庆典那由陈？

注：①庚子：指乾隆写此诗的年份。

②丙申：诗原注："丙申四月东巡，奉圣母曾驻此，题什宛在壁间，追忆不胜凄感。"丙申指乾隆四十一年曾来新宫驻跸并作诗。

新宫于1900年被八国联军洗劫焚毁，1927年又被奉军部队拆除变卖，行宫建筑片瓦未留。20世纪80年代在新宫村中水井旁曾有一个大型饮马石槽，是宫中遗物，后被埋于地下，21世纪初出土（本书《南苑里饲养的牛马鹿羊》有记载和照片）。在槐房和新宫合为一个大队时曾用新宫条石修了槐房八队的地下水渠。20世纪80年代在槐房村散落着两个新宫的垂花门石底座，现在槐房一村民家中存有一个底座，另一底座去向不明。该底座长1080毫米，宽300毫米，高405毫米，底座中间有一个长185毫米、深115毫米的槽。

新衙门行宫和旧衙门行宫在明代均为衙门，有新旧之分，在清代都是新建成的行宫，没有新旧之别，只因沿用旧名而称旧衙门行宫、新衙门行宫。该地原有少数苑内杂役的苑户居住，据《大清会典》记载，新宫有16户苑户。苑户是苑内为行宫服务的人员，清代为满族，居住在海子里。海户与苑户不同，海户是白天进入苑内干活，傍晚出苑外，在苑墙外居住。新宫村孙姓、李姓、陈姓、马姓、刘姓满族为苑户，黄姓满族为南苑管理官员，现在这些

新宫垂花门石底座

康熙帝戎装像

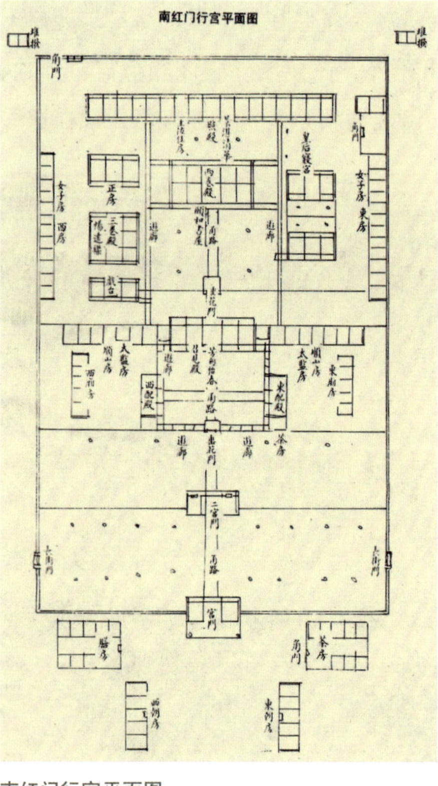

南红门行宫平面图

满族户应是苑户和管理官员的后代，他们原来住的老房即新衙门行宫所属的苑户房。李庄子李姓满族是从遵化县马兰峪迁来，谢庄子谢姓满族为迁来户。清末南苑废弃后，新建的庄园由河北、山东等地招来农民种地在此居住，原来的苑户加上新迁来的农民遂成聚落，名新宫村。新旧两个行宫名字一直沿用至今，旧宫一直“旧”了300多年，新宫一直“新”了300多年。

南红门行宫

南红门行宫在南大红门内里许，门对苑墙，清康熙五十二年（1713）所建。南红门行宫因在南红门附近，又居南苑南部而简称南宫，今其地近处为南宫村。

南红门行宫宫门二重，前后殿各5楹，前后殿均建有东西配殿，有垂花门2座，游廊5处。前殿题额为“芳甸怡春”，联曰：“映窗黛郁千年树；插架芸芳四库书。”后殿额题为“景湛清华”，有二联，一联曰：“绿水亭前罗带绕，碧山窗外画屏开”；二联曰：“树将暖旭轻笼牖，花与香风并入帘”。三卷殿东间额题“畅远襟”，联曰：“景欣孚甲含胎际；春在人心物性间。”西间联曰:“草木惬生意，风泉清道心。”后间联曰:“入目景光浑似旧，得心兴会每殊前。”再后西正室联曰:“惬心雅得个中趣，澄景凭催象外诗。”内间额题“理趣”。

南宫草木丰美，风光清丽，而且距晾鹰台很近（晾鹰台在南宫北侧，两处相距不足1公里）。皇帝在晾鹰台行围、阅兵后常在南宫驻跸。康熙、乾隆帝巡幸畿甸、阅视永定河时即多驻跸南宫。

乾隆帝于乾隆七年（1742）秋有《南红门行宫对月有作》曰：

去岁龙沙试秋猕①，关山月色闲吟遣②。
今宵桂魄还分明，离宫照我无限情。
谁知几缺复几圆，暗换今年与去年。
去年月即今年月，何必视昔蛰膀然!
白露瀼瀼衣袂冷③，倚楹相对忘怀永。

注：①猕（xiǎn音）：古代指秋天打猎。
②关山：关口和山岳。
③瀼瀼（ráng音瓤）：形容露水多。袂（mèi音妹）：袖子。

乾隆四十一年（1776）又有《南红门外作》：

南苑行宫逐顿移，东巡此日信遵逵。
红门外便烟村接，历览农桑兹始之。
秋麦已长春麦萌，不教猎骑躏纵横。
柳围村识青云店，忆我少年觅句行。
凤河一再渡桥楮①，荡漾浑流每藉兹②。
设使不为之字绕，清波直泻虑无遗。
大兴县境接东安③，儒士耆民载道欢④。
绞缚彩棚中贺祝⑤，得无程督地方官?

注：①楮（zhī音知）：柱下的木础或石础。
②凤河发源于海子内之团河，下流与永定河汇，荡涤沙浑，同由大清河入海，是凤河实永定河之关键。向以年久淤塞，因出内府帑金饬加挑浚，俾得畅流，迩年颇资其力。又以旧河势直，恐其一泻无遗，今作之字形，使其曲折而下。
③东安：大兴东临东安县，后撤销。
④耆（qí音其）：特指德行高尚尊敬的老人。
⑤启程前，原降旨不令地方官陈备戏棚，兹因红旗报捷，绅士各于本境结小彩亭，申贺喜祝寿之意。周元理奏，地方官并亦不能禁也。

乾隆二十八年（1763）有《畅远襟轩[1]诗》：

诡石弗罗墀，纵观雅得宜。

盆花仍焙蕊，树叶未抽枝。

适才临春仲。无过坐片时。

远襟付谁畅，虚室不言知。

注：①南红门行宫三卷殿，额题“畅远襟”。

乾隆四十一年（1776）又有《畅远襟轩口号》：

曲室回廊四面围，循名轩额似相违。

畅怀近远宁因此，笑属多言辨是非。

南红门行宫于1900年被八国联军之意军烧毁，只在遗址遗留下几块巨大而雕刻精致的狮子石座。近些年大兴区文物部门在群众手中发现了拴马石、荷花缸、御制方砖等完好的行宫遗物。南宫现为大兴区瀛海乡之自然村，有349路公共汽车通往南宫。在南宫村和南大红门附近有南六环和104国道（京福路）通过，在其交叉处建有南大红门立交桥。

团河行宫

团河行宫是乾隆帝兴建的，是南苑4座行宫中规模最宏伟的一座。由于八国联军的掠夺、焚毁及军阀拆除，南苑行宫遭到严重破坏，团河行宫是其中存留遗迹最多的一处。改革开放后曾将团河行宫遗址开辟为公园，近年大兴区政府对团河行宫进行了复建，共复建了20多处建筑。

团河行宫于乾隆三十七年（1772）兴建，四十二年（1777）竣工。团河行宫的兴建与团河之源团泊疏浚有关。《日下旧闻考》记载：“团河之源旧称团泊……河南北旧宽六十余丈，东西五十余丈。乾隆四十二年重加疏浚，复拓开数十丈。团泊之流出南苑墙为团河，又入凤河，又东南流与永定河合。”清高宗在乾隆四十五年（1780）《团河行宫》诗中写道：“团河本是凤河源，疏浚于旁筑馆轩。”其诗原注：“其团河前后新开水泊，泉源畅达，清流溶漾，水汇而为湖，土积而为山，利用既宜，登揽尤胜。因于其旁构筑行馆，以供临憩。”团河行宫环绕团河之源团泊构筑，因而得名。

团河行宫占地400多亩，宫墙内占地约162亩，宫墙东、西宽426.88米，南北长290.24米。四周土山，上植松柏。宫中团泊分为东、西二湖，中间有桥，湖水相通。宫门3楹，前殿、后殿各5楹。前殿前檐额题“璇源堂”，殿内额题“时与天游”，后殿抱厦额题“涵道斋”。临湖有别宇8楹额题“鉴止书屋”。北山上有六方亭、龙王庙、半山房。六方亭额曰“镜虹亭”；龙王庙，殿3楹，门外额曰“珠源寺”；半山房3楹，前檐额曰“拂云岫”。湖西北岸有御碑亭，湖西岸有狎鸥舫、濯月漪，湖南岸有过河亭、云随亭。湖岸有御船坞7间，小船坞5间。团河内有房320间，宫外有房151间，共有游廊132间。

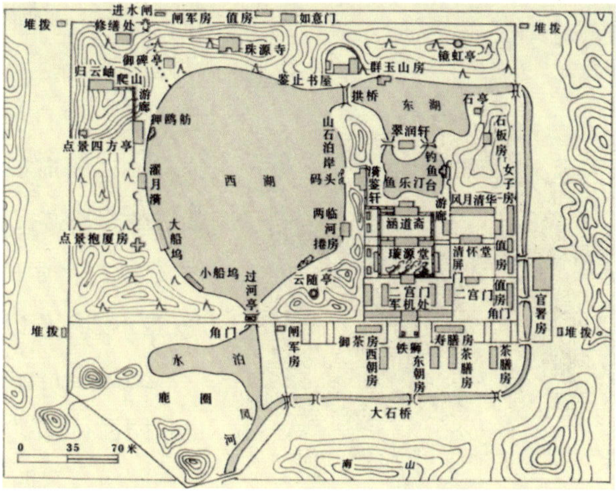

团河行宫平面图

在东湖岛上东有翠润轩，西有漪鉴轩。翠润轩又名敞宇，3楹，东西长12.8米，南北阔7.3米，大式歇山筒瓦箍脊，轩内苏式彩画，绘工精细，轩外四周环水。清乾隆四十五年（1780）初夏的一天早晨，乾隆帝信步行至翠润轩小憩，雨后花木青枝绿叶，苍翠欲滴，对此他写成一首诗：“时霏细点未云晴，露缀林枝滟水晶。翠是本来润新得，疏轩今日不孤名。”随后命工匠将此诗制成诗匾挂在翠润轩内。

团河行宫翠润轩遗址

团河行宫假山起伏，松柏常青，湖波粼粼，杨柳依依，花卉盛开，梨白杏红，殿宇壮丽，金碧辉煌，

团河行宫御碑亭

轩亭错落，游廊曲折，辉煌的建筑与自然风光相映成趣，是一所精致清幽、景色秀丽、赏心悦目的具有苏杭园林特点的行馆。修建团河行宫工程宏伟，耗资巨大，就连乾隆皇帝也感到惭愧过。他于辛丑秋作《知过论》中说："故著论书卷以当自讼""抚景不能不引以为愧"。

御碑亭是团河行宫保存完好的文物，也是团河行宫遗址公园的重要一景。御碑亭在团河行宫西湖西北岸，碑亭为大式歇山重檐筒瓦调犬脊吻垂戗兽，顶子饰旋子彩绘，方形，每边5.5米。乾隆题诗碑亦为方形，汉白玉石质，高4.8米，每边宽1米多，上为四解攒角顶，碑额浮雕双龙戏珠，中间篆刻"御制"二字。碑身雕叶蔓花纹，底为须弥座，四面各镌刻团河行宫诗一首。其诗为《团河行宫作》二首。

乾隆四十五年（1780）之《团河行宫作》：

团河本是凤河源，疏浚于旁筑馆轩。

断手三年未一到[①]，临看此日识长言。

非关疏懒身无暇，惟爱朴淳志弗谖。

流出清波刷浑水，资安永定意斯存。

注：①南苑水源有二。西北曰一亩泉，会凉水河由马驹桥达张家湾入运河者，北源也；西南曰团河，旧有七十二泉，又东南流，酾为凤河，涤永定河之浊，由大清河入海者，南源也。近岁以水源不畅，命加浚治，凡苑中疏剔新旧水泊二十余处，导北源者九，导南源者十有二。其团河前后新开水泊泉源畅达，清流溶漾，水汇而为湖，土积而为山，利用既宣，登览尤胜，因于其旁构筑行馆以供临憩。工成已久，未暇来此。今自东陵展谒归将诣西陵，道细南苑始一览云。

乾隆四十七年（1782）之《团河行宫作》：

庚子于斯一度经[①]，兹来信宿跸应停。

落成则已数年阅，题句那辞七字宁？

何必盆中花弄紫，即看墙外柳含青。

因疏泉遂辟行馆，知过论中早自铭[②]。

注：①团河行宫工成后，庚子秋路便始一经临，有“断手三年未一到，临看此日识长言”之句。

②南苑团河因本疏导泉源以通水利，遂于其旁构行馆数宇。其费用内帑节省之项，而物给价，工给值，非特无加赋税与徭役以病民，而供役者且资养赡。昨辛丑秋作知过论以当自讼，所云南苑工作正指此也。

乾隆帝乾隆五十一年（1786）作《团河行宫诗》：

密云犹自恋春朝，行馆都无廿里遥。

积雪郊原因罢猎，浍烟林木足供谣。

弗孤构筑一宵宿，聊答景光七字调。

庚子壬寅兹丙午，五年瞬息片时消。

乾隆五十三年（1788）又作《团河行宫诗》：

宿雨曾惟一寸滋，麦无益只濯花枝。

溪斋山馆于焉候，梨白杏红正及时。

岂不临芳堪悦目，却因待泽少闲思。

隔年到那无言去，促就犹嫌鲜妥辞。

湖北岸临湖有别宇8楹，额题“鉴止书屋”，乾隆帝写有两首《鉴止书屋诗》，其一：

结构率临池，是处富于水。

璇源言其实，涵道言其理。

书屋别一曲，爰名曰鉴止。

动实滥于面，止乃澈其底。

澈底鉴斯明，孰能混臧否？

偶来俯空澄，心境两清美。

不波胜其波，有鉴谓其矣。

其二：

书屋临近不，因名曰鉴止。

鉴而知其止，不失正斯美。

团河行宫有八景：璇源堂、涵道斋、归云岫、珠源寺、镜虹亭、狎鸥舫、漪鉴轩、清怀堂。乾隆写有《团河行宫八景》诗：

璇源堂：河源何事更称璇，玉润由来溯本然。

洁治书堂俯嘉德，标其生亦在方圆。

涵道斋：斋额奚因涵道称，绎思水德在清澄。

内存心及外临事，舍二又将何所能。

归云岫：假山既可称云岫，何必真云不可归。

课果为霖自肤寸，继雩诚足泽农畿。

珠源寺：团河本是凤河源，疏酾南流清助浑。

必有司之惠万物，瓣香嘉霱吁垂思。

镜虹亭：以照言波则曰镜，喻形映日又称虹。

似兹假借诚繁矣，水本无知付以空。

狎鸥舫：室如舫耳原非舫，取适名之曰狎鸥。

我岂诗人卢杜类，箕畴惟是慎先忧。

漪鉴轩：水裔之轩漪鉴名，偶临遂与绎思精。

漪常喻动鉴取镜，要在不波乃得平。

清怀堂：堂临碧波额清怀，白芷绿蒲景已佳，

怀在胸中清在境，其间宾主认毋乘。

团河行宫先后遭八国联军、日本侵略军、军阀、“文革”破坏。清朝光绪末年，北洋陆军第六镇驻兵南苑，曾把团河行宫作为兵营。团河行宫1900年遭八国联军洗劫，日本、德国等侵略军先后闯入团河行宫，把宫中珍宝洗劫一空，瓷器、石雕均被捣毁。民国年间又遭军阀直鲁联军破坏。民国初期（1920年前后），团河行宫成为段祺瑞的别墅。冯玉祥在南苑驻军期间也在团河行宫驻防，并在行宫东部宫殿区办被服厂。1924~1926年，冯玉祥在团河行宫创办了育德中学，该校学生彭雪枫后来成为我军著名将领。1937年团河行宫遭日本侵略者飞机大炮轰炸，之后拆毁建筑去修飞机场和火车站。“文革”期间，圆亭、御船坞、小船坞均被拆除。现存翠润轩、御碑亭、云随亭及古柏百余株。

团河行宫虽屡遭破坏，但山水依然，有土山面积50亩，湖水面积150亩（已干枯），古柏126棵，御碑亭、翠润轩、云随亭已修葺一新。此前全国人

近年复建的团河行宫涵道斋——乾隆寝殿（张友才·提供）

大常务委员会委员、著名书法家溥杰先生为团河行宫挥笔题字，写了“团河行宫”和“璇源堂”等16幅。这些珍贵秀丽的字迹，都将镌刻在逐步修复的亭台楼阁上。团河行宫遗址原为大兴县文物保护单位，2001年升格为市级文物保护单位。

团河行宫遗址东侧有团河村，据《大兴县地名志》记载：“全村489户，1517人，满族居多”，建行宫后“派十几户满族人为苑户在行宫东侧守护，遂成村落，名团河村”。在团河行宫遗址公园北边有南五环路通过，在此地建有团河桥。南苑西边有一条通往黄村的团河路，从团河遗址公园门口通过。有485路、369路、金星专线、957路公共汽车到达团河行宫遗址公园，设有团河站。

十三　南苑的寺庙

明清时期在南苑内及其四周建有许多寺庙。明代为了缓和农民对圈地的不满情绪，辟置了“海户地”，并在海子四周广建庙宇。据黄村镇《重修关帝

马驹桥天仙庙乾隆御碑亭（张友才·提供）

庙碑记》记载："我国家重城之阳，相地坦起，方百里有奇，幅陨起垣中，为养育兽鹿之所，名曰南海子，余地悉令居民佃之……且四处建神祠以雄其镇，不下数十区，兹寺乃海子西南隅者……"

据《大清会典》记载，南苑奉宸苑管辖的皇家庙宇共29座，其中在海子里的庙宇21座，其中七圣庙3座、龙王庙2座、真武庙2座、关帝庙5座、德寿寺、元灵宫、永慕寺、药王庙、菩萨庙、仁佑庙、宁佑庙、地藏庵、马神庙各1座。这些庙宇多数都建在各个苑门内不远处，几乎每座苑门里都有1座庙。清朝修建了宁佑庙、真武庙、三官庙、娘娘庙、镇国寺、永慕寺、清真寺等8座寺庙。在海子周围有记载的庙宇有20多处，其中属于南苑奉宸苑管辖的有大红门外碧霞元君庙（南顶）、海慧寺，镇国门外镇国寺、中顶普济宫，南红门外娘娘庙，马驹桥天仙庙、辛屯菩萨庙、三间房七圣庙等8座。此外西红门外有清真寺，镇国寺门外有花神庙，潘家庙村有观音堂、关帝庙，黄村有镇国观音寺。南苑奉宸苑管理的29座寺庙，共发给香火地2068亩。

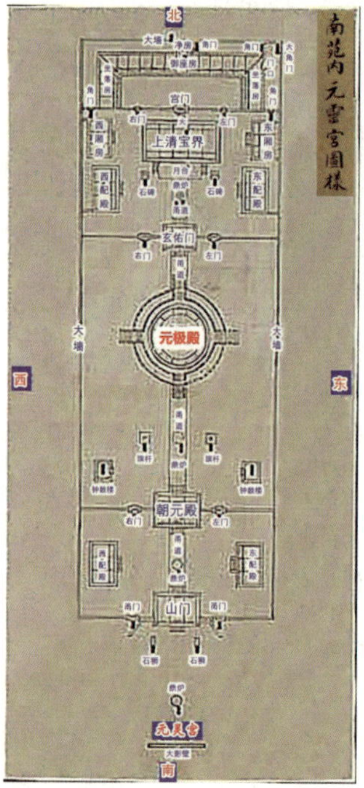

元灵宫图样

清代末期，国库空虚，南苑日渐衰弱。1900年八国联军对南苑进行了疯狂的掠夺和破坏，各处庙宇也惨遭厄运。南苑内寺庙均已无存，仅剩德寿寺、宁佑庙御制石碑3座。

元灵宫

元灵宫在小红门里（今朝阳区小红门村西南）凉水河边，清顺治十四年（1657）敕建，乾隆二十八年（1763）重修，是南苑众多皇家庙宇中最大的一座，它是一座道教庙宇。元灵宫规制是仿明代紫禁城西光明殿而建，只是规模略小。它坐北朝南，山门前有一对石狮，门前有大照壁。山门3楹，南向，额曰“宅真宝境”，内为朝元门，门内有钟鼓楼，鼎炉两旁各有一带铁箍的木旗杆。中构元极殿12楹，宫之正殿，圆殿重檐，置24门，类似天坛祈年殿之制。殿内4根彩柱雕云龙环绕金柱，龙极罕见，称盘龙柱。元极殿高大，顶部覆盖蓝琉璃瓦，顶端有一用飞毛铜制造的圆球，阳光照耀下，闪闪发光，七八里外能看到光亮。内奉玉皇大帝像，恭悬乾隆御书额曰“帝载元功”，联曰：“碧瓦护风云，别开洞府；丹霄悬日月，近丽神皋”。殿后为玄佑门，后为避清康熙帝玄烨改元佑门。内为重檐凝始殿5楹，内奉

元灵宫山门

元灵宫朝元门（1901年）

元灵宫元极殿

元极殿盘龙柱

三清四皇像，额曰“上清宝界”，联曰:“颢气细组，一元资发育；神功覆帱，万汇荷生成”。前有两配殿，东为翊真殿，奉九天玄女紫铜像，西为祇元殿，奉三官像。宫内题额、楹联均为乾隆御书。大殿前立两座碑，上刻御制诗。最后依墙有宫门围房16楹，中间3楹为静室。

凝始殿内奉三清四皇三官及九天玄女等道教尊奉的天神像。三清为玉清元始天尊、上清灵宝天尊、太清道德天尊；四皇为上宫天皇大帝、中天北极大帝、东极青华大帝、南极长生大帝；三官为赐福上元天官、赦罪中天地官、解厄下元水官。每年正月十五、七月十五、十月十五为神诞日，清代各帝王均到元灵宫设道场，祈福消灾。

据老年人介绍，元灵宫占地20多亩，建筑宏伟，香火极盛。元灵宫大门有一用灰砖砌成的20多米长的照壁。大殿前有一大型铜制香炉，直径约1.5米，高约3米。元极殿两旁有钟楼和鼓楼，钟声洪亮，10公里远的马驹桥都能听到。元灵宫有五层大殿，一层为哼哈二将，二层为玉皇大帝，三、四层为佛像，五层为太上老君。

清康熙皇帝写有《南苑元灵宫》诗：

杰阁横霄峻，清都与汉翔。
规模开壮丽，星宿灿辉光。
碧瓦浮空翠，金铺映日黄。

门当啼鸟静，户有异花香。
细草沿阶发，新槐佛槛凉。
迂回疏辇路，彩藻绘雕梁。
警跸临仙境，瞻依问谷王。
敬钦崇太昊，继述忆先皇。
岁月碑文古，乾坤事业昌。
茫茫扶大造，皞皞体穹苍。
恭己身无倦，斋心念不忘。
时巡非逸豫，几暇岂游荒？
卫骑骖驔列，华旄宛转飏。
南薰披万物，北斗起千祥。
瑞气亭前见，佳晨昼正长。
休歌白云曲，吾道在惟康。

乾隆皇帝于乾隆二十九年（1764）写有《谒元灵宫即事诗》：

百年天宇焕今朝①，庆落涓辰对赫昭。
浮柱神扶俯寥廓，法阶躬陟仰岧峣。
穆然匪冀乔佺遇，颙若惟祈风雨调。
古柏蒙笼护悬圃，微飔拟奏九灵箫。

注：①顺治十四年建，逮今盖百年矣。

1900年八国联军入侵北京，洗劫南苑时，元灵宫被其野蛮破坏。钟鼓楼中间有一亭子，内藏建寺木书，被美国军人劫走。据说，八国联军洗劫元灵宫时，元极殿顶端圆球飞毛铜被装了足有48麻袋被运走。民国年间元灵宫又被奉军拆毁，今已无遗迹。据《大兴县要事纪年》引413期《京兆公报》记载：1927年“二月，据元灵宫住持李世清呈报：有士兵把守庙门，内有百数工人拆毁殿宇，运料进城”。1985年元灵宫旧址（时为朝阳区锅炉厂）西侧路南存有元灵宫驮碑碑座。

德寿寺

在大兴区旧宫镇东南约1公里处，有两座并列、高大、面南的乾隆皇帝之御石碑，这是清代南苑德寿寺遗址上留存的重要遗物，为大兴区重点文物保护单位。

德寿寺，别名大招提，清顺治十五年（1658）与旧衙门行宫同时修建，寺与行宫毗邻。乾隆二十年（1755）寺遭火焚，重加修葺，乾隆四十五年(1780)又进行扩修。德寿寺为皇家庙宇，其宏伟富丽为南苑众多寺庙之冠。

德寿寺前东西二枋对峙，东曰“化通万物”，西曰“觉被群生”，山门3间，山门内大殿5间，奉释迦佛及阿蓝迦舍佛像，御书额曰“慧灯圆照” “善狮子吼”，联曰:“沙界净因留月印；檀林妙旨悟风香”，又曰:“慧镜兹灯，广种善根垂福祐；溪声山色，远从贤劫证圆通”。东西配殿各3间，殿前列巨碑2座。寺后为御座房3楹，系乾隆四十五年（1780）改建，东室联曰:“禅味每从闲里得；道心常向静中参”；西室联曰:“竹秀石奇参道妙；水流云在示真常”。寺内额题和楹联为乾隆御书。据当地老人回忆，德寿寺有五层大殿，一层大殿为哼哈二将，二层大殿为四大天王，三层大殿为十八罗汉，四层大殿为释迦牟尼佛，五层大殿为观音。

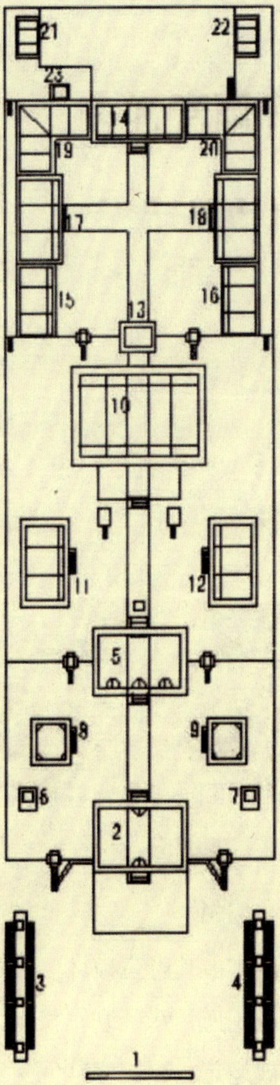

1 影壁　2 山门　3 4 牌楼　5 佛殿
6 7 旗杆　8 9 钟鼓楼　10 大佛殿
11 西配殿　12 东配殿　13 腿子门
14 后正楼　15 16 顺山房
17 西配殿　18 东配殿
19 20 转角房　21 西值房
22 东值房　23 净房

德寿寺平面图

帝王到南苑游猎都要到皇家庙宇参拜，德寿寺为清代初期帝王驻跸南苑时临幸的行宫。清代顺治皇帝在南苑旧衙门提督署接见了西藏五世达赖喇嘛、乾隆皇帝在德寿寺接见了六世班禅喇嘛，对增进民族团结起了重要作用。顺治初年，达赖、班禅各派遣使节进京“献金佛、念珠，表颂功德”。顺治五年（1648），清政府致书问候五世达赖喇嘛、四世班禅喇嘛，“敦请”达赖喇嘛入京。清政府对五世达赖喇嘛入京朝觐极为重视。为了接待五世达赖喇嘛，顺治八年（1651）专门在北京安定门外修建了黄寺，这是清代在北京修建的第一座喇嘛庙。顺治九年（1652）三月七日，五世达赖喇嘛阿旺罗桑嘉措从西藏启程入京朝觐，“从者三千”，浩浩荡荡。十二月十二日，顺治皇帝提前来到南海子旧衙门，与诸王贝勒等迎候达赖喇嘛。十二月十五日，五世达赖喇嘛率队来到南苑，顺治皇帝在旧衙门设宴隆重接待五世达赖喇嘛，与他亲切交谈，并赐黄金500两、白银1.1万两、大缎1000匹及许多珠宝、玉器、骏马。第二天，五世达赖喇嘛即移驻北京黄

五世达赖朝见顺治皇帝图，存布达拉宫

近年复建的德寿寺（张友才·提供）

寺。顺治十年(1653)二月，五世达赖喇嘛返归西藏。此后，他用顺治帝赏赐的钱财修建了13座寺院。顺治帝为纪念会见五世达赖喇嘛，于顺治十五年将旧衙门提督署改建成旧衙门行宫，同时在旧衙门行宫旁兴建了德寿寺。乾隆四十五年(1780)乾隆帝七十大寿时，六世班禅喇嘛额尔德尼罗桑华丹益希到京师祝贺乾隆帝七旬寿辰，乾隆帝先在承德为班禅建了一座行宫，赐名须弥福寿寺。六世班禅先至承德行宫，乾隆此后在南苑德寿寺接见六世班禅，赐宴款待赠银10万两，珠宝不可胜计。乾隆帝为接见六世班禅用两年时间学习了藏文，这次会见乾隆用藏语攀谈，气氛亲切和谐。

清康熙帝写有《德寿寺诗》：

持身崇孝理，清净契真如。

岁久开金寺，时来降玉舆。

在德寿寺大殿前有一尊大鼎，鼎是古代炊器，多用青铜制成，圆形，三足两耳，也有长方四足的，盛行于商周时期，汉代仍流行。此后道士用以炼丹煮药，后来用作香炉。乾隆帝写有《德寿寺古鼎歌》：

龙宫巍巍紫气轩，辉辉榱甍焕崇垣。

寺名德寿庵罗园，刹竿高挂珊瑚旛。

停鞭卸辔山门前，一滴欲寻曹溪源。

东瞻紫雾明朝暾，清凉顿觉隔尘喧。

香浮宝殿谒世尊，兀然古鼎吐云烟。

何人镕冶工雕镌？金翠斑斓历岁年。

上文雷回下云纭，狰狞状类狮子蹲。

籀书斯篆迹难分，世次那办癸与辛？

蝌蚪盘屈蛟龙奔，周彝虞敦恍犹存。

葆精凝润疑琼璠，寒光欲流不可扪。

日月照射轮朝昏，濯洗全资雨露恩。

在昔盛事传横汾，此鼎神异迈等伦。

我欲负之千蹄犍，移向帝阙镇厚坤。

充以大武佐鱼豚，万斤木火为之燔，

有实大亨养圣贤。

德寿寺现只存两座形制相同的高大石碑，碑高7米，宽1.8米，厚0.93米，碑螭首龟趺，碑首深雕四龙盘绕，碑身四周雕双龙戏珠，雕工之精细，殊为罕见。此碑为乾隆二十年重建德寿寺时敕建，正面镌刻乾隆二十一年高宗所撰《重建德寿寺碑记》，东碑为满文，西碑为汉文，两碑后面及侧面刻有高宗《古鼎歌》及德寿寺诗6首，碑文均为乾隆帝御笔。碑记及诗文内容广泛，记述了几次兴建德寿寺的意义，宏伟壮丽的高坛古树，习武较猎的感怀，还记述了顺治帝接见五世达赖喇嘛和六世班禅进谒乾隆帝的盛况。当地群众俗称这两石碑“双石碑”。

德寿寺乾隆御制石碑（高星·摄影）

乾隆帝所撰《重修德寿寺碑记》如下：

南苑德寿寺创于世祖章皇帝御宇十有五年，规制崇丽，庭中金鼎，范治精致，乐善堂集中所为赋宝鼎歌者也。皇祖行搜南苑，时常临幸瞻礼。越乾隆二十年毁于火，以其为列祖圣迹所留，亟命更造殿宇，仍旧名以志弗忘。工蒇，所司以碑记清。南苑为较猎地，陂隰广衍，草木丰美，羽毛蹄角，充牣杂遝。岁时之暇，行围较射，以搜军实，习武备，其于佛事不相涉也。而营建特为宏敞，金碧丹垩，蔚然杰构，此岂徒以侈美观已哉？洪惟我世祖肇造区夏，乂安元元，出水火而衽席之，凡可利益斯民者，罔弗修举。念大雄氏教能福佑群生，虔致崇奉，即一游豫亦不忘邀福庇民德意。兹寺之所为作也。朕常幸南苑，周视檐宇，仰瞻像设，矞然想见当日帱覆万有为民祈福之忱，辄低徊不能去。夫后人所以缵承前休者，惟其心不惟其迹，则兹寺固其迹也。而前人所以垂示来兹者，传其迹乃传其心，则兹寺即其心也。郁攸弗戒，遗址仅在，虽开天之迹，懿烁海宇，无藉一寺以传，而敛时五福，用敷锡厥庶民，随在沾被，流露于琳宫宝纲间，盛美庸可弗志？踵而完之，所不容已也。后之人抚苑囿之繁盛，仰兰若之庄严，因以念开创时虽燕闲骑射，

近年复建的德寿寺牌楼（张友才·提供）

设周阹，逐禽左，足以骋怀游目，而佑庇斯民之思，犹未尝一刻置。其于法宫明堂之上更何如也！则庶几勤民家法，即一寺而昭示无穷，而朕只绍谟烈、弗敢失坠之意，亦藉以表见云。偈曰：有大招提，在南海子。庄严楼阁，照曜半空。此南海子乃羽猎场。飞者，走者，蹄者，角者，或群或友，纷纷霍绎，云何其中，有此净土？以何因缘，何德慧故？曰我世祖，即如来身，手扶金轮，安立世界。于凡世间，跂行喙息，十方生众，无不悲悯。此悲悯心，乃至刹那，一瞚之间，未尝间断。以故有时，游幸兹苑，行围较猎，羽林佽飞，期门七萃，前呼后哨，挽强推坚，足可快心，为乐忘疲，而是悲悯，亦无不在。以是因缘，创此宝刹，邀福庇民，为游豫时，参礼之所。花宫焚宇，一一涌现，成只树洹，香积珍施，珠碧珊瑚，种种瓌异，历百年来，宝鼎特峙，常新不坏。无何一期，不戒于火。曰非火毁，世尊慈缘，醒悟大众，如旧藏物，习见不觉，一时失却，惆怅追思，思得复见，还我旧观。忽睹是物，顿复本原，了了在目，欢喜赞叹，胜于前时。是一毁者，正为显出，此悲悯心，指示后世。然而是心，不以寺见，若竟无寺，于何见心？故今重建，青鸳兰若，金碧辉朗，一如其旧。礼斯寺者，当思昔时，讲武行乐，不忘锡福，普庇三千，大千世界。此悲悯心，如金莲花，随地涌出。如长明灯，六时不断。如大云雨，卉木药草，随分受润。则知今日，重建殿宇，乃是凭仗，继续因缘，阐如来心，演如来事，滋栴檀林，护琉璃界，历千万劫，利益众生。

御碑上有乾隆帝4首《德寿寺诗》，下为乾隆二十二年（1757）一首：

招提建百年，胜境压诸天。
树古龙蛇娇，坛高云雾连。
珠旛飘赤篆，宝鼎幂祥烟。
暂去空林杳，犹闻钟磬传。

乾隆帝于乾隆二十二年（1757）作《重修德寿寺落成诗以纪事》：

阅岁只园致郁攸，经营深意缅前猷[①]。
固知一切有为法，作如是观无可留。
尽洗何妨万缘净？重提依旧四禅修。
从兹法雨霏金地，泽润苍生百亿秋。

注：①寺建于顺治年间，世祖、圣祖南苑行围，常有临幸。前岁不戒于火，特敕重修。

乾隆帝于乾隆二十八年（1763）作《德寿寺诗》：

花宫火劫后重新[①]，败是成因成败因。
调御丈夫都不较，如然法尔示于人。

注：①是寺于乙亥年遭回禄，因重新修之。落成后至今又七年矣。

乾隆帝于乾隆三十二年（1767）所作之《德寿寺诗》：

收围临竺宇，屏息礼金身。
松柏只如旧，殿庭已焕新[①]。
迁中有常住，义处即能仁[②]。
古鼎益蔚翠[③]，那知秋复春。

注：①寺曾遭回禄，因重造。今仍金碧焕然。
②习武义之属，故云。
③殿前古鼎巍然，翠色可爱，向曾有诗。

乾隆帝于乾隆三十六年（1771年）所作之《德寿寺诗》：

殿堂重建又经年，乔木茏葱只故然。
下马入门早忘猎，无僧守寺莫非禅[①]。
风飘旛影演真偈，鸟啄窗虚窥法筵。
大德由来必得寿，儒宗梵义有同诠。

注：①寺遭乙亥回禄，后经重建，只令隶看守，弗居僧人。

乾隆帝于乾隆四十五年（1780年）所作之《德寿寺诗》：

德寿禅林成世祖①，尔时达赖喇嘛朝。
何期一百经年久②，又见班禅祝嘏遥。
适我东归西去便③，许其驻锡谒峦翘。
翻经揭律寻常谨，可悟钟声披七条④。

注：①德寿寺建于顺治十五年，详见丙子重修寺碑记。

②五辈达赖喇嘛以顺治九年十二月来京，时我世祖驻跸南苑，即于此迎谒，赐宴。至今百二十余年，班禅额尔德尼祝厘来觐。又复于此谒见。后先辉映，实为国家盛事。

③今年以余七旬初度，敬谒东陵，礼毕取道南苑，恭诣西陵，适为经行顺路。

④喇嘛教以讲经持律为事，虽有悟无我无生者，不似禅僧之竖拂棒喝，单提向上，流而为口头禅者。

民国年间，德寿寺被烧毁，只有德寿寺碑安然无恙。近年大兴区政府投资复建了德寿寺，尚未对外开放。

宁佑庙

在大兴区瀛海镇忠兴庄变电所院内存有一座完好的宁佑庙御石碑。宁佑庙御碑是南苑皇家园林的重要遗物，是南苑众多庙宇中仅存的两处御碑之一。此碑刻着乾隆帝《海子行》《宁佑庙瞻礼诗》，这两首诗详细叙述了南苑的始末、沿革建制、水源风貌，是研究南苑历史的重要资料，有一定的历史价值。

宁佑庙又称安佑庙，系南苑之土地庙，是南苑里重要的皇家庙宇之一。土地庙是中国民间祭祀土地神的礼制建筑，职司止旱求雨、暗查人之邪正善恶，反映土地崇拜的文化沿革。该庙雍正八年（1730）建，山门、大殿、东西御书房各3间，后殿5间。大殿内供奉南苑安禧司土神像，供悬世宗御题额曰“薰风布泽”，高宗御题额曰“福疆蕃育”。乾隆二十六年（1761）又于宁佑庙内敕建碑亭一座。现在庙和碑亭已无存，仅存一座螭首方座汉白玉石碑。碑通高4.9米，碑身高3.6米，宽0.8米，厚0.52米，碑额四龙盘顶，篆书“御制”二字。阳面刻高宗《海子行》诗（诗文见本书《清代南

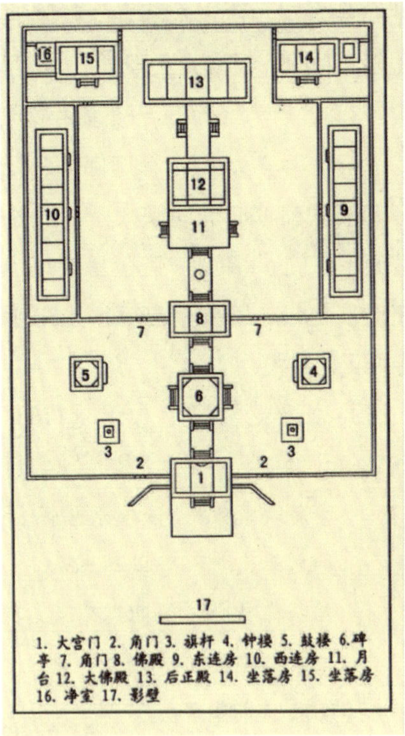

宁佑庙平面图

宁佑庙石碑（高星·摄影）

苑》），碑阴刻高宗《宁佑庙瞻礼诗》。碑文书写流利，刻工精细，方形碑座上雕刻着祥云图案。

高宗于乾隆四十一年（1776）有作《宁佑庙诗》：

海子居中地，灵祠奉祀虔①。

来瞻仲春月，建置卅余年。

松已龙鳞作，碑新虬篆镌②。

安舆频奉豫，益寿祝绵绵。

注：①是庙建于雍正己酉年，祀海子土地之神。

②寺前碑亭刻辛卯海子行，详叙南苑颠末。

大兴县政府于1985年将宁佑庙碑公布为文物保护单位。

永慕寺

永慕寺在旧衙门行宫西，康熙三十年（1691）为孝庄太后祝禧而建，以

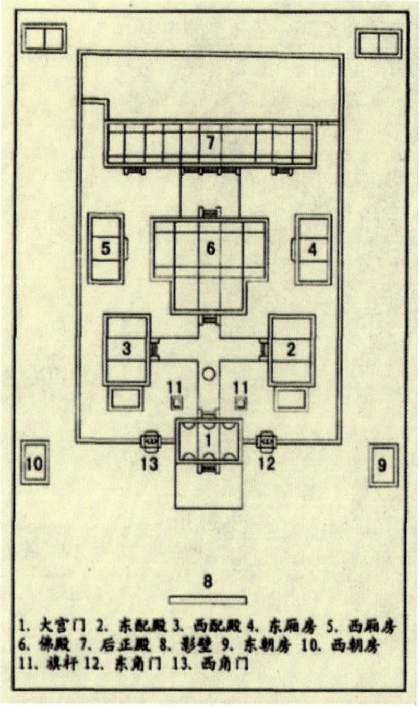

永慕寺平面图

永世仰慕之意，钦定永慕寺。乾隆二十九年（1764）重修。大殿5间，东西配殿各3间，后为经库。寺额康熙帝御笔：“香云法雨。”大殿奉释迦佛像，乾隆帝御书联曰：“心珠朗映大千界；性海常通不二门。”康熙、乾隆皇帝每逢孝庄诞辰之日，都要率皇族宗亲来永慕寺拜谒。

清高宗于乾隆二十八年（1763）作《永慕寺诗》：

圣藻焕痕钗[①]，依依永慕怀。
见之于大舜，盖以奉思斋。
翠荫禅林叶，绿回忍草荄。
猎余游净界，诗句自安排。

注：①额，皇祖御书也。

于乾隆二十九年（1764）又作《永慕寺诗》：

永慕建康熙[①]，孝庄虔祝釐。
遥年重焕若，此日落成之。
佛岂故新系？寺资修葺为。
无须称大舜，家法仰昭垂。

注：①寺皇祖所建，盖祝釐太皇太后故也。

于乾隆三十二年（1767）再作《永慕寺诗》：

皇祖建斯寺[①]，追思庄后遥。
向年重葺宇，此日又凭寮。
梵乐僧迎奏[②]，风旛心与飘。
问予永慕者，钦曰在神尧。

注：①在甲申。
②此寺向设喇嘛僧。

关帝庙

关帝庙建于明代嘉靖年间，在德寿寺西南1里许。坐北朝南，有山门1楹，前殿、二层殿、后殿各3楹，乾隆三年（1738）重修。前殿供奉关帝，二层殿供奉真武帝，后殿供奉三世佛。1958年关帝庙尚存，山门上额刻“伏魔禅林”，山门两侧各有一旁门。庙内有夹杆石一对。北侧为钟鼓楼，前殿3楹，明间悬有木匾，外檐为吴佩孚书“协天大帝”，内檐为民国二十八年立“浩然正气”。二门北侧有二层殿3楹，后出抱厦，有东西配殿各3楹。后殿3楹，殿前有廊柱，两侧有耳房各3间。后殿明间外檐上悬吴佩孚书“万佛灵霄”木匾。殿内有佛像。20世纪50年代失火将庙烧毁，其旧址为旧宫分场机务队占用。

永佑庙

永佑庙在德寿寺东南2里，康熙十七年（1678）建，山门3楹，大殿3楹，后宇9楹。大殿曰延真，殿中奉天仙碧霞元君。乾隆御题联曰：“漫教胜鬘霏花雨；应有那伽卫法筵。”东西配殿，东为协佑殿，乾隆御题联曰：“花宫具见严而妙；别室还饶清且嘉”；西为弘育殿，乾隆御题联曰：“沙界净因留月印；檀林妙旨悟风香”。

乾隆二十三年（1758）乾隆帝有《永佑庙诗》云：

> 永佑于何建？仁皇祝太任。
> 经翻花落昼，寺古树连阴。
> 雨足滋忍草，春深多语禽。
> 欲寻少年迹，无处觅三心。

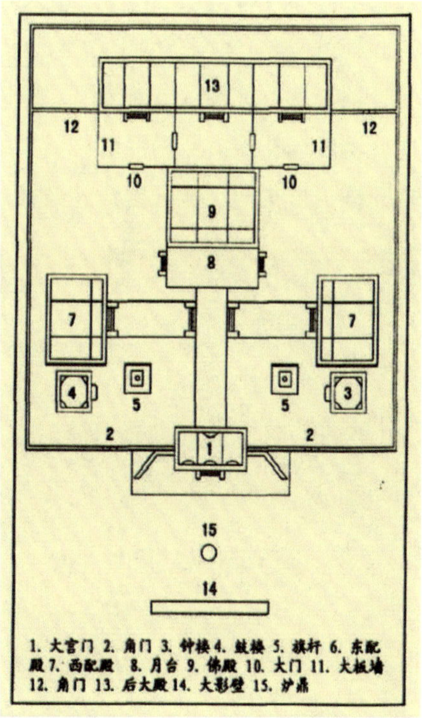

永佑庙平面图

海慧寺

在木樨园南边大红门路东侧，有丰台区南苑乡管辖的海慧寺村，此地在明清时期皇家庙宇海慧寺旁住户增多遂成聚落，而名海慧寺村。新中国成立后海慧寺废弃无存。海慧寺在永定门正南，距永定门2.7公里。关于其方位《日下旧闻考》称其在“左安门外迤西马家村”，不够准确，而应在永定门外。

海慧寺（有的写作“海会寺”，本文统一用“海慧寺”）为明清皇家庙宇，明嘉靖十四年（1535）建，明万历，清顺治、乾隆年间重修，寺内原有3座皇帝重修碑。其寺极其闳丽，乾隆年间修建后，正殿悬皇上御书额曰“觉海津梁”，殿前有乾隆御制诗碑。寺内供明代高手塑铜刻观音像，高4米，眉目如生，衣纹合度。明代有多位皇帝在海慧寺受厘。据马芷庠著《老北京旅行指南》记载：“明沿元俗，凡帝王东宫及诸王降生，均须剃度幼童，替身出家。是以神宗初生，该寺为受厘地。”相传海慧寺为明穆宗、神宗皇帝受厘之地。明万历二年（1574）由大学士张居正撰写之《重修海慧寺碑》记载：“海慧寺在都城之南，创于嘉靖乙未，穆宗皇帝常受厘于此。皇上即位之二年，圣母慈圣皇太后出内帑银，即其地更建焉。会游僧有范成铜像一躯，无所庇覆，司礼监太监冯保请移置其地，复出内储大木以为殿材。中为殿三，皆三楹，方丈一，凡五楹，钟鼓楼二，配殿十二，禅堂十，僧房四十有奇。

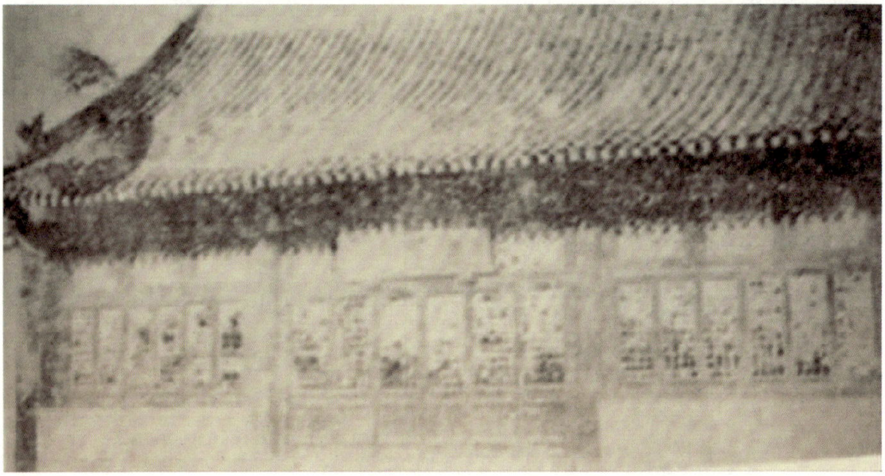

海慧寺大殿老照片

前为山门，缭以周垣，又于其外拓地十顷。以为焚修供具之资。”海慧寺弥勒殿有佛教楹联：“终日解其颐，笑世事纷纭，曾无了局；经年祖乃腹，看胸怀洒落，却是上乘。”清末民初庙宇衰弱，据北京市档案局编著《北京寺庙历史资料》载：民国时期北平市政府调查，“海慧寺（僧庙）不动产土地18亩，房屋19间。庙内法物有佛偶像5尊，神偶像20尊，礼器2件，法器4件，另有槐树3棵”。

铜观音像老照片

2005年笔者访问了南苑乡时村退休干部张凤堂，他是马村人，其家紧临海慧寺。20世纪30年代北平市政府曾在海慧寺内办短期小学校，他在西配殿上过两年小学，见证了海慧寺最后30多年的历史。他说：“海慧寺坐北朝南，有山门，方形土院墙，一人高，长约800米，院墙离马路五六十米远。海慧寺原有五层大殿，我上小学时一、四层大殿已无存，只剩二、三、五层大殿。二层是罗汉殿（准提），三层是接引铜佛像，高约5米，左手臂胸前横握，右手臂下垂，脚登莲花瓣。铜佛底座是汉白玉的。高大的铜观音像为其寺的一大景观，行人走在进城的马路（今大红门路）上，能看见上半身铜观音像。”

海慧寺是著名寺庙之一，在历史上曾发生过较大影响。明崇祯进士、清康熙大学士、吏部尚书孙廷权作有《海慧寺》：

御宿迢遥接泰坛，微微钟漏夜将阑。
双林月上金轮静，七校风清玉幢寒。
宣宝夜谈梁太傅，桂宫晨敞汉祠官。
由来郢曲高难和，徒傍卿云借日看。

乾隆帝视察过海慧寺并于乾隆二十二年（1757）写有《海慧寺瞻礼诗》，此诗刻在制于明代万历二年的海会寺碑阴，诗碑已无存。笔者在国家图书馆查到诗碑拓片，拓片高219厘米，宽99厘米。诗文曰：

城南佛宇道东陲，庆落重看绰楔碑。

见说神宗受厘处，更思张相迓衡时。

往来久是惜零落，构筑无过葺废颓。

帝里观瞻法轮焕，宁关修福六檀施。

该寺早年香火极盛，每逢阴历二、四、六、九月均有开放日，城内外居民多重其名，前去上香。

1949年前该寺已毁坏严重，新中国成立后由北京橡胶四厂占用，“文革”期间殿宇倒塌，铜佛被毁，1986年被拆除，现已荡然无存。

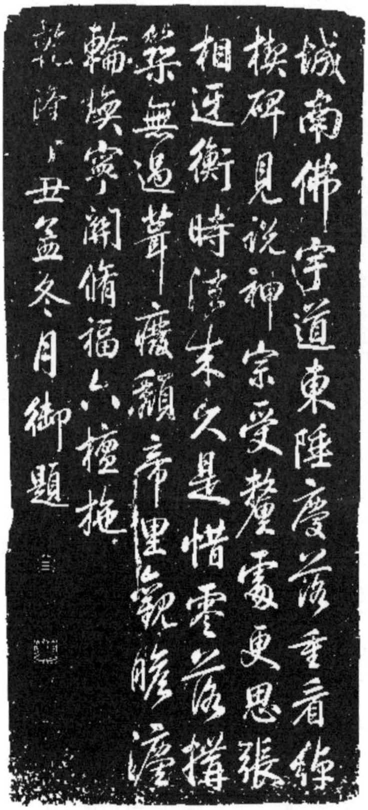

乾隆手书海慧寺诗

现在海慧寺一带为大红门服装城的一部分，原来的耕地全被占用，村北为马村、后村，村南为南顶，村东为时村，村西隔大红门路与高庄相望，这些村庄都连成一片，农村的味道已无，全是商户海洋，天天人流如潮，车水马龙。海慧寺交通方便，341路、运通103路设有海慧寺站，海慧寺也是971支线的始发站。

有一传说，海慧寺原址有一海泉眼，常年涌水淹及附近村庄。某佛门弟子为拯救民众，将高大铜佛立于海眼上，从此再未发生水灾，后修寺称“海慧”。新中国成立前，北京曾演出过《马寺远开饭馆》的京剧，剧中人孙福是饭馆炒菜工，年底领了工钱往家（海慧寺村）走，路上被贼跟上了。孙福媳妇年轻，在家与一货郎鬼混。孙福回家时正撞见他们寻欢作乐，货郎和媳妇就把孙福害死，大卸八块，埋在院里。这一切全被那贼偷偷看见。春节后这媳妇找饭馆老板马寺远要人，诈骗钱财，并到衙门诬告马寺远害人，令其被判死刑。而那小偷出于良心公正，到衙门报告了真情，将货郎和媳妇捉拿归案，货郎被斩，媳妇骑了木驴，马寺远被无罪释放。

南顶庙

南顶庙位于大红门路东侧凉水河北岸，是北京著名的五顶之一，因居城南称为“南顶”。

南顶庙位于永定门外5里余，坐东向西。建于明正德五年（1510），清康熙五十二年（1713）、乾隆三十八年（1773）重修。南顶庙规模较大，占地数十亩，门前有放生池，池前左右有两座石牌坊，为四柱三卷门七楼式，楼顶为筒瓦大脊歇山顶，五彩重昂斗拱。左牌坊曰“广生，长养”，右牌坊曰“群育，蕃滋”，为乾隆三十八年重修时的御笔。南顶庙有殿宇3座，前殿供奉碧霞元君，匾额曰“神烛碧虚”，联曰:“宝范流慈辉紫极，珠宫耀采丽清霄”；中殿供奉东岳，匾额曰“神功出震”，联曰:“德并春阳生万汇，名标震旦峙中天”；后殿供奉斗姥，匾额曰“妙握璿杓”，联曰:“永镇天枢司橐籥，普延人纪荷生成”。庙前筑有戏台，为庙会演戏的地方。南顶每年五月初一庙会，庙会10天。民国时期，庙已圮倒，庙会也停开。

当年南顶一带是风景如画的地方。古庙青松，桃红柳绿，碧河红墙，苇塘鸟鸣。乾隆年间疏浚凉水河时，将清挖之淤泥堆在永胜桥（今大红门桥）北岸，形成土阜，长亘三里，蜿蜒起伏，高二三丈不等，宛若游龙，名曰九龙山（九龙岗），山上环植桃柳万株，春夏之交，芬芳郁茂，夏木阴阴，水田漠漠，似江南景色。南顶庙在九龙山北边，两者相连。庙会期间，北起迴香亭南到凉水河，及九龙山东西蔓延数里，商贩云集，席棚茶酒，车水马龙，人流如潮。凉水河、九龙山、南苑苑墙并驾齐驱，宛若三条欲飞的巨龙。跑马赛车是南顶的一大特色。赛马场地点在永定门外迤南大道上，此地赛马不是正规比赛，凡京城养有车马者都踊跃参加，俗称跑车。从天桥至南顶，大道两旁搭满茶棚，站满人群。

明清诗人写有许多歌颂南顶的诗。

清代杨静亭编《都门杂咏》有《南顶》：

南城一出醉无涯，倦眼时醒眺望赊。

多少少年归去晚，天桥一路跑飞车。

《京都竹枝词》中有得硕亭一首诗：

但开南顶极喧哗，近水河棚数十家。

纨绔少年归更晚，天桥南面跑新车。

子鸿《燕京竹枝词·南顶》：

万千杨柳映长河，碧霞宫外爽气多。

一带苇棚临水岸，酒徒群饮唱高歌。

清代吴岩《游南顶》：

柳映红亭水映桥，碧霞宫殿郁岧峣。

年年五月开香社，大好风光慰寂寥。

龙冈委宛似卷阿，披拂薰风爽气多。

一带苇棚临水岸，酒徒豪饮姣童歌。

清代李慈铭《游南顶诗》：

古庙松阴午夏凉，绕门烟景似江乡。

西山扫黛依城阙，流水含情入苑墙。

树影直穿游骑驶，波痕对袅酒旗长。

笙歌渐散衣香乱，已见平畴满夕阳。

注：李慈铭（1830—1894），浙江绍兴人，光绪进士，曾任御史。

清代连诚著《自喜闻过斋诗稿》诗集中有八首《南顶竹枝词》：

一、红墙御囿接长渠，隔岸人家尽草庐。

一望青帘浑似锦，买春客到总停车。

二、戏水儿童体态轻，凫鸥队里任游行。

忽惊灭顶人何处，突起金钱手内擎。

三、窄窄弓鞋楚楚裳，故将纨扇掩容光。

因何不许分明看，半是羞郎半怯郎。

四、淡淡衫披薄薄纱，妆成端不藉铅华。

文君更比相如渴，也向松阴坐品茶。

五、遇春坊里绣軿排，争看王孙走马来。

搴起珠帘呈笑脸，今宵订下合欢杯。

六、紫貂玉虎号飞鹏，总属王家一盏灯。

上得鞍来争纵辔，一声好字万声应。

七、多少观优士女来，更从绝顶小徘徊。

无端一阵狂风雨，争脱罗衣簑笠回。

八、归途暮霭已苍苍，马骤车驰笑太忙。

却入禁城城牡下，天街雨过水淋浪。

旧时在南顶南边凉水河岸上立有乾隆《凉水河作》诗碑（据说，20世纪70年代碑倒地被埋地下），诗文有："南苑红门外，历览欣始遇。或云似江乡，宁饰江乡趣。兴农利旅然，永言识其故。"新中国成立后南顶庙及牌坊尚存，后来庙址先后被北京市氧气厂、北京市橡胶五厂占用，为便利交通而拆除牌坊。在南顶遗址尚存一块大型石牌坊上之匾额"群育"刻石，十分珍贵。

1902年南顶石牌坊

南顶庙石牌坊，匾额"群育"十分清晰（于嘉义·提供）

明末清初开始，由马村几户农民迁到

南顶路路牌

南顶庙南空地盖房居住，渐成村落，名南顶村，村民以从事农业为主，20世纪50年代后归南苑公社时村大队管辖，1987年北京市食品公司征地农民转工，取消村制，由丰台区大红门街道办事处管辖。近年橡胶五厂撤销，进行住宅楼开发，拆除南顶庙和南顶村旧址的平房，建成一片数十栋居民楼房，名康泽园小区。在康泽园小区北侧隔路相对也建起50多栋居民楼房，名南顶村小区，成为南顶新村。现今，南顶庙及九龙山已无存，九龙山只留有较高的地形遗迹，南顶却成为地名，有南顶村、南顶中学、南顶路。在南顶村与南顶新村之间有一条东西向柏油路，名南顶路，通往小红门。此地是南顶路的起点，西邻大红门路，交通方便，705路、百利宝101路、运通103路设有南顶村站。

有人把通州区马驹桥碧霞元君庙称为“大南顶”，而把大红门碧霞元君庙称为“小南顶”。这种称呼是不对的，因为北京五顶是环列京城的，而且马驹桥碧霞元君庙位于京城东南方。

中顶庙

在明清时期北京的众多寺庙中，有5处著名碧霞元君庙环列京郊，分别称南顶、北顶、东顶、西顶、中顶，俗称“五顶”。“五顶”均建于明代，清代重修。中顶庙坐落于今丰台区南苑乡西铁营村。

在封建社会里，妇女生育是头等大事，称“不孝有三，无后为大”。为了生儿育女，尤其是为生男孩，人们求子求福，就拜神拜佛。封建统治者为了愚弄人们的思想，以巩固其政权，在全国各地修建了许多碧霞元君庙，也

清末中顶庙

称元君庙、天仙庙，俗称娘娘庙、送子娘娘庙。民间信仰者甚众，尤以妇女为多。

碧霞元君是中国古代祠祀的道教女神，起于宋代，盛于明代。其上庙位于泰山极顶南面。据《蒿庵闲话》记载，北宋大中元年（1008），宋真宗登泰山封禅，于山顶玉女池洗手，一石人浮出水面，出而涤之，为玉女。皇帝遂命人以玉石仿刻，石龛祠之，并于次年建昭真祠，号圣帝玉女，封为天仙玉女碧霞元君。金代将昭真祠改为昭真观，明代称碧霞灵佑宫，清代改碧霞元君庙。碧

清末中顶庙牌楼

霞元君为泰山女神，据说她能护国佑民，并主持生育。泰山号称东岳，为五岳之首，泰山居东方，东方拟配春季，主发生之气。汉代时已视泰山为万物之始。《易经》泰卦表阴阳交合而化生。因此民间称碧霞元君为“泰山老奶奶”“泰山老母”，遂成为中国古代妇女信奉的主要偶像。

为什么碧霞元君庙称为“顶”呢？因其上庙在泰山顶上，顶为高处，所以称其为“顶”。在中顶庙里，康熙三年（1664）所建《中顶泰山行宫都人香贡碑》曰：“祠庙也，而以顶名何哉？从其神也。顶何神？曰岱岳三元君也。然则何与顶之义乎？曰：岱岳三元君本祠泰山顶上，今此栖，此神亦犹之乎泰山顶上云尔。”相传阴历四月十八日为碧霞元君的生日，此时各地娘娘庙都有庙会。北京的五顶庙会功能各有特色，南顶跑车、赛马闻名，中顶社火、走会闻名。

中顶为什么没居京城中部，而安排在西南郊右安门外草桥呢？据研究，这种安排正符合古法。古典礼法规定，五方的“中”，由于条件限定，若不能真正居中，则置于西南。

明清时期中顶庙为皇家庙宇，坐北朝南，明天启七年（1627）在唐万福寺北建之，清乾隆三十六年（1771）重修。前殿供奉碧霞元君，额曰“资生溥化”；中殿代奉东岳，额曰“大德日生”，俱乾隆御笔。还供奉催生、送子、眼光、痘疹等娘娘，七十二司塑像。中顶附近水田极多，土壤肥沃，泉水丰富，适宜养花，农民种植花卉者甚多。普遍种植牡丹、芍药、荷花，夏日荷花怒放，香闻数里。由中顶庙至丰台间旧多园亭。每年阴历四月初一开庙，后来改六月初一庙会。中顶庙香火极盛，庙会时人流如潮，川流不息，商贩云集。花会表演、售卖鲜花是中顶庙会的两大特色。各路民间文武花会三五十档，接连表演。有中幡会、狮子会、五虎棍、开路、少林棍、双石头杠子、挎鼓、什不闲、扛箱等。附近花农聚此卖花，为庙会增加色彩。

清代有许多赞颂中顶的古诗。杨静亭（北京通州人）有《中顶》：

盈眸苍翠望全迷，人影衣香踏绿蹊。

一路树荫遮不断，荷风吹送草桥西。

得硕亭有《草珠一串》：

右安门外少风尘，人影衣香早稻新。

小有余芳开市后①，坐看中顶进香人。

注：①诗中“小有余芳”指中顶附近有一家私人开办的茶社兼花园，十分幽雅，招牌为“小有余芳”，逢春开市，是达官贵人逛中顶必到之地。

吴岩有《游中顶》：

十里城南绿满川，春风杨柳自年年。

名园几废灵祠在，孤负看花谷雨天。

都人士女竞喧奔，花市阑珊庙市繁。

已见田田好荷叶，风流忆杀赵王孙。

中顶庙山门和石狮

中顶庙会（梁春生·摄）

中顶庙现存山门一间、正殿一座、石狮一对、石碑两块。山门为砖砌仿木结构，在质地细腻的石额上雕刻着“护国中顶岱岳普济宫”，此为乾隆年间修庙时的遗物，清晰如初。山门上有一副楹联：“万古琳宫称广济；重修宝迹继长春。”这是民国二十六年最后重修时制作的大门，记录着长春堂药店捐款修广济宫的事。在“中顶普济宫百子盛会碑记”上，四周雕刻着百子图案，俗称“百子碑”。此碑曰：“泰山行宫遍京师，其最著者中顶宫，谓敕建弘仁普济宫者是也。”据专家介绍，中顶庙前的一对石狮为清中期刻品，应是乾隆年间重修此庙时制作。这对石狮与中国传统石狮不同，具有藏式石狮的一些特征，东边石狮为雄性，西边石狮为雌性。据老年人讲，中顶庙前原有宽80米、长150米的广场，广场上有东、西、南3座四柱三间七楼式木牌楼，由于年久失修而湮没，现在只存4块牌楼的夹柱石，立于山门前，以兹纪念。中顶庙南边（今铁道南）北边祖家庄各有一座回香亭，已无存。旧时烧香人先在中顶庙里进香，走时要在回香亭再烧一次香。

原来庙产较多，民国后期庙中主持染上抽大烟的恶习，为买大烟就变卖庙产，因此庙产逐渐减少。庙内原有康熙大学士王熙及李天馥撰碑各一，字迹遒劲，堪称名笔，约20世纪80年代倒地埋于地下。丰台区政府在2003年对中顶庙进行了重修，重修时在院内墙壁雕刻二十四孝图，增加了中顶庙的文化内涵。

从2006年开始中顶庙恢复了每年农历六月初一的庙会，庙会时有近10档花会表演，近万人参加。每年农历正月初一，附近村庄花会在中顶庙进行联谊活动。

真武庙

北京有10多座真武庙。真武庙即蛇神庙。我国古时许多地方建有蛇王庙，真武庙即为纪念镇蛇之神而建。我国民间崇拜四方神（玄武、青龙、白虎、朱雀，合称四方四神）之一的是北方神玄武大帝，又称真武大帝。他的原形为蛇和龟的统一体。据《历代神仙通鉴》记载，商纣王指使水、火、旱、蝗、瘟、妖六大魔王滋扰天下，五帝乃派玄武大帝统领丁甲神将与六魔相战，其中水、火二魔自持坎、离二气，化为苍龟巨蛇被玄武大帝捉拿，后来改邪归正，成为玄武大帝手下的龟、蛇二将。宋朝时因避皇室之祖赵玄明之讳，改“玄武”为“真武”。

南苑真武庙坐落在丰台区南苑乡槐房村东头，20世纪90年代称槐房东里41号院，在清代南苑地图上有真武庙的标志，约建于清朝后期，文史书籍记载文字甚少。《大清会典》记载，槐房真武庙有香火地8亩。

真武庙坐北朝南，在其旧址上尚存较多遗物。在清代官绘南苑地图上槐

真武庙旧址古槐

房村南有真武庙、村西有龙王庙（地处小龙河源头一亩泉南边，今已无存）。今槐房东头尚有真武庙遗址，群众俗称东庙。真武庙自民国时期至20世纪70年代一直为槐房小学使用，70年代后改为居民住房。90年代笔者曾探访真武庙旧址，经改建的大殿、耳房尚存，大殿山墙是磨砖对缝，房顶是起脊的，大殿内山墙顶部尚存有原庙的壁画。真武庙院内有3棵古槐、1棵古柏，枝繁叶茂，为真武庙遗物。真武庙以古槐称奇。最大的古槐，胸径110

真武庙旧大殿及耳房

厘米，树高近20米，冠幅15×15米，树龄350年左右，树已空心，树体有纵向裂缝，树干用3道铁条加固，有干枝，生长仍较好，为丰台区境内最大的古槐。其树在《北京郊区古树名木志》《北京百科全书丰台卷》等书上有记载。

南苑各寺庙香火地面积表

地　址	寺庙名称	香火地（亩）
小红门内	元灵宫	40
	龙王庙	19
	真武庙	233
南红门内大屯	关帝庙	56
	菩萨庙	56
南红门外北店	娘娘庙	20
大红门外	碧霞元君庙	100
大红门内	地藏庵	45
庑殿西	关帝庙	360
马家堡	七圣庙	27
东红门内	关帝庙	69
	东关帝庙	30
旧东红门内	关帝庙	75
西红门内	马神庙	70
回城门外马驹桥	天仙庙	100
回城门内	七圣庙	34
辛屯	菩萨庙	18
三间房	七圣庙	52
双桥门内	七圣庙	23
黄村门内	药王庙	154
团河	龙王庙	80
镇国寺门外	中顶普济宫	100
	镇国寺	84
旧衙门东	德寿寺	22
	关帝庙	82
	仁佑庙	6
旧衙门西	永慕寺	5
槐房	真武庙	8
晾鹰台北	宁佑庙	100
合计	29	2068

资料来源：根据《大清会典》记载整理。

十四 热闹三代的晾鹰台

在大兴区瀛海镇南宫村西北1公里处，有一座高大的土丘，上面长着一片杨树，这是南苑皇家园林的重要遗迹晾鹰台。晾鹰台建于元代，为元、明、清三代皇家狩猎的著名场所，约有700年的历史。

元、明、清三代皇帝都很重视打猎活动。皇帝打猎有两种方式：一是骑马射箭猎杀鹿、羊、兔等动物；二是在高土台上纵放猛禽海东青（鹰科，名雕）捕捉天鹅、大雁。皇帝在高台上纵放海东青后，即飞向天空，全力猛捕天鹅、大雁。载擒获之鹅雁归来，它劳而出汗，再遇地面、空中之雨露，要在高台上晾晒，故而得名晾鹰台。海东青如同老鹰捉兔子、鱼鹰逮鱼一样，有特殊本领，其捕捉猎物后，携带猎物飞回主人处，向主人报功。晾鹰台为元代下马飞放泊之鹰场（亦称鹰坊、仁虞院），明代也称“按鹰台”，元代、清代皇帝也常在此训练兵马、阅兵，又称“练兵台”。《日下旧闻考》记载：晾鹰台“台高六丈，径十九丈有奇，周径百二十七丈”，占地约40亩。到乾隆

晾鹰台

年间台基已变小，高宗皇帝《海子行》诗曰:“迤南有台高丈余”“其颠方广不十丈”。据1941年1月8日北京《民众报》刊登之《南苑晾鹰台》介绍:“南苑南海子中之大高台……台基广阔，早年尚有汉白玉栏杆，台之正中心亦镶有汉白玉台面，上镌龙纹精细”“明永乐年中曾加以修葺，并于台侧建二十四园，遍置花木，为皇帝每年必幸之所”。明代在台北边建有幄殿，清代在台旁建有南红门行宫。这些宫殿今已无存，只留下庑殿、南宫的村名。

游猎是以游牧为业的蒙古族统治者的本色，元定北京大都后，元帝常在晾鹰台纵放海东青捕捉天鹅、大雁，然后开筵夜饮。明代叶子奇《草本子》记载：元朝饲养猎鹰的“打捕鹰房”,“岁用肉”即达“三十余万斤”，平均每天用肉千斤左右。由此可见，元代鹰房的规模很大。明代《析津志》记载:“天鹅，又名驾鹅，大者三五十斤，小者二十余斤，俗称金冠玉体乾皂靴是也，每岁大兴县管南，柳林中飞放之所，彼中县官每岁差役乡民，广于湖中多种茨菰（即慈姑），以诱之来食，其湖面甚宽，所种延蔓，天鹅来千万为群。俟大驾（指帝王）飞放海青鸦鹘，所获甚厚，乃大张筵会以为庆赏，必数宿而返。”

清代帝王非常重视围猎、练兵活动。晾鹰台是清代打猎、阅兵、观马的地方。清代规定每三年在南苑举行一次打猎、阅兵活动，每年五月在晾鹰台举行观马活动。这些活动要举行隆重的仪式，皇帝率亲王、大臣、皇帝子孙、八旗官兵等上万人参加。每次在南苑举行打猎、阅兵时声势浩大，盛况惊人，热闹非凡。康熙、乾隆帝多次在晾鹰台参加打猎、阅兵活动。清代御围地有围场、南苑。南苑是清代皇帝的重要打猎之地，大阅围在南苑举行，也称“南海子围”，每三年一次，每次又分春、秋两期。还在晾鹰台举行“杀虎围”。举行杀虎围时，将老虎从笼中放出来，进行打虎演习。乾隆皇帝的打猎用斧，通长136厘米，斧身长27厘米，刃部宽22厘米。斧身钢质，刃薄而利，斧身中部双面镂金飞虎，周围饰以火焰纹。柄木质，髹黑漆，底帽为铜镀金饰件。此猎斧当时价值200两白银。

明代魏之秀有《晾鹰台诗》:

晾鹰台回接沤汀，民乐咸歌囿诏灵。

七十二桥虹影渡，骑郎争放海东青。

清代皇帝在南苑阅兵多在晾鹰台前扎营

清代乾隆刺虎图

清康熙帝有《晾鹰台》:

清晨漫上晾鹰台，八骏齐登万马催。

遥望九重云雾里，群臣就景献诗来。

高大凸起的封土台立于南海子平原之上，它历尽沧桑，是历史的见证者，盛况已成历史。南苑在清末废弃后，农民在晾鹰台上耕耘刨种，再加雨水冲刷，致使其土台向外蔓延，高度降低。现在台高10米，周长500米。新中国成立后在台上栽种了几千株杨树，现已成林。晾鹰台于1985年列为大兴区重点文物保护单位。除晾鹰台外，南苑还有西红门之杀虎台，西北隅之大台子、二台子、三台子，东北隅之三台山（大台子、二台子、三台子），东红门之单台子、土楼子等9座供帝王举行小型狩猎活动的封土台。这些封土台在新中国成立后因平整土地、建房、修路用土而无存。因封土台而成村名的有南苑乡大台子村、朝阳区小红门乡三台山村。

晾鹰台离北京16公里，在北普坨影视城北侧，相距500米左右。游客到北普坨影视城游玩时，不妨顺便到晾鹰台转一转，亲身体验一下当年皇帝打猎、检阅军队的风采。在前门乘坐北普坨专线车，永定门乘926路公交车即可到北普坨。

十五 新宫留下的一幅珍贵图画

在北京故宫博物院珍藏着一幅由清代宫廷画家郎世宁画的原来在南苑新衙门行宫里挂了150多年的乾隆皇帝《大阅图》之著名绘画。

清代南苑有旧衙门、新衙门、团河、南红门4座行宫，新衙门行宫为其中之一，简称新宫。新宫规制宏伟，有400多间房屋。《日下旧闻考》记载：新宫“后殿屏扆间恭绘圣容，擐甲据鞍”。“屏扆间”指帝王座后的屏，“恭绘圣容”就是指乾隆皇帝《大阅图》。有人对此图标名为乾隆帝《大阅铠甲骑马像》《清高宗大阅图》，此图是绢本国画，纵322.5厘米，横232厘米，为7.482平方米，当时挂在新宫后殿。

郎世宁绘乾隆《大阅图》

宫廷画家郎世宁（意大利人）在宫廷工作51年，侍奉过康熙、雍正、乾隆三朝皇帝，由于绘画成绩突出，多次得到皇帝的嘉奖，为正三品官。此图为其于乾隆二十三年（1758）所画，乾隆帝时年47岁，是对乾隆帝第二次南苑大阅兵的真实写照。画中乾隆帝面容英俊，身穿用金属片缀成的武士护身龙云服，头戴褐缨，擐甲据鞍，腰佩弓矢，左手牵马，右手持鞭，威武雄壮，栩栩如生。乾隆帝大阅时所穿铠甲，名甲胄，此甲为明黄缎绣五彩朵云、金龙纹，下为海水江崖图案，月白绸里。甲面有规则的金帽钉，衣正中悬钢质护心镜，镜四周饰镀金云龙纹。两袖用金丝条编织，袖口月白缎绣金龙。裳分左右，腰以布相连，裳面以金叶片、金帽钉、彩绣龙戏珠纹相间排列。这套黄金甲，当时造价2万两银。《大阅图》中之马是乾隆帝所乘的御马，此马红白两色，活灵活现，两眼炯炯有神。郎世宁多次画过这匹御马，《射猎图》中乾隆皇帝也是骑的这匹马。他还单独画过此马，命名《十骏图——赤花鹰》。此马是喀尔喀亲王德钦扎布进献的，高四尺六寸，长七尺二寸八分。乾隆帝为《十骏图——赤花鹰》题了诗："伯乐今难遇，谁空冀北群。横风嘶逸韵，意气欲凌云。"

乾隆帝于此次大阅后写了《南苑大阅纪事诗》：

> 廿年一举宁为数①，周礼分明节候论。
>
> 便设军容示西域②，伫看露布靖坚昆③。
>
> 好齐以暇千旃飐，既正还奇万炮喧。
>
> 风日晴和士挟纩，非予恩也总天恩。

注：①乾隆己未大阅，至今盖二十年矣。
②时哈萨克、布鲁特、塔什干等皆令预观。
③迩日盼将军兆惠喜音，殊切于怀。

乾隆帝于乾隆四十七年（1782年）71岁时回忆此画作《新衙门行宫杂咏》：

> 大阅戊寅画像斯①，据鞍英俊俨须眉。
>
> 而今下马入斋者，白发相看疑是谁②。

注：①"大阅戊寅"：大阅指阅兵，戊寅指阅兵时间，为乾隆二十三年（1758）。画像：指意大利传教士郎世宁所绘乾隆《大阅图》。
②白发：此诗是乾隆71岁时所写。他来到新宫，见到自己的画像，有些不相识了。

《大阅图》从乾隆二十三年（1758）起，一直在新宫后殿屏上挂了150多年。辛亥革命后，段祺瑞任陆军总长时，南苑驻扎着一部分军队，称为"模范团"。段祺瑞到南苑检阅部队时，曾去新宫看到殿中屏上这幅画像。当时行宫已年久失修，他恐怕画像被屋漏雨水污毁，就派裱工揭下带回城里，交给了内务府大臣。此画在故宫又保存了近百年，至今仍清晰精彩如初。

乾隆皇帝《大阅图》已编入天津人民美术出版社出版的《郎世宁画集》，并为该画集套封的封底。此画在1995年1月由故宫博物院紫禁城出版社出版的《清代皇帝像》明信片中作为包装封面刊出。

十六 南苑昆仑石

昆仑石碑简称昆仑石，昆仑石是一种特殊规制的石碑，碑高2米左右，宽1米左右，梯形圆顶，有2.5米长、1米左右宽的长方形底座，底座上雕刻有粗犷线条水浪纹，象征海水江崖。

昆仑石碑用汉白玉石制成，不是采用昆仑山之石制成，昆仑石以象征传说中神仙居住的昆仑山而得名。清代皇家园林发源于中国古代昆仑神话和蓬莱神话，西部高原的神奇故事与东部大海传说相结合。昆仑石象征帝王追求蓬莱仙境，昆仑石顶部圆形，象征跃出海面的红日。北京昆仑石竖立在皇家园林里的风景区，用奇特的石碑、文雅的诗句进行点缀，锦上添花，增加了文化蕴涵。在清代以前未见有关昆仑石的记载，也未见外地有昆仑石的报道。丁文文著《御苑赏石》记载:“清代中期山形座昆仑石，此石约立于乾隆年间，取‘碣’制。高百九十厘米，汉白玉质，颜色洁白光润，质地细密坚硬。”据笔者了解，北京有9座昆仑石：即北海昆仑石、南海昆仑石及人字柳诗碑、圆明园昆仑石2座（现1座在文津街国家图书馆、1座在达园宾馆）、颐和园昆仑石及耕织图石碑、南苑昆仑石、戒台寺活动松昆仑石。北京现存的9座昆仑石，均为清代乾隆年间的御制诗碑，是乾隆独创的一种碑型，碑身刻有乾隆手书文字、诗歌。有的正面刻有“昆仑”“耕织图”等御书碑名，其他三面刻诗歌；有的四面全是诗歌。这些石碑多数保存完好，是重要的文物，它们反映了清代北京的文化内涵，成为旅游景点的一个亮点。

在大兴区旧宫镇毓顺庄村南，红星养鸡场鱼池西岸，一片核桃树林掩映下，立有一座清代南苑昆仑石碑。这是南苑皇家园林遗存稀有的一座御碑。

养鱼池之地是在清代南苑饮鹿池（群众称“小海子”）的旧底上挖掘而

双柳树昆仑石（高星·摄）

成的。此地为清代养麋鹿的地方，以有两株古柳而闻名，并成地名——双柳树。在饮鹿池东岸原立有石幢一座（已破损无存），西岸立有一座昆仑石。

清代，双柳树居南苑中心地区，此地景色秀丽，绿草如茵，池水清澄，麋鹿嬉戏，晴云碧树，是南苑中一处著名风景区，被誉为“苑中之园”。在饮鹿池北岸有两棵巨大的古柳，粗可合抱，枝叶繁茂，因枝杈交错，偎依为伴，喻为“夫妻柳”。柳树易栽易活，但不像松柏、椿树那样长寿。乾隆皇帝多次到双柳树游玩，关注双柳树之风景，多次补栽其柳，并赋诗纪念，还把其诗分别刻于石幢和昆仑石上。

石幢和昆仑石相对立于饮鹿池东西两岸。因此地有石幢和昆仑石两座石刻，当地村民俗称“双石碑”。南苑作为皇家园林被废弃后，石幢损坏已无存，昆仑石被埋于地下。石幢，为古代宗教石刻的一种，作八棱柱状，往往用多块石刻堆建而成。柱上有盘盖，大于柱径，刻有垂幔、飘带等图案，柱身多刻陀罗尼或其他经文和佛像等。20世纪70年代后期兴建红星养鸡场时，在泥土中发现这座昆仑石，使其重见天日。南苑昆仑石为汉白玉制成，是乾隆二十八年（1763）所立，现完好无损，碑身高1.8米，宽1.02米，厚0.62米，碑座长2.5米，宽1.1米，高0.7米，碑座两侧各有1个0.48厘米的方洞。昆仑石上刻着乾隆帝几次补植柳树的感怀诗章：《南苑双柳树》《春云》《杂言》《海户谣》。因年代久远，风吹日晒，碑上字迹已模糊不清。乾隆五年（1740）乾隆帝来到双柳树，见一树枯萎，诏谕补植一株，并作《南苑双柳树》诗：

南苑双柳树，昔年何葱菁。
两株立平原，千丝织晚晴。
因循失其一，独树若无荣。
至今行路人，犹道双柳名。
岂无补种者，枯萎率不生。
嗟哉草木质，尚有相怜情。
徘徊不能去，长歌代柳鸣。

补植柳树后，乾隆帝命在饮鹿池西立昆仑石，并把此诗镌刻此石正面。四年后，另一株柳树又枯萎了，乾隆帝再补植一株，并于乾隆九年（1744）又作《双柳树诗》：

南苑双柳树，厥名亦已久。
临池弄清阴，婉婉盖数亩。
岁月与俱深，麋鹿相为友。
昔曾枯其一，秋风自凄吼。
何人见怜之，补种复成偶。
我闻未枯树，却种曾枯后。
迭为主与宾，遑论新兮旧？
曰名不如实，斯柳以名寿。

乾隆帝把此诗刻于饮鹿池东岸的石幢上。又过两年后，他于乾隆十一年（1746）再来南苑时，双柳树又枯了一株。他在此年《南苑双柳树复枯其一叠韵志感》中写道：

种柳补成双，双双期未久。
经年此一过，独树临芜亩。
昔为旧者伴，今待新为友。
停鞭契菀枯，真似狮子吼。

彭殇本齐年，宾主亦其偶。

大椿过八千，朝槿荣其后。

底事重欢悲，强分新与旧。

灵和傥悟此，是谓无量寿。

乾隆二十八年（1763）乾隆帝作《春云》：

春云吐西山，弥空忽幡纚。

青郊方澂洳①，已觉艰举趾。

弗雨斯乃佳，旋听风声起。

尽吹云卷去，意乃为之喜。

回忆往年春，云生盼雨矣。

闻风便已愁，那有喜之理。

人情好恶殊，翻覆有如此。

注：①澂洳（chèng rù音趁入）：积水难行。

乾隆二十八年（1763）乾隆帝又作《杂言》：

弗善马射者，弓力欲其弱。

善于马射者，弓劲乃气作。

臂痛步射艰，马射犹自若。

可与知者言，不知如蜡嚼。

木兰九月回，数月久闲却。

春风小试搜，豪情殊踊跃。

狡兔连中双，是盖夙所学。

以今屈支观，一亦艰射著。

隔宿手已胮①，臂疚增于昨。

习逸所致然，言之面先怍。

昭烈髀肉生②，其叹有雄略。

枚枚讥肥脓，命曰腐肠药。

杂言鲜错综，藉用自斟酌。

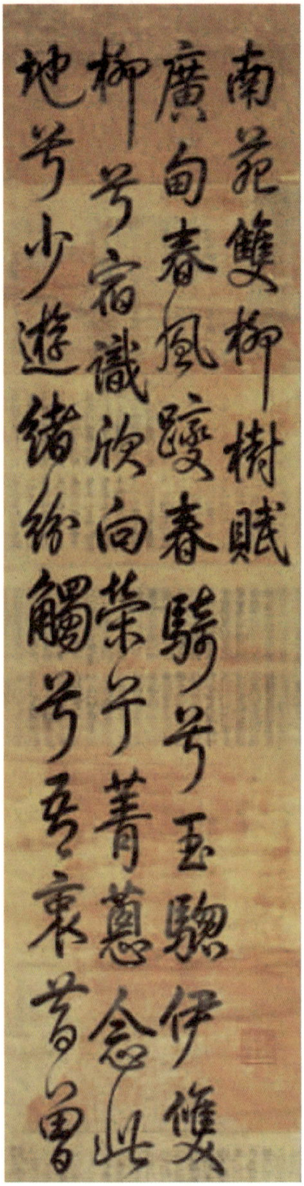

乾隆御笔《南苑双柳树赋》局部

注：①胮（pāng音乒）：浮肿。

②髀（bì音币），髀肉生：因为长久不骑马，大腿上的肉又长起来了。形容长久安逸，无所作为。

如今，双柳树早已枯死无存，也没人再补植，双柳树已成为历史地名，昆仑石被列为大兴区文物保护单位。为纪念此处历史文化，南海子麋鹿苑仿制了一座双柳树昆仑石，立于苑内，在南五环西毓顺庄处建有饮鹿池桥。

十七　南苑的海户

一般人只知道南三环木樨园立交桥南边有一海户屯，其实在北京城南共有4个海户屯。

海户屯是怎么回事呢？明清时在南苑皇家园林（明称南海子，清代称南苑）里维护苑墙、饲养兽禽、种植土地等值差之人称为“海户”。明代南海子隶属上林苑，设海户从事蕃育鸟兽、栽培林木和种植蔬菜。据《明大政记》载:“南海子设海户千人守视，自永乐定都以来，岁时搜狩。”黄阿明著《特殊的贱民——明代海户浅探》记载:“海户是明代京师皇家苑囿南海子内一种特殊户民。永乐年间，初置海户时，由京师附近和山西等地的编户齐民充当；随着社会上自宫人数急遽膨胀，明代最高统治者不得不把收录来的净身人发往南海子充当海户，南海子成为消融自宫者的场所，南海子海户成分发生了重大变化。在经济上，海户享有一定的赋役优免权，但是待遇和社会地位极低，属于贱民阶层。”

封建社会贫穷少年男子，为进皇宫当差，做太监，首先要净身（也称自宫），就是阉割掉生殖器，失去性欲，丧失生殖机能，以防乱了后宫。封建社会净身的人较多。

明代各朝均有净身男子发南海子当海户的记录。《典故纪闻》卷十五载：“成化十一年（1475）冬，有自宫聚至四五百人，哄嚷求收用。宪宗云：‘此辈逆天悖理，自绝其类，且又群聚喧扰，宜治以重罪。但遇赦宥，锦衣卫其执而杖之，人各五十，押送户部，如例编发海户当差。是后有再犯者，本身处死，全家发边远充军。礼部移文天下禁约。’”《孝宗实录》弘治三年（1490）四月乙酉:“初，民有自宫者六百二十六名，皆充军或为民，至是命发南海子编充海户。”《武宗实录》正德十一年（1516）五月甲辰：“收自宫男子三千四百六十八人充海户，月予米人三斗。时自宫无票帖未收者尚数千人，复扣礼部门。有旨：令逐回原籍，再至京奏扰者，罪之。然亦不能禁也。”《明世宗实录》载：嘉靖五年（1526）“二月南海子净身男子九百七十余人复乞收入，上怒锦衣卫逐还原籍，为首者杖之”。《大明会典》：嘉靖二十六年（1547）“海子供役净身男子一千五百九十六人，每名于京食月支米三斗”。

清代南苑海户1800人，后有减少，乾隆末年计有海户1200人。共编为10甲，每甲以总甲1人、副总甲1人、小甲4人管理。每5甲以海户头目1人、副头目1人统辖。清代时给每个海户养赡地34亩（各时期有增减）。海户除种地外，每年还要在苑内割草58万束，供应内务府庆丰司、上驷院马厩饲料12万束外，其余出售，所得之银作为购买鹿饲料及南苑岁修费用。苑内其他之草令苑户全行割掉，卖给附近居民，每担制钱20文，作为奉宸苑及南苑官员的办公费用。

南苑除海户外，还有各行宫苑户108人、寺庙庙户38人、鹿户18人、匠役16人、皂役（差役）60人，等等。这些人都给数量不等的养赡地。

据《大清会典》资料统计，南苑内共有耕地64062亩，其中御用地13400亩（果园5处1600亩，瓜园地1700亩，粮庄5处9000亩，花卉地800亩，笤帚地300亩），海户、苑户、庙户及管理人员等48592亩，29座寺庙香火地2070亩。乾隆年间在北红门外开稻田9顷。

明代大臣、诗人吴伟业写有《海户曲》：

大红门前逢海户，衣食年年守环堵①。
收藁腰镰拜啬夫②，筑场贳酒从樵父③。
不知占籍始何年，家近龙池海眼穿。
七十二泉长不竭④，御沟春暖自涓涓。
平畴如掌催东作，水田漠漠江南乐。
驾鹅鹠鹈满烟汀，不枉人呼飞放泊。
后湖相望筑三山，两地神州咫尺间⑤。
遂使相如夸陆海，肯教王母笑桑田？
蓬莱楼阁云霞变，晾鹰台上何王殿⑥。

传说新罗玉海青[7]，星眸雪爪飞如练。
诈马筵开挏酒香[8]，割鲜夜饮仁虞院。
二百年来话大都，平生有眼何曾见？
头白经过是旧朝，春深惯锁黄山苑。
典守唯闻中使来，樵苏辄假贫民便。
芳林别馆百花残，廿四园中烂熳看[9]。
记得尚方初荐名，东风铃索护雕阑。
葡萄满摘倾筠笼，苹果新尝捧玉盘。
赐出宫中公主谢，分遗阙下侍臣餐[10]。
一朝翦伐生荆杞，五柞长杨怅已矣。
野火风吹蚂蚁坟[11]，杆杨月落蛤蟆水[12]。
尽道千年苑囿非，忽惊万乘车尘起。
雄图开国马蹄劳，将相风云剑槊高[13]。
帐殿行城三十里，旌旗猎猎响鸣鞘。
朝鲜使者奇毛进，白鹰刷羽霜天劲。
旧迹凌歊好放雕，荒台百尺登临胜。
俊雕重经此地飞，墨河讲武当年盛。
吊古难忘百战心，埽空雉尾江山净。
新丰野老惊心目，缚落编篱守麋鹿。
兵火摧残泪满衣，升平再睹修茅屋。
衰草今成御宿园，豫游只少千幛木。
上林丞尉已连催，洒扫离宫补花竹。
人生陵谷不须哀，芦苇陂塘雁影来。
君不见，鄠杜西风萧瑟里，丹青早起濯龙台。

注：吴伟业（1609—1671）清初诗人，学者，江苏太仓人。崇祯进士，曾任翰林编修、南明政权少詹事、顺治间国子监祭酒。

①方丈为堵，环堵，四周环着每面方丈的土墙。形容居室简陋。

②啬夫：古代官名。

③贳（音是）：借。樵，为柴。

④明时称南海子有水泉72处，清乾隆查实有117处。

⑤以西苑后湖名海子，故此云南海子。

⑥晾鹰台，元之仁虞院也，常使大学士提调之，鹰坠皆用先朝旧玺改作。

⑦新罗指古朝鲜，玉海青即白鹰也。

⑧元有诈马筵。

⑨南海子有二十四园，系明时制。

⑩阙，指帝王所居之处，借指朝廷。

⑪海子西北有蚂蚁坟。每清明日，数万蚂蚁皆聚于此。

⑫明时太医院到南海子捉蛤蟆挤酥。

⑬槊（音shuò朔）：古代兵器——长矛。

清高宗于乾隆二十八年（1763）写有《海户谣》，此诗刻于昆仑石上：

海户给以地，俾守南海子。
常年足糊口，去岁胥被水。
以其有恒产，不与齐民心。
赈贷所弗及，是实向隅己。
我偶试春搜，扫除仍役使。
蓝缕洵可怜，内帑宁惜此。
一千六百人，二千白金与。
稍以救燃眉，庶免沟中徙。
并得贳春种，青黄藉有恃。
道旁纷谢恩，菜色颇生喜。
尔喜我所惭，过不他人诿。

此诗反映了海户的贫困生活，常年仅是“糊口”，一遇灾年不得温饱。衣裳褴褛，破烂，面带“菜色”，并且仍须照常供“役使”，干牛马活。1600名海户，每月发给白金（白银）2000两，平均每人1.25两，收入微薄，生活没有保障。有时得到一点救济，也只能解燃眉之急。海户跪在道旁向皇帝谢恩，皇帝感到惭愧，皇帝自责有过，不把过错推给别人。

南苑的海户与苑户、鹿户、庙户等当差人员有所不同。苑户和海户的差别有四：一是民族不同，苑户为满族，海户为汉族。二是任务不同，苑户在行宫内当差，海户在苑内种植农田、饲养禽畜、维修围墙房屋。三是住所不同，苑户住行宫附近的苑户房，海户住在围墙外的村庄。四是待遇不同，海户每月约发1.25两白银，苑户要稍多一些。清末南苑废弃，国库空虚，停止发放银两，苑户就在行宫周边种地，成为以行宫名称命名的村庄的农民；海户就在原居住地种地，成为海户屯的农民。南苑4个行宫旧址形成的村落及鹿圈、槐房，现在居住的满族较多，这些满族多是原来苑户的后代。

皇家苑囿管理极为严格。海户出入南苑凭腰牌（身份证），并有专人带领，走指定路线。海户每天进海子里劳动，傍晚出南苑到附近居住点休息，这些海户的聚居地后来就形成村落，而名海户屯。在南苑苑墙周围形成村落的海户屯共有4个：今丰台、朝阳、大兴、通州4区各有1个，这4个海户屯都处于海子墙边缘地带。大红门北2公里处的海户屯，为大红门外海户屯，全村291户，为丰台区南苑乡果园行政村的一个自然村。该海户屯地处城乡接合部，已成为繁华的闹市区。海户屯是2路、54路公共汽车的终点站，经过海户屯的线路有71路、210夜班、366路、678路、996路，此地有木樨园长途汽车客运站。海户屯地区已成为北京最大的服装批发商业区。在海户屯西侧盖起了高楼，为海户西里，有多层楼房17栋，高层楼房9栋，在海户屯西边有一条南北柏油路名海户路。在朝阳区小红门

海户屯公交汽车站

海户西里北社区大门

东边有一海户屯，即羊坊角门外海户屯，现为十八里店乡之自然村。该海户屯有170多户，540多人。在大兴区黄村镇东北1公里处，京开公路东侧有一海户新村，即黄村门外海户屯，原在海子墙西南角，新中国成立前曾名黄村一街，1985年因建设黄村卫星城，海户屯往北迁移1公里建了新村，名海户新村，全村674户，现为黄村镇之自然村，京开高速路从其西侧通过。在通州区马驹桥西北有一海户屯，即东红门外海户屯，现为马驹桥镇之自然村。该海户屯400多户，1200多人，依小学东门前街为界分设南海户屯、北海户屯两个村民委员会。京津塘高速路从十八里店海户屯、马驹桥海户屯旁通过。这4个海户屯中的老住户多是海户的后代。

南苑海户等养赡地面积表

项　目	人　数	每人养赡地（亩）	合　计
苑　户	108	28	3024
新官	16	28	448
旧官	18	28	504
南宫	32	28	896
团河	32	28	896
永慕寺	10	28	280
海　户	1200		45568
顶戴海户头目	2	188	576
顶戴海户副头目	2	180	360
总甲	10	180	1800
副总甲	10	90	900
小甲	40	55	2200
海户	922	34	31348
巡青海户	48	50	2400
门军	36	30	1080
庙户	38	48	1824
鹿户	18	38	684
皂役	60	44	792
书史	2	208	416
匠役	16	28	448
苑丞	4	80	320
副苑丞	7	60	420
合　计	1308		48592

资料来源：根据《大清会典》记载整理统计。

十八 南苑里的动物

南苑古时是一片湿地，即水陆过渡地带，既有浅水，又有陆地，水中和沿水陆地的植物、植被是最理想的动物生存环境。南苑百泉涌流，湖泊密布，河道纵横，绿树成荫，青草遍地，鸟兽聚集。南苑是飞禽走兽的乐园，鹿鸣虎啸，鹰飞鱼跃，莺歌燕舞。南苑里的动物有鹿、麋鹿、黄羊、虎、兔、獐、鹰、雁、野鸭、白鹭、斑鸠、天鹅、雉、隼，等等。

鸳鸯（郭耕·摄）

东方白鹳（郭耕·摄）

有水就有鱼，有林就有鸟，北京历史上是水源林木丰富的地方，野生鸟类很多。据元、明之际的《图经志书》记载："翎之品：海东青、白海青、青海青、白黄鹰、黄鹰、皂鹃、鸦鹘、赤鹘、兔鹘、角鹰、白鹞、崖鹰、鱼鹰、铁鹞、木鹘鹞、崧儿、百雄、茸垛儿。"还有"天鹅、秃鹫、鹚老、地鹌、地鹔（yù音欲，同鹆）、白雉、朱鹭、钩嘴鹭鸶、香匙嘴鹭鸶、山鸡、鶡鸡、花头鸭、雉鸡、锦札鹧鸪、赤眼鹳、白颈鸦、斑鸠、翠禽、山鹧、山和尚、旱种谷、拖白练、乐官头、杜鹃、黑翼、胭脂鸡、青灰弗、黄灰弗、啄木、绊鹧、鹌鹑、山雉、拖红、练角鸡、石鸡、小鸡、章鸡”等。

明代万历十三年（1585年）《重修镇国观音寺碑记》记载：“都城南四十里许乃上林苑南海子，我国家蕃育鸟兽之所也。”镇国观音寺为唐代古刹，坐落在南苑围墙西南海子角村北，庙已无存。此碑现移至团河行宫遗址。碑为汉白玉质，高2.4米，宽0.85米，厚0.23米。龟趺长1.9米，高0.5米。碑额浮雕4条蛟龙，祥云缭绕。《重修德寿寺碑记》载：“南苑为较猎地，陂隰广衍，草木丰美，羽毛蹄角，充牣杂遝（牣，rèn音任，意充满；遝，tà音踏，杂遝，同‘杂沓’，即杂乱）。岁时之暇，纷围较射，以搜军实，习武备……”“此南海子乃羽猎场。飞者、走者、蹄者、角者，或群或友，纷纭霍绎……”《可斋笔记》载：南海子“獐鹿雉兔不可以数计，籍户千余守视。每猎则海户合围，纵骑士驰射于中，所以训武也”。《皇朝通志》载：南苑“蕃育禽兽其中，为行围讲武之地”。《大政记》载：“自永乐定都以来，岁时搜猎于此。”

清朝重视帝王的狩猎活动。《日下旧闻考》载：清朝官府“设有养鹰鹞鸦鹘处，总名鹰房，在东华门内三座门路东，共房二十有二楹”。鹰鹞处专门负责收缴、驯养鹰鹞，一方面为帝王提供狩猎的名鹰，一方面用鹰捕捉雉鸡供祭祀或御膳用。养鹰鹞处还养猎狗，所以又叫鹰狗处。这个机关最初设在东华门内，嘉庆年间迁到东安门内长房。养鹰鹞处设管理事物者3人，由王公、御前大臣或侍卫兼任，协办事物兼鹰上统领2人，头领和副头领各5人，还有笔帖式（即文书）3人。在西直门外法华寺，建有很讲究的鹰场。每只鹰一天喂羊肠10两，每年秋季皇帝到南苑去行围射猎，有上万人的射猎队伍随侍。行围射猎后，要举行庆功宴会，宴会上艺人演奏乐曲。

东北吉林、黑龙江一带，尤其是宁古塔，是盛产名鹰的地方，这些地方是向清廷进献鹰鹞的基地。那时有专以捕鹰为生的鹰户。元、明两代之猎户都有进贡的数额。据说捕捉一只海东青献给朝廷，可以折银30两，另外还赏银10两、毛青布20匹。清朝王公贵族、八旗子弟以鹰为戏，争购名鹰，名鹰价格昂贵，一只名鹰价值白银一二百两。清初时，一石小米不值5钱银，而一只海东青竟值30两，一只海东青相当于6000斤小米，一只名鹰相当于两三万斤小米。

下面介绍南苑里的几种禽鸟。

鹰，鸟类的一科，一般指鹰属的鸟类，上嘴呈钩形，颈短，脚部有长毛，足趾有长而锐利的爪，性凶猛，捕食小兽及其他鸟类。

鹞（yào音要），雀鹰，鹞鹰、鹞子，都是雀鹰的通称。

鸦，鸟类的一属，全身多为黑色，嘴大，翼长，脚有力，常见的有乌鸦、寒鸦等。

鹘（hú音胡），同隼（sǔn音损），鸟类的一科，翅膀窄而尖，嘴短而宽，上嘴弯曲并有齿状突起。飞得很快，善于袭击其他鸟类，是凶猛的鸟。

雉（zhì音至），形状像鸡，通称野鸡，有的地区叫山鸡。猎场草深处多雉，肉肥惊人，高飞不能及远，重阳节后瘦不中食。

野鸭（郭耕·摄影）

鸿雁

野鸭，野生的鸭，形状跟家鸭相似，雄的头部绿色，有亮光，背部黑褐色，两翼有蓝色斑点，雌的全身褐色。吃小鱼、贝类及植物的种子等。也叫凫或绿头鸭。

白鹭，鹭的一种，羽毛白色，腿很长，能涉水捕食鱼、虾等，也叫鹭鸶。

斑鸠，鸟，身体灰褐色，颈后有白色或黄褐色斑点，嘴短，脚淡红色。常成群在田野里吃谷粒，对农作物有害。

天鹅，鸟，形状像鹅而体形较大，全身白色，上嘴分黄色和黑色两部分，脚和尾都短，脚黑色，有蹼。生活在海滨或湖边，善飞，吃植物、昆虫等，也叫鹄（hú音胡）。

苇柞子，一种鸣禽，全身鼻烟绿色，嘴长会学水虫声，常在水塘深处苇丛中筑巢生活，因而得名。

南苑有20多处湖泊，凡湖泊之处必有成片芦苇，众多水鸟。新宫村北有一湖泊名“卡伦圈”，因湖中多蛤蜊，群众俗称“蛤蜊圈”。蛤蜊圈水面100多亩，水深1米左右，生有大片芦苇、蒲草，四周多柳树、榆树，水鸟成群，有野鸭、苇柞子、大麻鸭、小麻鸭、白天鹅、四声杜鹃（光棍好过）、中杜鹃（布谷鸟）、鹭鸶（俗称长脖老等）、大雁、乌鸦、寒鸦（小山老鸹）等。湖泊里有鲫鱼、白鲢鱼、黑鱼。那里蛇也很多。

明清时期，对苑内的动物管理严格，如有损害动物者处以重罚。对杀死黄羊者，刨房撵出，扫地出门，驱逐出苑；对杀死鹿者，处以杀头之罪。元时规定大都800里范围之内禁止百姓捕兔，如在禁地捕鸟、围猎重加处罚。封建统治者可任意射猎各种动物，却禁止老百姓捕捉禽兽，在京城800里地区逮兔子也为犯法，真是“只许州官放火，不准百姓点灯”。明《英宗实录》记载:“南海子先朝所治，以时游观，以节劳佚。中有树艺，国用资焉。往时禁例甚严，比来守者多擅耕种其中，至私鬻（yù音玉，意为卖）所有，复纵人刍牧。其节榜谕之，违者罪无赦。”《鸿雪录》记载:“南海子本元之飞放泊。元制大都八百里以内，东至滦州，南至河间，西至中山，北至宣德府，捕兔有禁。以天鹅、鸴鸹、仙鹤、鸦鹘私卖者，即以其家妇子给捕获之人。有于禁地围猎为奴婢首出者，断奴婢为良民。收住兔鹘向就近官司送纳，喂以新羊肉，无则杀鸡喂之。自正月初一日至七月二十日禁不打捕，著之令甲，其苛政如是，亦异乎文囿之刍荛雉兔者已。”

清末以后，有的人在南苑树林旁拉网逮鸟，对捕捉的乌鸦、喜鹊、寒鸦、长脖老等鸟煮熟后到城里去卖。南苑地区在旧时迁徙的鸟类也很多。春天往北飞的、秋天往南飞的大雁，排成人字形或一字形队阵，成群结队在空中飞行。深秋时节，寒鸦数千数万成群飞行，遮天蔽日，看不见头和尾。新宫村有一梁姓人家每年秋天撒网逮寒鸦，自己加工煮熟后贩卖，能获一些收入，维持生计。20世纪50年代还有大雁结队群飞，80年代还有寒鸦成群飞，现在却看不到那样的景观了。

20世纪50年代，南苑还是湖水荡漾、芦苇丛丛、水鸟成群的景象。当时贺龙、陈毅两位元帅，曾多次在星期天到大泡子钓鱼。1957年党号召“除四害”（麻雀、老鼠、苍蝇、蚊子），新官村小学学生李某，放学后到蛤蜊圈去掏水鸟蛋，当作麻雀蛋交给老师，每次能掏几百个鸟蛋，为此得到学校多次奖励的笔记本。小龙河盛产甲鱼（鳖），20世纪60年代前常有人用鱼叉捕甲鱼，儿童可捉小甲鱼。2001年笔者采访了槐房村孟海林，他介绍说：“1958年冬挖一号水库（即一亩泉），挖到泉眼时，挖出成堆黑鱼、鲇鱼，约有几千斤，有些人把鱼拿回家吃，也有的误认为食用这些无鳞鱼对身体不利，就没要。”孟海林还谈了大泡子禽鸟情况：“二十世纪五六十年代，大泡子水面大，周边都是芦苇和蒲草，大泡子鸟特别多，成群飞翔。有野鸭子、野鸡、苇柞子、古等鸡、鹭鸶等，这些鸟在芦苇、蒲草的半截处搭窝下蛋。大泡子鸟多、鸟窝多、鸟蛋多。我们常到大泡子去玩、捡鸟蛋，在大泡子转一圈能捡半筐头鸟蛋。古等鸡鸟蛋为花色蛋，一窝有10来个，比鸭蛋还大，炒着吃特别香。大泡子有许多鱼和王八（乌龟和鳖），一个王八窝里有三四十个蛋。”2009年4月笔者访问了槐房村村民于嘉义，他说，1972年久旱不雨，有一个星期天，我和初一同学张建生一同骑自行车到大泡子去玩，大泡子存水较浅，岸边露出底部，能见到蛤蜊由岸边向湖中爬行的痕迹，顺着痕迹能找到埋在泥中的蛤蜊。大蛤蜊有40厘米长、25厘米宽，单个重10多市斤，蛤蜊纹有110道，说明蛤蜊寿命为110年了。他俩每人逮了10多个，用自行车驮回家，炖着吃了。于嘉义还在小龙河里逮过王八，在岸边捡过王八蛋。

南苑的麋鹿

麋鹿是我国特有的动物

我国在世界产鹿国家中，是唯一一个具有特有鹿属和特有鹿种的国家。麋鹿（满语为堪达罕），就是我国所产鹿科动物中珍贵的特有鹿属和鹿种之一。

根据出土的麋鹿化石资料和文献记载，我国曾经有过4种麋鹿。北起辽宁康平，南迄浙江余姚，西至山西襄汾，东达沿海和岛屿，都是鹿群活动的广阔地域。著名的安阳殷墟遗址出土过很多麋鹿的骨角，江浙一带还出土过用麋鹿角制作的工具。这说明古代麋鹿早已成为先民们的狩猎对象了。

由于先民的大量捕杀，我国野生麋鹿种群就逐渐在原野上大量减少。但古代中国曾把麋鹿作为一种观赏鹿种囿养在鹿苑之中，所以至明清时期，在北京城南的皇家苑囿南海子里，还保存着数量不多的麋鹿种群。

麋鹿的经济价值高，鹿茸、鹿胎是珍贵的药材，鹿脯、鹿肉、鹿尾等又是营养价值极高的补品，可说麋鹿全身是宝。自古以来，从封建帝王到平民百姓，都把“狩鹿”作为一项兼具体育性、社交性、娱乐性的重要活动。

麋鹿具有奇特的外表，极易引起人们的“猎奇”之心。麋鹿体长2米多，肩高1米多，毛色淡褐，背浓腹浅，4月末至5月初换成夏毛，红棕色；8月间又脱毛，换成冬毛，灰棕色。幼仔橙黄色，有淡黄色斑点，十分美丽。雄麋鹿较大，体重可达150公斤，长有一对80厘米以上的美丽的角。角的前枝发达再行分叉，后枝长而直，普通不再分枝。雌麋鹿较小，体重在100公斤以上，毛长且密，无角。麋鹿的尾巴很长，有丛毛，毛末端超过后腿的踝关节。雄的尾巴长可达80厘米，雌的尾巴长在60厘米以上，所以人们又把麋鹿叫作“大尾鹿”。麋鹿的鹿蹄宽大，可在沼泽地中奔走如飞。更奇的是，它的角像鹿而非鹿，颈像驼而非驼，蹄像牛而非牛，尾像驴而非驴。民间俗称麋鹿为“四不像”，把它看作一种“怪兽”。

麋鹿从旧石器时代起就与中国人的祖先发生着密切的关系。麋鹿作为射猎、食肉、观赏的对象，在原始人类的遗址中，常见到大量麋鹿的古骸标本。在当时生产工具极其落后的条件下，甲骨文记载的一次猎麋鹿的最高纪录，竟达384只，由此也证明当时麋鹿数量之多。

麋鹿作为观赏动物的历史，几乎是与人类最初的生产活动同时产生的。古代人在狩猎活动中，有时候一次猎获的麋鹿很多，一时又吃不完，于是就把那些活着的麋鹿暂时圈养起来，留待以后食物匮乏时再宰杀食用。这可能就是后期鹿囿或鹿苑的雏形，但这时的鹿囿仅仅起到储存食品的仓库作用。由于狩猎活动使麋鹿种群日益稀少，“物以稀为贵”，再加上麋鹿奇特的外表、驯服的性格，于是麋鹿在人们心目中的价值才珍贵起来。天子诸侯纷纷修筑鹿苑，把麋鹿作为珍贵的观赏鹿种囿养起来。古代秦有贝囿，郑有原囿，齐宣王为了保护自己鹿囿中的麋鹿，甚至制定一条刑律，“杀其麋鹿者，如杀人之罪”。可见当时人们对麋鹿的观赏价值已经有一定的认识。

我国北方少数民族以游牧生活为主，性好射猎。辽、金、元朝统治者的游猎活动的主要内容之一就是射鹿。每年秋季，都要举行“叫鹿围”（或称“呼鹿”）的狩鹿活动。狩鹿活动开始时，命猎人持用木或桦树皮制成的鹿哨，吹、吸成声，仿效公鹿的鸣叫声，引诱鹿群进入围中，加以猎杀。麋鹿是当时狩猎的对象之一，因此野生麋鹿种群濒于灭绝。自金代开始，禁止百姓在中都地区（今北京）射猎禽兽；元代又将大都周围800里之内划为禁猎区。这些举措客观上保护了北京平原上野生的麋鹿种群，但是麋鹿的数量已是极其有限了。明成祖定都北京后，又在城南皇家苑囿的南海子里择地辟建“鹿圈”，用以豢养繁殖麋鹿。大概从明代起，野生的麋鹿已经基本上灭绝，人们只能在皇家苑囿中才可以欣赏到麋鹿那奇特的身姿了。从此，开始了观赏鹿种的囿养历史，至今已有近600年。

清朝入主中原后，把南苑（即南海子）定为演兵习武的重要场所。清初设置南苑郎中等专门官员管理南苑事务，有1600余名海户负责农业种植和畜禽饲养，后又添设巡狩南苑九门和四面围墙的官兵，安设了南苑庄头、苑户、果户等，制定了一套完整的规章制度。为保护南苑内的珍禽异兽，满足

南海子麋鹿群（高星·摄）

封建帝王围猎和供奉内廷的需要，清廷除严禁百姓涉足南苑射猎，还采取了很多措施。其中主要的是经常在苑内栽种树木，限制开垦地亩，以及经常清除南苑内危害珍禽异兽的食肉动物，如鹰、雕、狼、狐狸等。康熙三十八年（1699）规定，凡在南苑内打得皂雕、虎斑雕、芝麻雕等，每只赏银1两；康熙四十八年（1709）十月奏准，南苑内打得狼一只，赏银5两。乾隆元年（1736）又奏准，在苑内打得狐狸一只赏银1两。而且康熙、乾隆、嘉庆皇帝等为清除南苑内“狼暴”，每年冬日在南苑围猎时，都把狼、狐等食肉动物列为主要捕杀对象，称之为“打狼围”。由于采取了这些积极措施，对南苑内的珍禽异兽起到了很好的保护作用。经过数十年的经营，南苑内草木葱郁，百鸟翔集，珍奇的麋鹿在这里迅速繁衍。据清代史料记载。康熙皇帝每次于南苑行猎合围时，其他野兽不算，仅围中的麋鹿就达数百头，由此可见当时南苑内的麋鹿数量已是相当可观了。史料记载，乾隆四十二年（1777）南苑的麋鹿有400头。清朝对偷猎麋鹿采取严厉惩罚措施。乾隆二十八年（1736）夏季的一个夜晚，几位清军守卫士兵正沿着海子墙巡逻，忽然听到远处一声枪响，寻声而去，至一庄院，熊熊烈火旁，但见有几人正在屠宰剥剔一只麋鹿，清军士兵当即将犯人捉拿带走。经审，为首者叫王安，经报奉宸苑总管，立即上报乾隆皇帝，下旨将王安等涉嫌偷猎人员各鞭八十，以示严惩。

清同治四年（1865年），法国传教士阿芒·大卫买通了南苑的看守官员，在1866年1月将弄到的两张麋鹿皮和两架麋鹿头骨偷运到法国巴黎自然历史

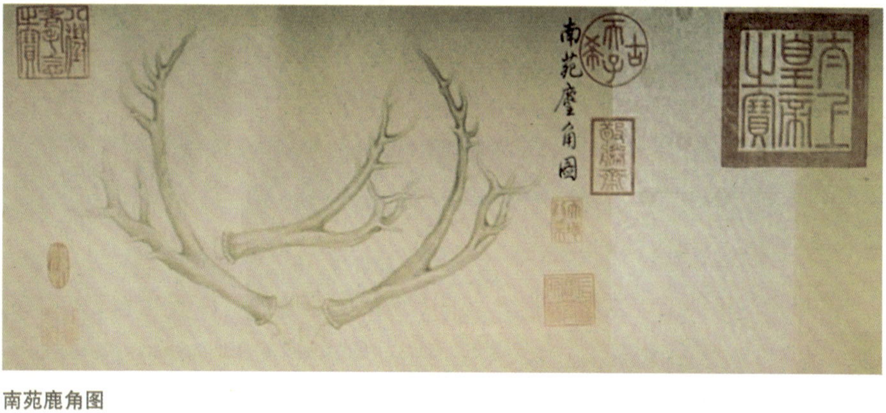

南苑鹿角图

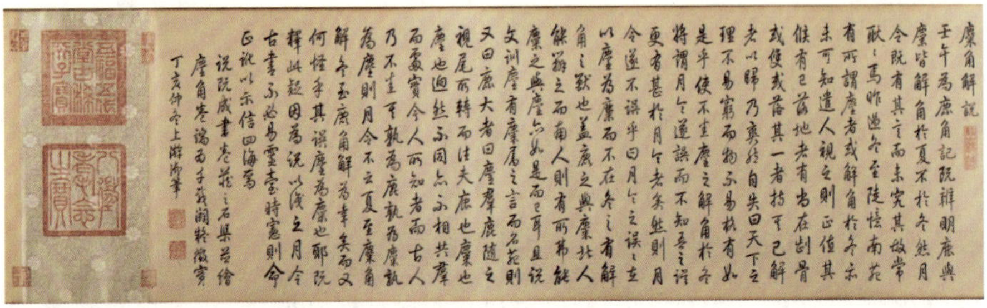

清乾隆帝御笔《鹿角记》（现藏于美国纽约大都会博物馆）

博物馆，引起了动物学家的极大兴趣。经鉴定，确认这是世界上从未发现过的新鹿种，按照动物学界的惯例，以“发现者”的名字定名为“大卫鹿”。这一消息轰动了世界。从此，北京皇家苑囿南苑里的珍贵麋鹿就成为帝国主义列强的觊觎对象。从1866年到1876年的10年间，英、法、德、比等国驻清使节和教会人士，通过明索暗购等种种手段，从北京南苑先后弄走几十头麋鹿运回本国展览。直到清光绪十三年（1887），日本国臣僚榎本武阳会昭清朝出使日本大臣徐承祖时，还提出“南苑内有一种野兽叫四不像，日本向无此兽，本国君主极为歆慕，欲得之以扩眼界，恳请见赐一对”的要求。清廷便知照内务府奉宸苑办理赠送麋鹿事宜。由此可见，早在清朝末年，麋鹿就已名扬中外，成为世界闻名的珍贵动物了。

从19世纪70年代到20世纪初的二三十年间，麋鹿的遭遇十分悲惨。作为当时世界上唯一种群的北京南苑的麋鹿种群，连续遭到浩劫和不幸。1890年，永定河决口泛滥，北京城南一片泽国，洪水从海子北墙九空闸冲进海子里，多处苑墙被冲塌，黄羊、麋鹿冲出苑墙，四下逃散，不少被附近农民捕食。水灾过后，清廷把残留下来的120多头麋鹿圈在团河行宫草地喂养。1900年，八国联军侵入北京，南海子里的麋鹿遭到了侵略军的野蛮屠杀和抢掠。在这场浩劫中，皇家猎苑囿养南海子麋鹿种群的历史中断了。

英乌邦寺庄园集中饲养麋鹿

1900年8月被掠往欧洲一些国家的中国南海子麋鹿，由于生态环境的变化，面临着灭绝的威胁。这时，英国热心动物事业的贝德福特公爵十一世，意识到这种珍贵的鹿科动物正处于濒临灭绝的危险境地，就出高价把散居在巴黎、柏林、科隆、安特卫普等地动物园内的18头麋鹿全部买下，先后运回英国，放养在他家景色秀丽、水草丰茂的乌邦寺庄园内。

乌邦寺在伦敦北72.4公里处，是英格兰地区对公众开放的7座著名的古典园林建筑之一。它是英王爱德华六世在1547年赐封给大臣约翰·罗素，也就是后来贝德福特公爵的采邑。乌邦寺所处的地理环境与北京南苑略同，气候分明，景色秀丽。园内芳草萋萋，林木葱茏，中间是弯弯曲曲的车道，一边是一片广阔的湖水，清澈如镜，另一边是一组呈四方形的浅褐色古典建筑群。由于这里自然环境很好，乌邦寺庄园放养得法，因此从巴黎、柏林等地收集来的18头麋鹿逐渐繁衍生息，到1948年乌邦寺庄园里的麋鹿已经有255头之多了。据1982年调查，全世界各国动物园中的麋鹿总数1100多头，所有这些麋鹿大都是原来生活在乌邦寺庄园中的那18头麋鹿的后代。

1956年春，为了发展英中两国人民的友谊，英国伦敦动物学会赠送给我国北京动物园两对年轻麋鹿；但由于饲养环境不适宜，未能顺利地繁殖后代。1973年底，英国又赠送我国两对年轻麋鹿。到1984年春，我国共有麋鹿12头，其中在北京动物园的有9头。由于环境条件所限，要发展和复壮我国的麋鹿种群，还存在许多实际困难。

1979年以来，著名动物学家谭邦杰在《光明日报》《大自然》等报刊上接连发表文章，多次呼吁把流落国外的麋鹿引回中国，为麋鹿重建家园，恢复我国珍贵的麋鹿种群。他的倡议得到了英国乌邦寺庄园的主人塔维斯托克侯爵、卡洛特先生和英国牛津大学动物专家波依德博士的热烈响应。1984年11月，塔维斯托克侯爵决定，将22头麋鹿无偿赠送给我国。我国有关方面邀请著名生物学家和生态学家对此做了可行性的科学论证后，一致认为，无论从文化历史意义，还是从自然生态环境考虑，北京南郊明清皇家苑囿旧址仍是麋鹿生息的理想地点。塔维斯托克侯爵在来信中充满友好情谊地

中国麋鹿在英国乌邦寺庄园

说:“对我和我们家族来说，能与中国合作将麋鹿重返故园，的确是一件极为令人振奋的事情。”1985年2月27日晚，中国麋鹿引进小组与英国乌邦寺庄园代表于北京自然博物馆草签了关于麋鹿引进的协议书。同时在伦敦，塔维斯托克侯爵与中国驻英使馆代表也在协议书上草签。协议书商定，英国乌邦寺赠送给北京南海子麋鹿苑的22头麋鹿，由中国负责南海子麋鹿苑的基本建设，双方组成联合专家小组，对麋鹿引回中国后的健康繁衍，进行麋鹿的生态生物学和行为生物学的比较研究；在稀有物种的保护方面，南海子麋鹿苑与英国乌邦寺庄园将探讨长期合作的可能性，等等。“麋鹿还家”是一项重要的自然保护项目，这在拯救濒危物种的一个伟大之举。对此，国际上曾评论说:“将一个物种如此准确地引回它们原栖息的地方，这世界上的重新引进项目中堪称独一无二。”麋鹿重返家园，不仅有助于这一珍稀物种的保护，也加强了中英两国人民的友好关系。

南海子麋鹿苑与麋鹿还乡

1985年5月，位于北京大兴北部的南海子麋鹿苑开始兴建。北京明清皇家苑囿南海子里原来有5处比较大的“海子”，如今大部分“海子”都已改建成养鱼池，只有三海子中部900余亩的湖沼荒原还保留了原来的自然地理景观。三海子中部湖面呈葫芦状，约500亩，湖岸四周垂柳成荫，碧野铺芳，湖滨芦苇摇曳，野鸭灰鹤等10多种水禽在湖面嬉戏。风光秀丽，景色优美，确是麋鹿繁衍和栖息的理想环境。按照中英双方协议书要求，南海子麋鹿苑内开辟了300多亩牧草种植场；对水域进行了治理；陆续修建了鹿舍和科研站等，为麋鹿的生息繁衍提供了良好条件。

1985年8月24日，一架银白色的巨型飞机满载中英两国人民的友谊，把22头麋鹿（其中2头转送上海市动物园）从英国乌邦寺安全运抵北京，当晚便转运到南海子麋鹿苑，实现了麋鹿重返家园的夙愿。麋鹿在南海子麋鹿苑隔离检疫期间，鹿群很快就适应了新的生活环境和北京的气候，食量增加，膘肥体壮，并换上了冬毛。11月11日下午，中国城乡建设环境保护部和北京市人民政府负责同志与英国乌邦寺庄园的主人塔维斯托克侯爵在南海子麋鹿苑举行了隆重的放鹿仪式。20头麋鹿欢快地奔驰着，逐渐消失在草场深处。

它们百余年来的遭遇，与祖国的命运可谓息息相关。清朝末年，国运衰微，天灾人祸，致使麋鹿流落异国他乡。120年后的今天，曾饱经忧患的祖国政通人和，百废俱兴，麋鹿重返家园的夙愿才得以实现。这是一件多么具有历史意义、值得庆贺的事啊！

散养在南海子麋鹿苑内的20头麋鹿，在草场内自由觅食，长势很好。1986年夏季，南海子麋鹿苑内的麋鹿群开始进入发情期，由于一头雄麋鹿体魄强壮，把其他4头雄麋鹿逐出鹿群，统治了整个母鹿群并与之交配。据观察，当年有14头母鹿受孕。麋鹿是一种具有高度季节性繁殖的动物，母麋鹿怀孕期长达九个半月（一说10个月），这在所有的鹿科动物中是最长的。经过一个寒冷的冬季，1987年3月下旬，从英国乌邦寺回归故园的第一批麋鹿开始分娩，有10头小麋鹿平安降生，为南海子麋鹿苑增添了新的“居民”。初生的小麋鹿体毛呈橘红色，上有白斑，吻部黑亮，平均体重11.5公斤，十分活泼可爱。

为了加快南海子麋鹿苑内麋鹿种群的繁殖和复壮，1987年9月8日，英国乌邦寺庄园又赠送给南海子麋鹿苑18头雌麋鹿。80多年前，英国贝德福特公爵十一世挽救了这一濒临灭绝的珍稀物种；今天，他的曾孙塔维斯托克侯爵

南海子麋鹿苑之麋鹿群（尹建中·摄）

麋鹿与野鸭同游（新旭·摄）

为发展中英两国人民的友谊，为恢复南海子麋鹿苑麋鹿种群，又做出了新的重大贡献。到1998年春，南海子麋鹿苑内已经拥有170多头麋鹿。按照发展规划，还将把这种珍稀动物赠送给我国的香港、澳门、台湾等地进行繁养。近年，一批鹿科动物如驯鹿、白唇鹿、獐等也来到麋鹿苑内安家落户。

目前，北京自然博物馆和北京南郊农场联合在这里建立了北京麋鹿生态试验中心，将把南海子麋鹿苑建成一个多样性的、稳定的、有效的生态系统，在这里开展以麋鹿为主的野生生物物种保护方面的研究，把这里建成我国第一座以散养方式为主的麋鹿自然保护区。

除北京南海子麋鹿苑外，我国还建立了两个麋鹿自然保护区：湖北省石首市天鹅洲麋鹿自然保护区、江苏省大丰县麋鹿自然保护区。这两个麋鹿自然保护区内的麋鹿大都是由北京南海子麋鹿苑引进而发展起来的。天鹅洲麋鹿自然保护区，有2.3万亩沼泽地，1993~1994年分两批引进64头麋鹿，1995年全部投入自然放养，生长繁殖良好，很快发展到100多头。1986年8月在江苏省大丰县建起了麋鹿自然保护区，总面积5万亩，英国伦敦动物园等单位赠送39头麋鹿，散放在保护区内。

2009年1月，科技工作者在洞庭湖发现了27只的麋鹿群。这些麋鹿的来由是这样的：1998年大洪水冲垮了石首麋鹿保护区的围网，先后有4只麋鹿跑出了保护区，顺着长江大水游到了洞庭湖，在这里安家，又经过10年时间，种群已发展到50多只。这是国内唯一一群自然野化的麋鹿种群。全国已建立38处麋鹿外迁地保护种群，麋鹿数量达到1800只左右。

到2017年，全世界麋鹿已发展到6600多头。

（作者李丙鑫，编者有补充）

猛禽海东青

南苑是元、明、清三代的皇家苑囿，主要功用是围猎。围猎项目，一是骑马箭射黄羊、鹿、兔等动物；二是纵放海东青捕捉天鹅、大雁等禽鸟。帝王纵放海东青时，都要站在晾鹰台或其他9座封土堆上进行。海东青是何种禽鸟呢？

海东青为鹰的一种，羽毛黑色，出入于黑龙江、乌苏里江入海处。海东青不是它的学名，它学名为隼。海东青是一种强有力的大型猛禽，体长1米左右，体重2千克左右，嘴呈钩状，视力很强，腿部有羽毛，善于捕捉水禽小兽。海东青为羽族中的“猛虎”，飞行能力强，日可飞行2000余里。海东青无巢穴，随处而居。繁殖期为5~7月，每窝产卵通常3~4枚，卵重70克左右，孵化期为28~29天，孵出后由亲鸟共同抚养46~49天后才能离巢。海东青以爪白者最为名贵，为朝廷贡品。《本草纲目》记载：“雕出辽东。最俊者谓之海东青。”《古今图书集成·禽虫典》印有海东青图，并载：“登州海岸有鸟如鹘，自高丽飞渡海岸，名海东青，击物最健，善擒天鹅，飞时旋

郎世宁绘《白海青图》

风直上云际。”海东青产于黑龙江下游及附近海岛，驯服后可成为珍贵的狩猎工具。人们捕获海东青后，经驯化可捕捉鸟类。发现猎物后，海东青两翅一收，突然急速俯冲而下，像投射出的一支飞镖，径直冲向猎物，可称为“北方空中霸王”。远在辽代，就以海东青捕捉天鹅为皇帝春猎的重要项目。辽人经常通过女真地区征索，给女真人带来很多烦扰，以致成为女真人抗辽的原因之一。金、元时，女真、蒙古贵族也有用海东青捕猎的风俗。元、明、清时，南苑成为帝王纵放海东青的重要场所。

元代熊梦祥《析津志辑佚》对海东青做了详细的介绍：海东青从很远的海外经过七八天长途飞翔到达辽东。其书曰：

辽东海外隔数海而至，常八月十五渡海而来者甚众。古人云：疾如鹞子。过新罗（朝鲜古国名）是也。努儿干（古地名，其范围含东北广大地区）田地.是其渡海之第一程也。至则人收之，已不能飞动也。盖其来饥渴困乏，羽翮不胜其任也。自此然后始及东国。有制，犯远流者，至此地而能获海青者，即动公文传驲而归，其罪赎矣。尝诹昔宝赤云，海青之外一翅，七日或七八日始得至努而干，其气力不支或饥而眼乱者多溺死。凡能逮此地者，无不健奋。故其于羽猎之时，独能破驾鹅之长阵，绝雁鹜之孤蹇褰，奔众马之木鱼，流九霄之毛血。云间献奏，臂上功勋，此则海青之功也。论其贵重，常以玉山为之。欲其爪冷，庶几无病，冬月则以金锈拟香墩与之立。夜则少令其睡。其替毛观其粪条，揣其肥瘠，进食而加减之。二替者则又有其说也。按食之际加药食次第焉。其首笼帽，多奇巧金锈，以小红缨、马尾为束紧之制。爪脚上有金环束之，系以软红皮系之，弗以红条，皆革也。若欲纵放，则解而纵之。横飞而直上，可薄云霄。昔宝赤者，国言养鹰之蒙古名，亦一怯薛请受而出身之捷径也。夫事鹰鹞之谨细养护过于子之养父母也。于是松云子为之歌曰：饥饱有则，调摄有时，有添心补心泻心之法，有布轴毛轴药轴之施。飞则击鼓敲鱼以助其力，收其俯摹解渴以驻其饥，一出二出为止，一替二替三替为奇。海青则立乎饥玉山，鸦鹘则立乎绣皮，撇条验其肥瘠，补翅助其奋飞。海青亦有数种，玉嘴玉爪为稀，黄鹰仍有几般，黄眼黑眼为异。养喂之效，备见于斯，松雪是说可采。乃亦想其庶几援翅者，以其翅别取翅接而补之。白海青，白上有黑点者。

清代对捕捉海东青献给皇帝者有重赏。据说，上缴一只海东青，可以免缴公粮折银30两，另有赏银10两、毛青布20匹。犯罪者捕获一只海东青，上交后可减刑或释放。

海东青受到人们的喜爱。元代取海东青飞速快之意，对燕京至济南的交通驿站名海青驿。《元史·世祖纪》载："敕燕京至济南，置海青驿，凡八所。"许多诗人写有赞颂海东青的诗篇。唐代著名诗人李白有"翩翩舞广袖，似鸟海东也"的佳句。唐代韩愈《南山》诗中有"或宛若藏龙，或翼若搏鹫"的句子。

元代刘静轩《题白海青诗》：

皂雕赤鹞世纷纷，羽翮何如白锦文。

东海飞来一点雪，西风透入万重山。

老拳独击头鸦脑，俊目仍看狡兔群。

玉食所需谁可得，夜来丹诏赐元勋。

又有《海东青诗》：

扶余玉爪旧曾闻，青鸟犹霑海气吞。

海上风标有如此，眼中神俊更怜君。

平芜未洒头鹅血，春水唯开猗骑门。

过眼昏鸦莫回首，霜拳高兴在层云。

元代大学士陈熙山有《海东青诗》：

怒挟天风海外来，脩翎如剑斫云开。

翻身陟上千寻起，得隽雄攀一点回。

万里老拳无脱爪，满韝英气不凡材。

山狡野雉休回首，神物无心到草莱。

明代诗人吴伟业《海户曲》诗中描写了海东青的活动情景：

蓬莱楼阁云霞变，晾鹰台上何王殿？

传说新罗玉海青，星眸雪爪飞如练。

明代魏之秀有《晾鹰台诗》：

晾鹰台回接沤汀，民乐成歌囿诏灵。

七十二桥虹影渡，骑郎争放海东青。

康熙二十一年（1682），康熙皇帝在南苑阅兵，当他看见臂架海东青的御林军从身边飒爽走过的时候，龙颜大悦，马上写了一首赞美海东青的诗，其中有“羽虫三百有六十，神俊最数海东青。性秉金灵含火德，异材上映瑶光星”的诗句。此诗夸耀了海东青性情刚毅而激猛，拥有一双无比矫健的翅膀、两只锐利的眼睛，奋飞九天而不知疲倦，高瞻远瞩而从不迷失方向，力大如千钧击石，翔速如闪电雷鸣，其优秀品质可与天上的星星相辉映。

乾隆皇帝有《海东青行》：

鸷鸟种不一，海青称俊绝①，
摩空健翮上层霄，千里下击才一瞥②。
当其脱韝始纵时，风力未会迟飞掣③，
群燕缘扑或坠落，何异淮阴胯下气且折④。
鹰鹯之雏可罹罿，海青之雏得未逢⑤，
闻之育卵大海青，追逐天鹅入云中，
回顾忽失故国踪，海东青，
尔不远为利，尔不高腾空。
安得受制于人垂头仰饲居樊笼⑥！
王孙莫恨未央宫⑦！

注：作于乾隆十七年（1752）。海东青是雕类的一种，产于辽东，是满族常用于捕猎的助手。满族入关后仍有驯养海东青的习惯。宫中专设鹰狗处，“豢饲御前鹰狗，以备搜狝之用。”此诗则通过海东青之久困樊笼，反映了不愿受制于人，志在高蹈的意向。

①鸷鸟二句：海东青为猛禽中的佼佼者，体小而黑，迅疾异常。鸷（zhì）鸟：凶猛的鸟，如鹰、鹯之类。

②摩空两句：形容飞行迅疾，捕物凶猛。健翮（hé）：指鸟羽劲健而善飞。翮：鸟羽。

③当其两句：海东青从驯鹰者的护臂上起飞时，未得风之助，所以显得比较迟滞。韝（gōu）：臂套。驯鹰者于臂上置皮套，以备鹰之暂栖。掣（chè）：牵动、掣肘，指受到限制。

④群燕二句：指海东青于低空中有时还会受到燕雀之辈的欺侮，这情形与当年受到胯下之辱的韩信有什么两样？淮阴：韩信，汉高祖刘邦的开国重臣，封淮阴侯。韩信微时，曾受到恶少的欺侮，韩信从他的胯下钻过去。

⑤鹰鹯二句：鹰鹯一类的幼雏有时被罗网捕获，海东青的幼雏却从来没有捉

到过。鹯（zhān）：猛禽名，形似鹞，体青黄色。罹罿（lítóng）：遭到网的捕获。罹，遭难；罿，捕鸟的网。

⑥尔不三句：海东青为口腹微利却身陷罗网，屈居樊笼而仰人鼻息。比喻世人为蝇头微利营营奔走，终不免受制于人。

⑦王孙句：意为王孙贵戚骨肉相残，身遭屠戮，都是因为宫中的权势之争，这又能怨谁呢？未央宫：汉宫殿名，在今陕西省长安县，为汉高祖刘邦之相萧何所营建。高祖、武帝时都有屠戮功臣、骨肉相残的事。此处的未央宫隐指其事，比喻贪图禄位的可悲下场。

用海东青捕捉水禽小兽始于辽代。辽代，以海东青捕天鹅为皇帝春猎的重要项目。金、元、清三代，女真、蒙古、满族贵族也有用海东青捕猎的习俗。元、明代有著名的《海青拿天鹅》的琵琶大曲，此曲简称《海青拿鹤》。全曲18段，描写猎鸟海东青捕捉天鹅的情景，音乐雄健活泼，颇有特色。

现在海东青定为国家二级保护动物，分布于新疆、青海、东北、辽宁瓦房店等地，极为罕见。在内蒙古乌兰察布市境内有海东青同类猎隼，头上白毛、身上白点者为极品，价值万元以上。

南苑里饲养的牛马鹿羊

清代，为了满足帝王狩猎和皇宫生活的需要，在南苑内饲养着牛、马、鹿、羊。

《大清会典》记载："南苑则畜獐鹿，苑中鹿麋黄羊孳育蕃息，又每岁由马兰总兵盛京将军交进者无定额，俱在苑畜放，以备临幸焉。"南苑内设有牛圈3所、供乳饼圈1所、马厩6所、鹿圈1所、羊圈2所。这些养畜圈数、头数，各个时期有增减。乾隆三年（1738）"又议准南苑三续牛圈现养牛四百八十二。豫备内圈更换，本属有余，应每圈定为一百，余牛一百八十二送往张家口收养"。乾隆三十五年（1770）"奏准南苑三牛圈每日应交牛乳一百二十斤，酌减一半，交乳饼圈牛乳六十斤"。内庭各宫殿寺庙，每年所用大白乳饼，均由南苑乳饼圈成造交进。在南苑地图上新衙门行宫南、二海子南有牛圈。据《奏销档》记载：各坛庙大祀牛只于祭祀前7个月前由南苑放牧，牺牲所一年合计共实喂过牛34299只。南苑共喂黑牛8850只。

清朝重视马匹，一是军用战马，二是皇帝官员骑乘。清代凡从军者，无

郎世宁《百骏图》局部

论马兵、步兵、炮兵、弓箭兵、鸟枪兵均为一人一马，其马额与兵额相同。清朝入关时有20万匹马。清皇宫设有御马监（上驷院），是专门管理马匹的官署。京城御马厩有16处：禁城4厩，皇城内5厩，京郊7厩。京郊7马厩中除西郊安河村1厩外，其余6厩都在南苑。南苑是京城御马的重要基地。清朝镇压太平天国革命运动时，曾一次从南苑调出战马1400匹，由此可知南苑养马规模之大。南苑御马厩无定额。南苑在康熙年间，6个御马厩每厩养马200匹（分御马、内用马、桐马、腾马、牝马、驾马），"每厩附巡群马三十匹，牝马十群，每群二百匹"。南苑除厩马之外，另附一"桐马群"，群内腾马10匹，牝马84匹，因系种马，皆极骏健。牝马并按时取乳，以哺马驹。京城"御马驼厂"中，是唯一主蕃育驯养者。南苑除6处御马厩外，各行宫还有附属马圈。据《大兴县要事纪年》记载，民国年间《京兆公报》413期记录："据清室办事人员声称，南苑新宫、旧宫、元灵宫、团河宫暨附带之马圈各处房舍，前已屡经改变，时有土棍地痞任意拆毁。"

有关历史文献对清代南苑养马业的单位，有的称厩，有的称圈，厩和圈是否相同呢？关于马厩、马圈的名称，经查《现代汉语词典》《辞海》解释基本相同。《现代汉语词典》解释：厩为马棚，泛指牲口棚；《辞海》解释：厩为马房。《现代汉语词典》解释：圈为养猪羊等牲畜的建筑，有棚和栏；《辞海》解释：圈为畜栏。

南苑御马厩在南海子的具体地点，史书上没有详载。据北京图书馆藏之4幅清代光绪年间（1900年、1908年各两幅）色绘《南苑全图》（其中一幅名《南苑图式》）标明，在大红门东南、西南有“马圈”，在庑殿村东、村西有“马圈”，《南苑图式》标明，在新衙门行宫东南有“马圈”。庑殿为御马厩有文字记载，新宫御马厩在新中国成立初期尚有遗迹。乾隆帝在《海子行》中写道：“胜朝庑殿但存名，颓垣落桷埋榛荆。葺为驷厩飞龙牧，时得良骑出俊英。”说明庑殿在明朝是行宫，到清朝成为出良骑的养马场。据《内务府来文》记载：“清咸丰十年（1860）至十一年三月二十日止，南苑合计养军需马六万一千九百二十七匹。”“清同治二年（1863）九月二十七日起至三年三月三十日止，南苑共合计喂养军需马二万八千八百一十九匹。”“清同治七年（1868）夏二季，南苑出青汉牧军需马二万六千四百九十二匹。”

笔者多次采访新宫村董广聚老人（1923年生人），他回忆说：新宫村东头是御马厩旧址，在新中国成立初期尚存马圈围墙遗址，周长500多米，其面积约30亩。在20世纪30年代初期从御马圈旧址运回村中水井旁两个饮马石槽，其中一个大者，是用一整块青石雕成的，长约250厘米，顶宽50厘米，底宽40厘米，高70厘米，底部两端边缘各有一个漏水孔，作为放水用，这个饮马槽可同时供6匹马饮水。还有一个为1米见方的汉白玉质的饮马槽。这两个石槽开始作为农户饮牲口用，农业合作化后，生产队用它清洗上市蔬菜。这两个饮马槽后来废弃不用，在建房时被埋入地下。大兴县政协退休干部李丙鑫著《北京皇家苑囿南海子》记载了新宫饮马石槽：“1984年笔者到新宫调查时，尚存有一个石饮马槽，长2.9米，宽0.75米，高0.5米。上刻‘新宫村公物民国十五年纪念’。据孙荣贵（男，满族，是年70岁）介绍，此饮马槽是新衙门行宫遗物。”李丙鑫先生测量的饮马石槽数据与本人采访新宫村董广聚回忆饮马石槽的尺寸基本一致。大红门村农业经理郝正芳说：“20世纪50年代初期，在村东土沟里存有三个饮马石槽，有两个破损，就把一个完整的饮马

新宫村出土的御制饮马石槽

石槽（与上述新宫的大饮马石槽完全一样）运回大队牲口棚，供饮牲口使用多年。这个饮马槽后来下落不明，可能被埋入地下。”新宫和大红门两处饮马石槽可为御马厩之遗址的佐证。

2010年南苑乡新宫村在拆建房屋时挖掘出了埋在地下的清代行宫饮马石槽。这个石槽是新衙门行宫的遗物，在地下埋了约30年后重见天日，现存于新宫村卫生所院内。

笔者闻讯后前去观看并测量了饮马石槽的数据。饮马石槽长2.9米，上口宽0.75米，下口宽0.65米，高0.60米。槽帮厚13厘米，槽两端各有一个7厘米的放水圆孔。在饮马石槽槽帮上刻有“新宫村公物，民国拾伍年纪念”。笔者分析，这些字并非当初刻的，是民国十五年（1926年）刻上的。因为这些字是刻在糙面上，并不是刻在平面上。与饮马石槽出土的还有新宫村中水井上的井口石盖，石盖长2.12米，宽1米，厚0.2米，井口圆径0.32米。

在今大红门村西1.5公里处，有一“西马场”地名，新中国成立前称“小马场”，20世纪40年代的河北省大兴县地图和70年代北京市地图上标的是“马场”。据《北京市丰台区地名志》载：西马场“据传这里曾是明、清两代为皇帝养马的场所，供皇帝进苑骑用”。日本侵占南苑后曾在大红门东马场设立跑马场。民国十三年（1924）在西马场办了万国跑马场。西马场今有西马场、西马场南里、西马场北里3个居民区。

鹿是南苑里的主要动物。鹿为哺乳纲反刍类鹿科动物的通称。通常雄的有角（驯鹿雌的也有角），每年脱换一次；比较原始的种类，雌雄均无角(如麝、獐)。无上门齿。四肢细长，第一趾完全退化，第二、第五趾仅留痕迹。尾巴短，多无胆囊。毛多褐色，有的有花斑或条纹，听觉和嗅觉都很灵。白露后秋分前极肥，过此渐瘦。我国所产种类很多，有麝、麃、水鹿、梅花鹿、白唇鹿、马鹿、麋鹿、驼鹿、驯鹿、獐、麅（狍）等。麃为小型的鹿，通称麃子。

南苑养鹿历史较长，明永乐十二年（1414）就建有鹿圈。清代在南苑养鹿的地方有4处：鹿圈、饮鹿池、新宫鹿圈、团河宫。史书记载，鹿圈“额养鹿十五只，以备祭祀之用……如圈内鹿缺，即捕苑内之鹿补额”。鹿户18人负责养鹿捕鹿之事。乾隆五十一年（1786）将静宜园喂养的祭祀用鹿以及外地所进子鹿，交由南苑鹿圈喂养。双柳树小海子有南北饮鹿地，小海子作为麋鹿散养保护区，并制定了一套完整的规章制度。据新宫村的老者介绍，在新衙门行宫西边建有鹿圈，旧址在今新宫村北部，老大队院子处（南苑西路南边），面积为8亩。1898年永定河洪水冲进南苑后，把遗留的麋鹿120头集中在团河行宫的草地喂养。

养鹿管理严格，饲料有定额。规定圈内每鹿日给黑豆2升，豆叶5斤，4~8月不给豆叶。若孳生小鹿及盛京（指沈阳）送京小鹿，每日给黑豆1升，一年以后与各鹿同。

黄羊也是南苑里的主要动物之一。黄羊多产蒙古草原，亦称“蒙古羚”。哺乳纲，牛科，体长可达1.3米。角短，上有轮嵴，颈细长，尾短，肢细。体毛以棕黄色为主，腹面白色。栖息丘陵、平原和半荒漠地带，也能上山。主要以草类和灌木为食。黄羊群生，百十为群，多者千计。分布于我国内蒙古、甘肃、新疆、河北、吉林等地。肉可食，毛皮可做皮衣或制革。

在今丰台区花乡中部东起黄土岗西至六圈一线，三四公里距离之间，有一圈（也称头圈）、二圈至六圈之村名，是原来南苑的6个驯养黄羊的地方。

每逢帝王到南苑游玩，都要从羊圈赶出一些羊放进海子里，让帝王射猎。这些羊圈是顺治年间建立的。《大清会典》记载：庆丰司掌牧牛羊之政令，凡牛羊之牧于京者，“羊圈六，在丰台额养羖羊一千七百，内一等者七百，二等者一千。又黑羊十五，格地羊十七，乌珠穆沁羊二十，其每岁蒙古四十九旗各进羊一，即入于一等羊内”。嘉庆七年（1802）将丰台的6个羊圈移至南苑，每圈盖民房、土扇各3间。后来在今花乡的6个羊圈结束了养羊的使命。一至六圈后来形成村落，称为一圈（村）、二圈（村）……今都归丰台区花乡管辖，现在这6个自然村有较大变化：一圈、二圈并入黄土岗村，三圈并入巴庄子，四圈并入四合庄，一至四圈已无此村名称呼。五圈、六圈仍为自然村。五圈属四合庄行政村，六圈属六圈行政村。

十九　南苑风景

明太医院到南海子捉蛤蟆

有不少古籍书介绍过明太医院到南海子捉蛤蟆之事。

太医院是官署名，秦汉以后置太医令，为掌管医疗的职官。隋唐有太医署，宋有医官院，金代始改称太医院，置提点为长官。明清相沿，长官为院使，下设御医、吏目、医士等数十人，主要为宫廷服务。

李家瑞编《北平风俗类征》（商务印书馆于民国二十六年五月出版）记载了一些古籍关于明太医院到南海子捉蛤蟆的事。

《长安客话》载：“太医院例于端阳日差官至南海子捕虾蟆挤酥，以合药制紫金锭。某张大其事，备鼓吹旗旛，喧阗以往，或嘲以诗曰：‘抖擞威风出凤城，喧喧鼓吹拥霓旌；穿林披莽如虓虎，捉得虾蟆剜眼睛。’”

《居易录》载：“《长安客话》载明时太医院例以端阳遣官于南海子捕虾蟆，取酥制紫金锭，今端阳节，中官犹于端门鬻内造紫金锭，是其遗制也。”

《闻史掇遗》载：“故事，五月五日太医院官具旗物。鼓吹，赴南海子捉虾蟆，取蟾酥，以针刺其两眉，蟾多死。吾乡朱公儒为院使，俾两眉止刺其一，蟾虽被刺得活，后遂因之。”

对以上三段，《日下旧闻考》《北平岁时志》以及清代查慎行《人海记》等书也有相同的记载。

《帝京景物略》更有新奇的记载：“岁五日，中侍例同太医院官来捕虾蟆。嘉靖中，御用监御来定，五日方捕。至羊房南大柳下。坐柳根午食。顾旁一髑髅，来濡肉蒜盘，内髑髅口，戏问：‘辣否?’髑髅曰：‘辣。’来惊，去肉，辣音不已。骤驰而归。辣辣音追之。数日，来卒。”

清代张朝庸有《蛤蟆蟾酥取次供》诗：

莫从海上问三农，蛤蟆蟾酥取次供。

蛇蝎不胯逞狂毒，有人刺臂作双龙。

金受申先生著《北京通》有一段《刮取蟾酥》，记述了刮蟾酥的方法：“国药店中所售‘蟾酥’，是一种比较值钱的眼科大凉药，江湖卖眼药的杵门子，也全仗那一点的蟾酥。北京俗传蟾酥生于蛙眉目间，夏天捉来蛙，以荷叶接着，刺取蟾酥。这种说法，不知跑细了多少财迷的穷腿，所以本文说明刮取蟾酥真相，以免枉返徒劳，倘有人因此真发了财，也是一件功德事啊！刮取蟾酥，应在夏天以先，隔年老蛙，方能有酥，而且蛙一出蛰，酥即消减。在蛙（不论疥蛙、青蛙，如为纯青蛙酥，值逾黄金数倍，实亦无处寻求，即普通蟾酥，值也不下黄金）将要出蛰时，不可时间太早，向阳河坡，土孔满布蛰蛙，随处可以取酥。刮取蟾酥，所用工具，系一铜筒，两头有铜挡，立着分为两半，恰似一个由中间劈开的炮台烟听而较细小，一面铜口细薄如刀，一面以荷叶接连，接连处上下两片各有铜把一柄，长约四寸。左手执蛙，右手执把以铜口夹蛙眉凸包，所蓄蟾酥，即激入筒中，积少为多，凝结成块，就是药店所售蟾酥了。不过蛙眉两边皆有蟾酥，一大一小，如完全夹净，蛙即不能复活，久于刮取蟾酥的，例为只夹大包，而留小包，以免伤生，如所得为已夹过大包的蛙，立即弃去，绝不再夹。蟾酥性极凉，取酥夹筒，用毕收藏时，必以纸包起，明年开用时，须离目稍远，否则侵入眼中，能令人落凉泪数日。北京近水各地，皆有取蟾酥，尤以下三闸（高碑店、花闸、普济闸）较多，丁丑至普济闸刘宅探亲，见刮取蟾酥如此。北京俗讹为夏天，即附于夏天的消遣谈之。”

沙龙

我们这里所说的“沙龙”，是属于自然风沙形成的长形沙岗，而不是文学艺术上的“沙龙”。明代地理方志《帝京景物略》记载:“海子西墙有沙岗委蛇，岁岁增长，今高三四丈，长十数里矣。远色如银，近纹若波，土人曰‘沙龙’。”南海子西墙以西地区（含海子里新宫村），即今潘家庙往西至永定河一线，及其以南地区，为永定河故道和永定河冲积平原（海子墙里为温榆河冲积平原，是黄壤土），方圆约40公里都是沙丘地，沙包一个连着一个，似沙漠地带。风沙给当地人民的生产、交通及生活带来很大困难。过去北京冬春多大风，该地处在风口上，由西北至东南形成一条风沙线，大风把沙土卷起，刮得天昏地暗，遮天蔽日。潘家庙村紧临南苑西墙，乾隆年间修建13座角门，潘家庙角门是其中之一。潘家庙村一带是个大风口，冬季风沙大。当地有首歌谣:“潘家庙，风沙多，风沙没有穷人多。富人望着风沙乐，穷人眼泪流成河。”长年累月堆积沙土成长约3公里、高约10米的沙土坡，苑墙就是建在高沙土坡上的。一个冬季能把麦苗、韭菜、菠菜等越冬作物盖上半尺厚的沙土，春季要把沙土移走，农作物才能正常生长。短短几年能把果树掩埋，农民住房的后墙根能堆起一道沙冈。海子西墙，成了一道挡风的屏障。西北大风刮到海子墙时，使风速减缓，风中夹带的沙土如同下雪，纷纷落地。海子墙西侧由北往南形成了一条长约10公里、宽约1公里委宛起伏的狭长地带，群众叫“沙龙”。从明代开始，在一些史籍资料中称之为“南海子沙龙”。

明代李元弘有《南海子沙龙》诗：

日肥月长沙龙山，鳞风斑雨形其间。
鬣扬间为出脊肋，畚插无所施人力。
蜓蜓委委数百寻，日光闪闪星黄金。
马前拔蹄人没踝，一步一步声琤琤。
头尾北向帝京聚，聚非因风渤非雨。
地气凝结龙阜钟，岳不在高在所主。

1938年修建南苑镇至固安县的水泥公路，沿南海子西墙从黄村地区通过，在南部大台村一段上修好的公路，不久就被旁边年年增大的沙龙所掩埋，后来只好在公路边上打木桩堵截流沙，以维持通行。

南郊农场退休干部吴德正先生，曾在西红门分场工作多年，他主编的《话说西红门》中有他本人写的《昔日马家岗子，今日九龙山庄》，描写了20世纪60年代“沙龙”状况：“马家岗子，它是一片南北长800多米、东西宽400多米的高低起伏的沙丘，西、北与丰台区接壤，东连海子墙，南至西红门村北头的九神庙。据老人讲，此处早年间就是一个大风口，大风起处，黄土蔽日，沙子打在脸上生痛，流沙就像缕缕烟雾，擦着地面向前飘去，只要站上几分钟，鞋里就灌满了沙子。马家岗的最高处有四五米高。”

新中国成立以后，各级政府领导人民兴修水利，引水灌溉，凿井修渠，平整土地，黄土压沙，旱地改水地及植树造林等活动，才控制了“沙龙”的发展，进而消灭了“沙龙”、沙丘，变成了平坦的耕地。在潘家庙村南的海子墙遗址原有1.5公里长的“沙龙”，宽约150米，高10多米，群众俗称“海墙坡”。这段“沙龙”，于1962年被改造成500亩的果园，这座果园仍为高地，比周围土地高出10多米。新中国成立后黄村西边保留下来不少“沙龙”残段，其中以“韩家冈子”“洪村冈子”“李庄子沙龙”3处为最大。“韩家冈子”和“洪村冈子”上长满枣树，所产大枣在京南地区人人称道。尤其以“洪村冈子”上的大枣以个大昧甜而驰名京城，清代末期，就作为贡品进了宫廷。目前这两个冈子由于建设用地、用土，已基本平掉，“李庄子沙龙”也只剩下方圆1公里的一个土丘了。

南苑的烟火

清代康熙、乾隆年间，每年元宵节在南苑举行燃放烟火和观灯活动，称为盛典。《康熙起居住》记载：康熙二十四年（1685）正月十五日，康熙帝巡行南苑，招请来朝蒙古诸藩王，赐食，观烟火之戏。《养吉斋丛书》记载：康熙乙丑（1685年）元夕，南海子大放烟火，臣民纵观于殿外……中建四棚，悬火箱其中。汉人旗人按旗帜色分区观看。官民百姓皆许近观以示同乐，待皇帝两宫跸临，赐群臣酒宴。然后燃放烟火、巨炮、九石之灯等……若珠帘焰塔，葡萄蜂蝶，雷车电鞭，马奔轴裂。

清高宗于乾隆二十三年（1758）作《南苑赐哈萨克布鲁特塔什罕回人等观烟火灯词》：

款关定莋复存邛，庆与频繁举仲冬。
为耀光明逮疏狄，先陈曼衍引鱼龙。
灯火城南六十春①，重观因责远来人。
村民遥近扶携至，不禁金吾例可循。
百道流虹贝阙朝，光明仿佛上元宵。
田蚕事例虽云早，已盼霏空六出飘。
后先接踵共来尊，难学萧王闭玉门。
爆响连珠成捷报，便期早晚定坚昆②。
风定时喧夜正长，上弦魄影已腾光③。
周家建子原正月，想是嫦娥也为忙。
鳞集应教一视同，避寒灯光夜深烘。
高张黄幕三巡罢，讶似清凉万树中④。
翠火明灯玉树攒，化城蜃阁绛云端。
元宵预借休相拟，惠远宁为好乐观。
万幕高竿揭野灯，半轮真是一条冰。
肩舆宴罢还行馆，惕夕因心畏益增。

注：①康熙二三十年间元宵盖曾在南苑陈烟火，后以建畅春园，率于彼度节。不复在此观灯者六十余年矣。
②时吾师方围叶尔奇木城，日夜望捷音之至。
③时十一月初五日。
④山庄三十六景内无暑清凉后即万树园，迩年观灯火宴远蕃之处。

清代词人纳兰性德《南苑杂咏》中有描写南苑夜景的诗句："射生才罢晚开筵，十部笙箫动暝烟。月上南湖波似练，几星灯火是龙船。""新凉却爱中元节，万点荷灯散玉河。"

清代刘廷玑有《忽传南苑张烟火》诗：

新谱梨园唱几回，都人百万拥高台。
忽传南苑张烟火，细马轻车又去来。

说来事巧，当今北京市礼花厂和燃放首都节日礼花之武警部队均在南苑地区，居住在南苑地区之群众在节日前夕能看到试放礼花之美景，大饱眼福。不过，今日礼花比昔日之烟火要美丽壮观多啦！

诗人赞颂南苑喻长杨

明清时许多诗人把南海子比喻“长杨”来赞颂。长杨是秦汉时期的行宫名字，旧址在今陕西省周至县东南。《三辅黄图·秦宫》记载：长杨“本秦旧宫，至汉修饰以备行幸。宫中有垂杨数亩，因为宫名；门曰射熊馆。秦汉游猎之所”。

明代陈沂有《幸南海子》①：

春旗出太液②，夜骑入长杨。
赤羽惊风落，雕弓抱月张。
横驱视沙塞，纵发拟河湟③。
未寝开边议，谁为谏猎章。

注：陈沂，明代金陵（今南京）人，正德进士，授编修山东参政。
①幸：旧时指帝王到达某地。
②太液：即今北海、中海、南海。
③河湟（huáng音黄）：低洼积水之处。

明代薛蕙有《驾幸南海子》：

诏幸芙蓉苑①，传言羽猎行。
三驱陪上将②，四校出神兵③。
列戟围熊馆④，分弓射虎城。
风云日暮起，偏绕汉皇宫⑤。

注：薛蕙，明代亳州人，正德进士，官吏部考工司郎中。
①诏：诏书，皇帝颁发的命令。
②驱：快跑。
③校（音叫jiào），校场：旧时操演或比武的场地，也叫较场。
④戟：古代兵器，在长柄的一端装有青铜或铁制成的枪尖，旁边附有月牙形锋刃。
⑤汉：指银河。

明代欧大任有《南海子诗》：

万树周陆起夕烟，汉家宫囿带三川。
夸禽几幸长杨馆，讲武曾驱下杜田。
敕使日调沙苑马①，诏书春散水衡钱。
西游不数诸侯事，尚忆词臣扈从年②。

注：欧大任，明代广东顺德人，嘉靖以贡生后国子监博士，终南京工部郎中。
①敕（chì音赤）：皇帝下达的命令。沙苑：地名，在陕西大荔南洛、渭之间，地多沙草，宜畜牧。
②扈从：皇帝出巡时的护驾侍从人员。

二十 南苑皇家园林衰败的原因

南苑是元、明、清三代皇家园林，明清时期占地面积210平方公里，苑墙长达120华里，有4座行宫，20多座皇家寺庙，清代为皇家第一园。南苑是皇家猎场，也是检阅军队的地方。南苑到清朝末期衰败下来，新中国成立前夕只留团河行宫点滴遗存及5座御碑，其他行宫、寺庙等建筑已无存。

南苑衰败的原因有五点。

一、永定河洪水冲进南苑，围墙倒塌，房屋损坏。清代震钧《天咫偶闻》记载："畿辅自癸未（1883）以后，天岁不水，且年甚一年。""浑河（永定河）屡决。"光绪十六年（1890）"秋，畿南大水，直至右安门外。大树皆倒，几欲入城"。《北京市丰台区志》记载此年六月降雨量871毫米，永定河决口，水势径趋南苑。丰台、黄村、永定门外一片汪洋，洪水从南苑北墙九空闸冲进海子里，围墙被冲

1890年右安门水灾图

倒，麋鹿等动物被冲散，跑出苑外。

二、八国联军的洗劫、焚毁。八国联军侵占北京，流窜南苑抢劫财宝，焚毁宫殿，4座行宫及寺庙均被洗劫、焚毁。清政府军队虽与八国联军进行了抵抗，但最后以失败而告终。

慈禧太后像

三、清朝末期国库空虚，无力修复。民国十年（1921）内务部令准清室内务府咨将南苑行宫现在之陈设尽数移往大内收存。光绪二十八年（1902）经慈禧批准拍卖南苑之土地，被官僚太监抢购，变成庄园。有一张宣统元年（1909）南苑督垦局发给大兴县大红门敦叙堂买地30亩的执照，号码为1297号。此种执照是宫廷颁发，称“龙票”。

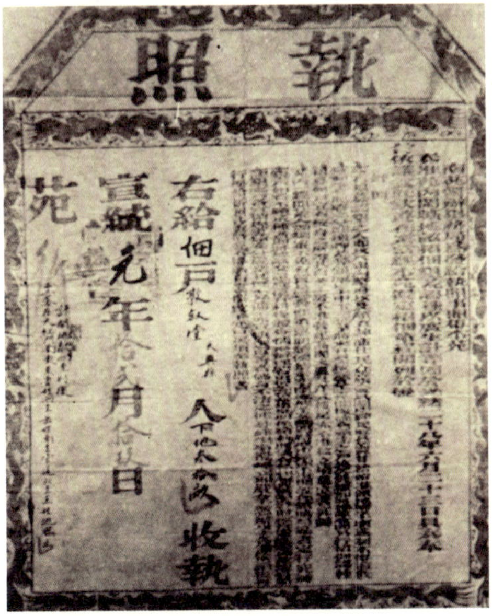

執照

右給佃戶

宣統元年　月　日

收執

清朝末年拍卖南苑土地有“龙票”

四、军阀破坏。民国时军阀驻南苑的部队，因军饷不足，而拆宫殿材料进行变卖。据民国十六年（1927）《京兆公报》记载：“南苑新旧衙门行宫、元灵宫殿宇被奉军拆毁；团河行宫遭直鲁联军破坏。据清室办事人员声称：南苑新宫、旧宫、元灵宫、团河行宫暨附带之马圈各处房舍，前以屡经改变。时有土棍地痞任意拆毁，当经本部派员前往查勘，兹据复称：南苑新宫、旧宫、元灵宫、马圈各处原有殿宇围墙现均拆卸，木料无存。惟元灵宫有新盖房屋十间，收存佛像六十七尊。至团河行宫则无人看守，门窗业经无存，且有多处上檀枋现有锯痕等情。据元灵宫住持李世清呈报：有兵士把守庙门，内有百数工人拆毁殿宇，运料进城。”“据镇威第三、四方面军（奉军）少校副官孙岱廉报称：由南苑宪兵分派所派士兵三名协同前往团河查看，行宫房均无门窗，木料容易拆者均被拆毁，不堪居住。院内前边有新房计四十七间，门窗均被拆毁。团河村正黎世恒称：自冯玉祥之军队住时，房屋整齐，后经直鲁联军王栋之军队住时，拆毁太多。去年京兆守备队驻兵两月，八月开拔以后，至今无人经理。”

五、日本侵略军的破坏。1937年日本侵略军用飞机大炮轰炸了团河行宫，后又拆除宫殿用其材料修建南苑飞机场、火车站。

第二篇

南苑地区军事战争

北京是辽、金、元、明、清五朝都城，南苑是北京的南大门，是重要的军事要地，历代都有重兵驻守。南苑作为元、明、清三代皇家园林，也有习武、操练、大阅的任务。皇家园林往往与进行武备有关，在一定程度上具有潜在的军事意义。在南苑地区发生过多次激烈的军事战争。

一 回城争夺战

在南海子围墙东南角有一回城门（古时写作迴城门），此地现有一大回城村（地处大兴黄村东南17公里，属青云店乡），紧靠凤河北岸。村北有古回城遗址，唐时称回城，后此村析为大、小二村，分大回城和东回城。回城门不是皇帝游猎南苑后的回城之门，而是因古回城遗址而得名。

回城为古战场，在此地曾发生过激烈的军事战斗。回城是史籍中提到的“东汉小城”“西晋征北小城”和“唐代回城”。

东汉末期，是皇权崩溃、豪强割据的混战时期，当时驻守北方的将领公孙瓒为了与蓟城（北京）掌握军政大权的幽州牧刘虞相抗衡，在蓟城东南“建小城”以居之（《资治通鉴》）。这里北距蓟城不足百里，地势较高，土质肥沃，又紧临凤河，是扼制蓟城的好地方。公孙瓒因为作战有功，升为涿州令，后迁升中郎将，封都亭侯，曾镇压青徐黄巾军，屠杀数万人。汉献帝初平四年（193），刘虞恐其终为乱，率兵10万讨伐中郎将公孙瓒于蓟城东南小城。时值冬日，“虞兵又不习战，又爱人庐舍，敕不听焚烧，急攻不下，瓒乃简募锐士数百人，因风纵火，直冲突之，虞遂大败”（《后汉书·列传》）。后公孙瓒穷追猛杀，刘虞被俘，十月被杀于蓟城。这次战斗公孙瓒获得全胜，此后他成为当时割据幽州的地方势力。后来公孙瓒与割据冀州的袁绍连年混战，建安四年（199）被袁绍所败，自焚而死，小城被袁绍部下驻守。

西晋时期，全国暂时得到统一，但北方少数民族仍不断侵扰和割据，生产遭到严重破坏，各地起义倒戈事件不断发生。为平息北方之乱，晋置征北将军。当时地处蓟城之南的广大地区受漯水（永定河）故道之影响，自古以来就是一片低洼积水的沼泽地，小城地处沼泽地区的东岸，是蓟城南面的险要门户，故晋置征北将军常驻此。从此“征北小城”被载入史册。

清代史地著作《日下旧闻考》记载：“征北小城在府东，或曰即后汉末公孙瓒所筑……晋置征北将军，尝治此，因名征北小城。建兴三年（315）刘琨自太原奔段匹磾，时匹磾治蓟，琨别屯征北小城。”刘琨为晋国将领，段匹磾为鲜卑贵族，任幽州刺史，建武三年（317）与刘琨结盟，共讨石勒。刘琨投奔匹磾后，旋即被害。

唐代将小城改称回城。唐置沃州，在武后时期隶属于营州（河北昌黎），领县滨海。时沃州就治在营州城内。因契丹李尽忠陷营州又改隶幽州。《新唐书》记载：“开元二年（714）复置，后乔治蓟之东南回城。”回城为沃州的驻地，从此至今一直叫回城。

《日下旧闻考》对回城遗址有较详细的记载：“今南苑回城外有回城村，村东有土城基，约长一里，高二丈余，凡五段。”《大兴县志》记载：“青云店镇北大回城村东，东回城村北有一古城遗址，方形，周长约2公里。唐置沃州，领县滨海，万岁通天元年（696）侨至于此，名为回城。”现在土城已无存，在城址东南角，因多年取土形成一个很大的蒲苇坑，群众称“城头坑”，在坑中心留有一处高土台，是古城墙仅存的一点遗迹了。

二 蒙古攻金中都建春宫和万宁宫

金代将中都（今北京）定为国都，故城在今广安门一带，城池基本为正方形。城东南角在今北京南火车站东南四路通，东北角在今宣武门内翠花街，西北角在今军事博物馆南皇亭子，西南角在今丰台区凤凰嘴村（今尚存金中都土城遗迹，定为市级文物保护单位，并辟为万泉寺公园），城周长18690米。

金中都北京城南有建春宫（地处今大兴区天堂河），城东北有万宁宫（又名大宁宫，即今北海公园）。这两座行宫，在金、蒙古两军对垒中都城下之际，对于攻守双方，都曾发挥过重要作用。两座行宫都有坚固的防御设施及众多的战备物资储备。金史记载，章宗皇帝曾两次“幸西园（万宁宫西面之园）阅军器”。金宣宗贞祐元年（1213），蒙古军攻中都吃了败仗。贞祐三年（1215）蒙古军再次兵临中都城下，先夺取中都咽喉通州。是年，蒙古军轻骑兵攻克建春宫，蒙古军以建春宫为据点，采取围城打援的办法，在二三月间，分别于武清、涿州两次全歼由南京（汴梁）派赴中都之援军，俘获大量粮草辎重（辎音资，行军时由运输部队携带的军械、被服等物资）。四月，阻击战中大获全胜之蒙古军攻打中都城北重金设防之万宁宫，经过激战，攻克了万宁宫。这样，就使金中都守军陷于内无粮草、外无援兵的绝境。中都城被围困得水泄不通，危在旦夕。是年五月，在蒙古将领石抹明安即将向中都发起总攻时，万般无奈的金守军，只好打开城门，向蒙古军投降。

三 清代皇帝多次在南苑举行阅兵并在南苑设神机营

清代的南苑，除作为帝王游猎之场所外，还经常在这里举行盛大的阅兵活动。史书记载：“顺治十三年（1656），定三岁一举，著为令。”南苑内有两处阅兵场，一是南红门内晾鹰台，二是西红门内杀虎台。康熙、乾隆等皇帝多次在南苑举行大阅之典，检阅八旗官兵，每次检阅都举行隆重的仪式，鸣角击鼓，旌旗招展，万炮轰鸣。

《康熙实录》记载：“三十四年（1695）十一月丁丑上以大阅幸南苑，庚辰……列八旗枪炮为三队：第一队以汉军火器营鸟枪步军居中，炮位排列左右，满洲火器营鸟枪马军列于炮位两头；第二队以前锋兵居中，八旗扩军续列两头；第三队排列八旗护军，两翼则设立应援兵。（皇）上率皇太子诸皇子俱擐甲（穿戴甲衣），前张黄盖，内大臣近御侍卫大学士及兵部诸大臣俱擐甲扈从，继以豹尾枪侍卫随行，枪后建两大纛，（皇）上三旗侍卫俱擐甲整肃。（皇）上遍阅八旗兵阵及火器营军容毕，中立于马军之前。鸣角三，击鼓，步军举鹿角大炮，众兵齐进，鸣金而止，齐发枪炮一次。如此九进。

至十次连发大炮。火器营马步军循环连发鸟枪毕，各开鹿角为门。后二队兵马逐队出，列齐，鸣角，大呼而进。复鸣角收军，立于本阵，队徐旋，行伍甚整。其殿军拥后而立。时噶尔丹降人阿穆呼郎等见之，惊骇战栗。（皇）上还至结行官前，率皇太子诸皇子擐甲骑射。（皇）上骑射者再，步射者再，皆中的，射毕，赐官兵等宴。”

清咸丰十年（1860），英法联军侵入北京，焚毁圆明园。清廷在遭受英法联军打击后，蒙受了惨重教训，朝臣纷纷上书奏请整顿京师武备，训练京旗各营官兵，以御外侮。于是在咸丰十一年（1861）设立神机营，添派专操大臣、帮操侍卫统率，挑选精锐兵丁10000名进行训练。清代同治元年以后，南苑由皇家苑林逐渐成了京师军事重地。在团河行宫设有军机处。军机处为清代辅佐皇帝处理机密政务的机构，军机大臣为皇帝的亲臣、重臣，掌军国大政，以赞机务。清同治元年（1862），因南海子内地界辽阔宽敞，且无乡民滋扰，于是将神机营移到南海子内进行演练，并在南海子旧衙门行宫北面修建营房。神机营为军事编制，神机营、五军营、三千营合称清军三大营，又称京营。神机营由精锐官兵组成，守卫紫禁城，皇帝亲征时随军出征。神机营旧址在今南苑庑殿村东边，建营盘22座，瓦房59间，灰房713间，土房3646间，营门46座，濠墙4424丈，神机营分为左翼、右翼、中营，共驻扎官兵14000余人。光绪年间神机营有马、步队25营。据国家图书馆光绪年间《南苑全图》记载：南苑神机营21处兵营中，有马队10处，马炮队1处，抬枪4处，炮营、洋枪各2处，排枪、中营各1处。《光绪顺天府志》记载：“神机营衙门，在崇文门内煤渣胡同……每年两季，拨队前赴南苑，扎营操演。”清代震钧《天咫偶闻》记载：“南海子明代上林苑也，国朝因为阅武田狩之所。同治

1863年清朝醇郡王奕譞担任都统、御前大臣、领侍卫内大臣，管理神机营，拍摄于南苑神机营，时年23岁，左右为贴身卫士。这是清宫廷秘藏最早的照片。

清末清军洋枪队

以后，神机营各军，岁往驻扎。以秋去春归，军容极盛。”今大兴区大粮台、小粮台两村即当年神机营屯粮处。今之东营村、西营村，即当年神机营驻军的营地。

清光绪三十一年（1905），袁世凯利用清政府设立练兵处的机会，将北洋陆军第六镇派驻南苑，在今南苑镇南修筑驻兵营房，驻有北洋陆军第六镇二十一标、二十二标、二十三标、二十四标、马标、炮标各3营及辎重营、工程营、执法处等。清光绪三十二年（1906），修筑了北京城到南苑营盘的京苑轻便铁道。北洋陆军第六镇在此驻扎期间，修筑了7处营房及壕墙，开辟了营门6座，今南苑镇一带有大营门、二营门、三营门等地名，当源于此。

四　八国联军在南苑的罪行

鸦片战争后，中国成为半封建半殖民地社会，经济落后的中国，经常处于被动挨打的境地。外国列强把中国看成一块肥肉，弱肉强食，将强盗的魔爪伸向中国，侵袭中国，瓜分中国。19世纪末，中国民间群众组织义和团与境内外国教会发生一些矛盾，中国北方爆发了义和团（始称义和拳）运动。清政府最高统治者慈禧太后利用义和团“扶清灭洋”的口号，联合义和团共同向外国列强开战。从1899年秋至1900年夏，列强政府多次通告、照会，请求清政府平息暴乱，制止仇杀教会人士和毁灭教堂，但清政府置之不理。1900年6月20日，德国公使克林德遂同翻译分坐两顶礼轿前往总理衙门，交涉全部外交人员限24小时撤出中国之事，当行至东单北大街时，遇上神机营恩海率兵巡逻至此，要求克林德下轿检查。克林德不从，双方发生口角，恩海开枪将其击毙。此事件成为八国联军进攻北京的借口。1900年6月21日，清廷发布《宣战诏书》，向11国宣战，清军猛烈攻打各国公使馆，同时攻打天津的外国领使馆。北京所有外国使馆被清军摧毁，使馆内有74人遇难，150人受伤。英、美、德、法、俄、日、意、奥八个帝国主义国家的侵华联军，为镇压义和团，阴谋瓜分中国，借口清政府“排外”，以保护教会的名义于1900年（光绪二十六）6月联合大举进攻中国，先后攻陷大沽、天津、北京。八国联军在中国掠夺财物，残杀人民，肆意践踏中国主权。慈禧太后、光绪帝和亲贵大臣逃往西安，派奕劻和李鸿章为全权大臣乞和。9月德国陆军元帅瓦德西被推为联军总司令来华，侵略军陆续增至10万人，由天津出兵，分别侵占山海关、保定以至山西境地。在此期间，帝俄又单独调集步兵、骑兵17万人，分6路侵占我国东北，企图吞并东三省。

八国联军踏上卢沟桥

1900年八国联军侵入中国后，激起中国人民的愤怒，群众自发组织的义

八国联军洗劫北京

和团，英勇抗击八国联军，义和团在南苑给予八国联军以有力打击。八国联军进犯南苑杀害中国人民，抢劫财宝，烧毁宫殿，犯下滔天罪行。八国联军侵占北京后，南苑4座行宫及寺庙均被洗劫、焚毁。日本兵洗劫、烧毁了旧衙门行宫和宁佑庙，抢走了德寿寺的金鼎及大量古籍法帖，闯进团河行宫抢走了珍宝玉器、古画古籍，把不能带走的全部砸毁。俄国兵到团河行宫进行了第二次洗劫，把团河行宫南草地里1000多头鹿和麋鹿都赶跑了。意大利兵和英国兵对团河行宫又进行了第三次、第四次洗劫。南苑的麋鹿遭到八国联军的抢劫和射杀，致使中国境内的最后麋鹿种群在本土消失了。

清政府军队虽与八国联军进行了抵抗，但最后以失败告终。1900年12月联军提出《议和大纲》，清政府全盘接受议和条件。1901年（中国阴历辛丑年）9月7日清政府与英、美、俄、德、日、奥、法、意、西、荷、比11个国家[①]签订了丧权辱国的《辛丑条约》。八国联军除留一部常驻京津、津榆铁路线外，其余撤兵回国。条约规定中国赔偿列强白银4.5亿两，分39年还清，年息4厘，利息总计比赔偿本金还多，本息共计9.8亿两，等于中国10年的财政收入，平均中国每人负担2两多。这是帝国主义列强强加在中国人民头上的

《辛丑条约》签订图，李鸿章和庆亲王奕劻代表清政府与各国列强签约时的情景

① 西班牙、荷兰、比利时3国在战争中受到人员和财产损失，并且清政府当时也有向其宣战，所以战后此3国加入瓜分中国队伍。

各国获庚子赔款表

国名	条约赔款款额（两）	占比（%）
俄国	130371120	28.97
德国	90070515	20.02
法国	70878240	15.75
英国	50620545	11.25
日本	34793100	7.73
美国	32939055	7.32
意大利	26617005	5.91
比利时	8484345	1.89
奥匈	4003920	0.89
荷兰	782100	0.17
西班牙	135315	0.03
葡萄牙	92250	0.02
瑞典、挪威	62820	0.01
国际*	149670	0.04
总计	450000000	

注：《辛丑条约》中对列强的赔款，因于1900庚子年，史称“庚子赔款”。其中，葡萄牙、瑞典、挪威3国为临时加入，它们的赔款只属于民间索赔，所以没有签约。

*国际指杂项，又称未列名各国。

沉重负担。《辛丑条约》是中国近代史上赔款数目最庞大、主权丧失最严重的不平等条约。该条约标志着清政府完全成为帝国主义统治中国的工具，中国彻底沦为半殖民地半封建社会。

各国退还中国庚子赔款情况

按《辛丑条约》规定，中国赔偿各国钱款期限为1912~1940年共39年，期间发生了第一次世界战争、俄国十月革命、辛亥革命、抗日战争等重大事件，因此中国赔偿庚子赔款（以下简称庚款）也发生了变化。因列强认识到赔款“实属过多”，在中国力争之下，美、俄等国先后退还部分庚款。

1907年美国总统宣布将庚款退赠一半，美国原收受庚款2444.08万美元，同意减为1365.55万美元，应退回1078.53美元。这是第一次退款，主要用于留美学生费用、兴办清华学堂（今清华大学）。1924年美国议会决定自1917~1940年每年退还53958美元，本利合计1254.54万美元。这是第二次退还庚款，主要用于在中国办学，兴建了12所教会大学，其中有燕京大学（今北京大学）、协和医学院。

第一次世界大战期间，1917年中国对德宣战，协约国同意延付庚款5年，对德、奥停付赔款。

1917年俄国十月革命胜利，宣布废除与中国签订的不平等条约，包括庚款。直到1924年尚有庚款9700多万元，规定用于教育，实际支付了400万元，仅及余款的4%。

英国自1922年至1931年6月，共收庚款400万英镑，扣除香港大学及伦敦中国大学46.5万英镑，尚余350万英镑，用于投资铁道、黄河水利等实业。

日本参加八国联军在北京进行有组织的抢劫，从户部银库抢走了291万两白银，从内务府仓库抢劫了所有银子。日本所得庚款占份额是7.73%，退还庚款却十分消极。日本坚持用庚款进行文化渗透，还由日本掌握，引起中国的不满。直到卢沟桥全面抗日战争爆发，中国停止赔付，中国支付日本赔款达99%。

比利时、意大利、荷兰等国庚款余额都先后退还中国。西班牙、葡萄牙、瑞典、挪威等国因庚款数额较少而未退。中国实际支付的庚款为5.76亿两白银，占额定数58%，各国退还庚款占庚款总数的41.89%。退还的庚款用于文化教育的占12.09%，其他多为历届政府挪用。

根据清政府与八国联军签订的《辛丑条约》规定，列强以保护使馆、侨民名义在北京等地有驻军特权，其驻军常在南苑西侧的黄村一带举行军事演习。1916年8月奥地利使馆卫队在黄村一带演习。1918年10月美国驻京卫队在黄村一带操演行军战术。1920年5月、1921年7月日军驻京保卫队步兵团在黄村等处操演行军。1936年10月日本华北驻屯军驻天津、北京第一、二联队1600人赴黄村、安定等地举行秋季大演习。是年11月，日军数百人携机枪、钢炮、坦克车，由北平城内穿过市区赴西南郊演习攻守战。

五 南苑是中国航空的发祥地

清朝末年至民国时期，南苑一直是驻军重地。南苑在中国航空发展史上有三个第一：南苑机场是中国第一个机场，南苑航校是中国第一个航校，南苑飞机修理厂是中国第一个飞机修理厂。所以说，南苑是中国航空的发祥地。

南苑机场

南苑在清末开始为驻军重地。清末神机营驻扎南苑，驻军14000人。1904年，袁世凯利用清政府设立练兵处的机会，将原北洋常备军第四镇改为北洋陆军第六镇进驻南苑，修筑驻兵营房，在南苑镇由西往东共有7座营房。现今只留七营房建筑（南苑机场内），其他营房已无存，只留营房地名。在南苑东头有三营门大街、三营门中学、三营门公共汽车站、六营门居民区。

1903年12月17日，美国莱特兄弟制造的第一架飞机试飞成功。随后，美、英、法、俄、日等国都积极制造飞机，发展航空业。为了推销飞机，英、法等国还到中国进行飞机表演。清政府于光绪三十三年（1907）起陆续派留学生分赴英、法、日等国学习飞行和飞机制造技术。1910年清政府大臣载涛出国考察军事，回国后极力倡导发展航空事业。当年清政府拨款在南苑庑殿毅军[①]操场建筑厂棚，开始试制飞机，利用操场原址修建供飞机起降的简易跑道。该年从法国购1架苏姆式双翼飞机，在南苑机场试飞，这是中国

① 清末军队有按其领兵人名字的一个字为部队代号的，也有按军队领导人祖籍或士兵家乡称呼的。毅军为清军主力陆军，为宋庆将领所部，因宋庆赐号毅勇巴图鲁，故称毅军。

1910年，清朝政府在北京南苑的毅军操场内开辟了飞机场，这是中国的首座机场。图为1913年停在北京南苑机场上的高德隆飞机

1914年我国制造的第一架飞机

拥有的第一架飞机。1911年留学法国的秦国镛驾驶高德隆式教练机在南苑机场做飞行表演。辛亥革命后，袁世凯领导的北洋军将领在北京组建了中央政府，因而称北洋政府。1913年北洋政府拨款6万银圆对南苑机场进行扩建，并修建飞机修理厂。1914年南苑飞机修理厂厂长潘世忠研制的第一号飞机，飞上蓝天，这是中国人自己设计制造的第一架飞机。

1916年、1926年、1936年、1946年的辛亥革命纪念日，先后有黎元洪、张学良、宋哲元、蒋介石在南苑机场举行飞机飞行、阅兵活动。

南苑机场是中国的第一个军用机场，也是中国的第一个民用航空机场。1914年3月10~11日进行了北京到保定的试航飞行。1920年4月24日，第一条民用航线南苑至天津试航，5月8日正式通航。1921年又开辟北京至济南航段。1921年8月11日，开辟北京南苑至北戴河旅游航班，每周五下午3时由南苑起飞，飞行2个多小时，在北戴河赤土山机场降落，周六、周日在北戴河飞行游览海滨和长城，周一返回北京。此线运行3年，至1924年停办。1931~1937年中国航空公司和欧亚航空公司的航班飞机在此机场起降。

笔者在国家图书馆查到《北京历史舆图集》，有一幅民国初年的南苑图，于1923年出版，命名“1923年南苑图”。这幅地图是由法国铁路工程师普意雅绘制，中法文对照，画得很规范，反映了南苑的真实情况，图上标有“毅军操场”“飞艇厂”“飞艇教场”“存艇厂”“兵营”“窄铁路”（即京苑铁路）等，图中有的地名与现地名不一致。

1936年，国民革命军第二十九军宋哲元部驻防南苑，修建了一个小型飞机场。

1937年“七七事变”后，侵华日军扩大了南苑机场。

日本投降后，南苑机场成为南京国民政府的空军基地。1948年12月17日南苑解放后，南苑机场成为中国人民解放军的军用机场。改革开放后南苑机场参加了联合航空公司，开辟了民用航空业务。

北平解放后，南苑机场发生了许多重大事情。平津战役中解放军与傅作义将军达成了《北平和平解放的协议》，1949年2月3日中国人民解放军举行庄严的入城仪式，其主力部队是由南苑机场出发的。1971年7月美国国务卿基辛格作为尼克松总统特使秘密访华，商谈中美建交事宜，其专机从巴基斯坦飞越喜马拉雅山降落在南苑机杨。

南苑航空学校

1913年9月，北洋政府参谋总部在南苑创办了中国第一所正规的航空学校——南苑航空学校，该校隶属参谋总部。在航校建立之前的1911年，由留英航空学员厉汝燕代购2架奥地利鸽式单翼机，先在上海试飞，1913年8月移交南苑航校。1913年北洋政府花30万银圆从法国购买高德隆式40马力、50马力、80马力飞机共12架，以及飞机修理厂设备。1913~1928年的15年间，航校共培训4期航空人员，第1期学制1年，第2期后学制2年，每期40人左右，共培训学员167名，有159名毕业。这些学员成为中国航空事业的重要力量。

南苑航校多次配合、辅助陆军作战，发挥了重要作用。当时飞机数量虽少，战斗力有限，多是进行空中侦察，但震慑力远远超过了军事力量，取得了明显效果。1913年冬外蒙古叛军先后占领锡林郭勒盟、昭乌达盟北部广大地区。由南苑飞机修理厂厂长潘世忠、航校学员吴经文驾驶高德隆飞机飞至战区进行侦察，协助北洋政府陆军作战平叛。这是中国第一次用飞机参战。1914年4月6日，由潘世忠等驾驶高德隆飞机飞往河南配合段祺瑞军队围剿宝丰白朗农民起义军。还由南苑航校组成飞机大队，由校长秦国镛任大队长，驾驶高德隆式飞机飞往陕西实施侦察。是年8月，白朗农民起义军兵败。1916年1月，袁世凯派南苑航校组成两支航空队（4架高德隆飞机）对蔡锷在

民国时期航校教官

民国时期南苑航校法制教练机

1917年7月12日段祺瑞率领军队包围了张勋复辟后驻扎在故宫的5000名辫子军

云南的护国军进行侦察。

1917年7月，北洋军阀张勋率5000名辫子兵入京搞复辟，让清末已宣告退位的废帝溥仪重新登上皇帝宝座，将“中华民国”改称“大清帝国”，导演了一场复辟丑剧。南苑航校学生反对张勋复辟。北洋皖系军阀首领段祺瑞打着“反对复辟，保卫共和”的幌子，从天津、保定组织“讨逆军”向北京进攻，他命令南苑航校出动飞机向盘踞在丰台的“辫子军”阵地和城内南河沿张勋住宅投掷炸弹(实际上是手榴弹)，进行空袭。因当时航校驾驶员技术水平不高，投弹命中率很低，但作用很大。“讨逆军”很快占领了丰台。随后，南苑航校学员又驾驶3架飞机向张勋住宅投下3颗“炸弹”，一枚落在故宫保和殿西侧的隆宗门外，炸伤一个轿夫，一枚落在御花园的水池里，没有造成伤亡，第三枚落在隆福门的房檐上没有响，是颗“臭弹”。这些炸弹对人员伤亡和财产损失是有限的，但对精神上的威慑力是很大的，张勋及皇宫官员被炸得惊恐万分。轰炸的第二天，溥仪宣布再次退位，张勋复辟很快宣告失败。

南苑飞机修理厂

南苑飞机修理厂是清末建南苑机场时建立的中国第一家飞机修理厂，位于机场东侧，1910年10月建立，1913年北洋政府拨款购买设备。南苑飞机修理厂担任南苑航校教练机的维修和试制飞机的任务。第一任厂长是留法学习航空技术的潘世忠。

1911年由留学日本归来的刘佐成、李宝浚试制第一架飞机试飞，因发动机损坏坠落，没有成功。1914年由潘世忠研制的80马力推进式双翼飞机（发动机进口，其他均自制），经他本人驾驶试飞成功。这是中国人自己研制的第一架飞机飞上蓝天。

1949年开国大典上从南苑机场起飞的飞机飞过天安门上空

由于中国工业不景气，直至1949年时，这个厂仍是规模不大。新中国成立后的首任厂长张开帙，带领技术人员积极修复国民党遗留下的破旧飞机。开国大典时，有13架经修理厂修理的飞机参加了空中编队，接受中央领导以及各界人民代表的检阅。

南苑联合航空公司飞机

新中国成立初期，南苑

飞机修理厂更名二一一厂，亦名首都机械厂，是个规模较大的工厂，有6000名职工，有火车专用线通往厂区。1958年，试制成功乌米格十五高级喷气教练机和“首都一号”多用途轻型运输机。

百年前的南苑是中国航空的奠基之地，1957年又成为中国导弹和火箭研制基地，建立了中国航天运载火箭研究院，成为航天运载火箭的科研、组装基地，为“两弹一星”上天做出了巨大的贡献。

对中国航空业发展的初探

中国航空事业起步并不晚，起初也紧跟英、法、美等强国其后。从1903年世界上第一架飞机试飞成功后的第4年，中国就派留学生出国学习航空技术，1910年建机场，1913年办航空学校。中国比日本办航校的时间还早了几年。日本是1916年办第一所民办航校，1919年建第一所国家航空学校。可日本的航空事业发展得很快。中国航空事业为什么落后了呢?

清朝政府实行封建主义闭关锁国政策，清朝末期遭鸦片战争、英法联军侵略、中日甲午海战、八国联军侵略，屡战皆败，多次割地赔款，等等原因致使中国财力薄弱，工业基础差。而在发展航空事业的重要阶段20世纪20年代，中国又遭遇连年军阀混战。

北洋政府当政时对发展中国航空事业做了积极努力，对创建南苑航校、建设南苑机场、南苑飞机修理厂发挥了重要作用。1919~1921年段祺瑞执政时期向英国政府借款300多万英镑，购买200多架飞机，在多地兴建机场。在20世纪20年代，以直（河北，旧称直隶）、皖（安徽）、奉（辽宁，旧称奉天）三系军阀控制中央和地方政权，为了争权夺利，互相混战。大型混战先后有1920年直皖战争、1922年直奉战争、1924年第二次直奉战争。两次直奉战争中双方都使用了飞机进行侦察和轰炸，第二次直奉战争中双方各有数十架飞机参战。直至1928年，北洋军阀统治才覆灭。军阀混战造成人力、财力的巨大损失和政局的不稳定。1912年3月至1928年6月的16年间北京北洋政府的执政集团频繁更迭，如走马灯似的变换，先后有8人担任大总统，只有袁世凯、徐世昌任职达4年，黎元洪（先后两任）、冯国璋、曹锟、段祺瑞、张作霖任职只有1年左右的时间，还有3次由国务院总理临时代行大总统职务。

军阀混战、政局不稳，直接、间接地影响、阻碍了航空事业的发展。张作霖曾两次抢夺南苑航校的飞机、物资。1920年直皖战争中，直奉两军打败皖军，张作霖趁机夺取南苑航校10多架飞机，并收留一批留法航空人员，运往沈阳，筹建东北航空队。直系军阀曹锟将南口2架飞机运往保定，在保定成立直鲁豫航空处。1926年第二次直奉战争时，张作霖占领北京，将南苑航校的飞机、器材运往东北，南苑航校因此停办。

如果没有军阀混战，中国航空事业将是另一种境况。

六 军阀混战在京南地区

20世纪20年代，京南地区成为北洋军阀混战的地方。“北洋”是地区名，清末至民国时期称今江苏省以北的山东、河北、辽宁等地沿海各省为北洋，而称其以南沿海各省为“南洋”。北洋军阀是袁世凯建立的封建军阀集团。1901年清政府任命袁世凯为北洋大臣，所建军队称北洋军。辛亥革命后，袁窃据大总统之位培植党羽，各军阀占地为王，成为地方武装，形成控制中央和地方政权的军事集团。1916年袁世凯死后，北洋军阀在帝国主义支持下分化为直（河北，旧称直隶）、皖（安徽，因其境内有皖山而简称皖）、奉（辽宁，其旧称奉天）三系，各系军阀背后都有帝国主义的支持，皖系、奉系投靠日本，直系投靠英美。各系军阀出卖国家主权，压迫人民，争权夺利，不断发生混战。各个军阀，为了扩充自己的势力，割据地盘，而互相混战：今天你打我，明天我打你；今天我联合他打你，明天我联合你打他。

直系军阀首领为曹锟、吴佩孚，还有冯玉祥、冯国璋、孙传芳。曹锟（1873—1938），清末为北洋第三镇统制，辛亥革命后，历任北洋军三师师长、直隶总督、直鲁豫三省巡阅使。吴佩孚（1873—1939），1906年为北洋军阀曹锟部管带，1917年升陆军第三师师长，1922年任两湖巡阅使，1923年镇压京汉铁路工人运动。皖系军阀首领段祺瑞（1865—1936），曾留学法国学习军事，1896年协助袁世凯创办北洋军，1912~1916历任北洋政府陆军总长、参谋总长、国务总理。袁世凯死后，段把持北洋政府。奉系军阀首领张作霖（1875—1928），土匪出身。1916年起，张任奉天督军、东北三省巡

曹锟

段祺瑞

张作霖

冯国璋

阅使等职，1924年打败直系军阀后，控制北洋军阀政府，1926年称安国军总司令，次年杀害共产党人李大钊等，6月称中华民国陆海军大元帅。《老北京旅行指南》记载："民国后，冯国璋、段祺瑞均于此（南苑）设行辕（行营）。"

20世纪20年代初的北京由直系军阀把持着北洋政府，东北的奉军、安徽的皖军都想夺取政权，直系军阀内部也矛盾重重。本是直系首领的曹锟与吴佩孚发生矛盾，曾脱离直系参加皖系军事集团，后来与皖系段祺瑞、徐树铮矛盾加深，又从皖系回到直系军事集团。原属直系的冯玉祥，倾向革命，1924年发动"北京政变"，推翻了直系曹锟把持的北洋政府，邀请孙中山北上共商国是。因此三系军阀在当时围绕北京开展多次混战，而京南丰台一带成为混战的主战场。丰台地区"三镇一桥"（丰台、南苑、长辛店镇，卢沟桥）为北京的南大门，是交通咽喉要道，具有重要的军事战略地位，历来为兵家必争之地。北洋军阀进行了4次较大的战争，大部分都是在丰台一带进行。

一、1920年直皖战争。第一次世界大战期间，北洋军阀政府国务总理段祺瑞以参战为名，向日本大量借款，购买军火，编练军队，积极扩充皖系武力，同直系曹锟、吴佩孚和奉系张作霖等发生了利害冲突。是年6月19日，奉军大帅张作霖为调解直皖之争抵京，之后赴保定会晤直隶总督曹锟，又到南苑团河访问皖军段祺瑞。调解未果，直皖两军7月在永定河一带激战。7月17日，直系军队占领涿州，并向长辛店追击皖军，皖军退至南苑。当月，奉军入关，联合直军，参加对皖作战。7月23日，直奉联军抵黄村、南苑、丰台，皖军失败，皖军同日退入永定门内。皖军战败后，段祺瑞下台，直奉两军控制了北洋军阀政府。1921年张作霖到南苑慰问奉军。

二、1922年4月第一次直奉战争。当时奉系张作霖支持亲日派梁士诒组织内阁，严重影响英美帝国主义及直系的利益，引起直系军阀曹锟、吴佩孚与张作霖的第一次直奉战争。4月19日，张作霖率奉军入关，作战部队达32000人，陕西督军冯玉祥率十一师官兵出关配合直军进攻奉军。29日张作霖下达总攻击令，20万奉军与10万直军激战在固安、黄村、丰台、长辛店一带，两军在黄村炮战，双方伤亡甚重。4月30日，直军冯玉祥部由良乡分兵袭击黄村、长辛店。5月1日，直军从洛阳出动飞机轰炸丰台，奉军从长辛店、丰台溃退。3日晚，吴佩孚以大军正面猛攻长辛店，另派精兵绕道至奉军后方。4日，直军径扑卢沟桥，奉军腹背受敌，其炮弹也将耗尽。直军一个旅又从潼关赶来增援，5日，增援部队攻至丰台。奉军战败，退向山海关。6月，双方以榆关（山海关）为界，达成停战协定。从此北洋政权完全由直系军阀控制。1923年第一次直奉战争打败奉系后，曹锟以5000银圆一票的价格收买国会议员590人，被选为“大总统”。

三、1924年第二次直奉战争。是年9月，直系与皖系两支部队在上海、浙江之地发生战争，奉军张作霖乘机于9月15日向朝阳、山海关进兵，在滦河、山海关一带激战。直系军阀首领吴佩孚到京，曹锟发表讨伐张作霖令，吴佩孚任“讨逆军总司令”，冯玉祥为讨逆军第三军总司令，出古北口、趋赤峰。10月冯玉祥回师北京，发动“北京政变”。在前线的直系吴军、曹军几乎全军覆灭。曹锟发布停战令，免去吴佩孚各职，冯玉祥军队将丰台、廊房之吴军解除武装。冯玉祥在“北京政变”中推翻了贿选总统曹锟把持的北洋政府，曹锟被软禁，吴佩孚率残部从海路仓皇逃亡汉口。第二次直奉战争直军战败。冯玉祥与奉系共推段祺瑞为“中华民国临时政府执政”。

四、1925年11月，奉军“讨赤”，进驻三河县、廊房。直奉两军联合进攻冯玉祥国民军。1926年1月张作霖宣布独立。吴佩孚以“护法联军总司令”名义下达总动员令，调军北上，发出通电:“护法、反段、讨冯。”吴联合奉军进攻冯玉祥军，临时执政的段祺瑞和国务总理、陆军总长贾德耀发表“讨吴令”，任命冯玉祥为直豫陕宣抚使，负责讨吴。张作霖与直鲁联军呼应，一同讨吴。4月9日，国民军北京警备总司令鹿钟麟发动倒段政变，率部包围临时执政府，段被迫下台，逃往东交民巷外国使馆。

北洋军阀统治时期从1912年3月10日袁世凯在北京任大总统至1928年2月张学良宣布改旗易帜归国民政府止，共17年。军阀混战中，随着战争的胜负，北洋政府频繁更换总统和总理，此期间共有8人（黎元洪两次任总统）任总统，有6人担任总理摄行总统职，如走马灯似的变换人物。1926年广东国民革命政府组织10万军队开展了北伐战争，将北洋军阀70万军队打垮。1927年直系军阀被国民革命军消灭，1928年皖系军阀段祺瑞下台，是年奉系军阀垮台，北洋军阀从此覆灭。在帝国主义支持下，军阀连年混战，争权夺利，危害极大，给中国带来了灾难，造成数十万人死伤，阻碍了经济、科学教育的发展，加重了人民的负担，致使民不聊生，生活困难。

北京流传一首讽刺军阀混战的歌谣："炮队马队洋枪队，曹锟要打段祺瑞。段祺瑞充好人，一心要打张作霖。张作霖真有子儿，一心要打吴小鬼儿(指吴佩孚)。吴小鬼儿真有钱，坐着飞机就往南，往南扔炸弹，伤兵五百万。"

南苑阅兵

中华民国成立后，阅兵活动多次在南苑举行。1916年10月10日黎元洪代理大总统在南苑阅兵，演武厅在一土台上，共有15000名军队和3架飞机参加演习。1921年5月，东三省巡阅使张作霖到南苑慰问奉军。1926年10月10日，国务总理顾维钧、东北军军团长张学良等在南苑阅兵，飞虎队12架飞机参加演习。1936年10月10日，冀察绥靖公署委员长宋哲元在南苑阅兵，并招待外宾。

七　冯玉祥将军在南苑

冯玉祥（1882—1948）生于河北青县，祖籍安徽巢县，行伍出身，曾先后任北洋陆军第十六混成旅旅长、第十一师师长，陕西、河南督军及陆军检阅使等职。1906~1908年任陆建章的陆军第六镇二十四标二营后队队官，驻南苑镇。1924年在第二次直奉战争中发动"北京政变"，推翻北洋政府，驱逐末代皇帝出宫，改所部为国民军，任总司令兼第一军军长。1936年曾任南京政府军事委员会副委员长。他多次进行反对蒋介石的活动，在抗日战争、解放战争时期，与共产党合作，反蒋抗日。1948年7月响应中国共产党号召，回国参加新政治协商会议筹备工作，途中，在黑海因轮船失火遇难。

在1982年纪念冯玉祥一百周年诞辰时，党和国家领导人满怀深情地说，

冯玉祥将军

冯玉祥先生是很值得我们纪念的人物，他一生有相当长的时间为国家和人民做了许多好事。

清末至民国初年，冯玉祥曾3次驻军南苑。清光绪三十一年（1905）清政府调动武卫军由保定移兵南苑，冯玉祥随军前往。兵驻南苑后，武卫军改称北洋军第六镇，冯玉祥所在的第三营分为前后两队。他由哨长升为司务长，同年7月又升任后队排长。两年后，邮政大臣徐世昌升东北三省总督。北洋第六镇奉命随徐世昌开赴东北，冯玉祥随军离开南苑。1912年冯玉祥率部回到南苑，任左路备补军前营营长。1923年冯玉祥被任命为陆军检阅使，第三次驻军南苑。使署设在南苑航空署旧址，又称七营房。有一个师的兵力，分3个混成旅。这次在南苑驻军期间冯玉祥做了许多大事，如建昭忠祠、草亭密议、第二次直奉战争中发动“北京政变”。后来，冯玉祥遭段祺瑞和张作霖的排挤，被迫率兵离开南苑。

陆军检阅使署

陆军检阅使署（亦称北京兵营司令部、七营房）坐落在南苑机场内。1904年袁世凯做直隶总督、北洋大臣时，把北洋六镇（清末编练新军的编制单位）编了番号，驻在南苑、海淀的为第六镇。驻在南苑的军队有7个营，旧营大部无存，只留三营门、六营门地名。七营房即为其第七营驻地，后为北京航空署驻地。1922年冬冯玉祥将军由河南督军调任陆军检阅使时，七营房即为陆军检阅使署。

1924年“北京政变”，即冯玉祥将军的“首都革命”，打倒曹、吴军阀，驱逐清废帝溥仪出宫，陆军检阅使署是当时的指挥中心。1937年震惊中外的“卢沟桥事变”时，陆军检阅使署是威慑日寇的第二十九军军部及抗日名将佟麟阁、赵登禹的指挥部。解放战争时期陆军检阅使署是南京国民政府的一个重要堡垒，为北平南大门要冲。陆军检阅使署在“文革”中受破坏，1984年按原样重新修复。为纪念冯玉祥将军而将其命名“宇翔园宾馆”,“宇翔”是玉祥二字的谐音。

宇翔园宾馆占地面积25亩，房屋115间，总建筑面积3912平方米，全部为灰砖砌成。外有围墙，大门向南，大门上悬有“陆军检阅使署”6个大字。门外十几米处有一“八”字形影壁，高约2米，宽约6米，正中书黑色大字，南面为“奋斗”，北面为“进步”，系冯玉祥手笔，字体遒劲有力，东西两端为国画。大门两开，为铁制栅栏型，下半部镶铁板，上半部是钢筋焊接成的栅栏，顶端制成箭族。门约6米宽，两侧各有一小门，造型与大门同。

陆军检阅使署

进大门沿南垣墙东西两侧隔5米许有3间房，该房东、北、西三面有灰砖砌成的廊厦，其南山墙即垣墙。两旁再隔10米左右又有5间房，均坐南向北。中间有门，门中式两开，房南北有窗。

进大门径直向正北十几米处，依次有5排硬

筒瓦起脊灰砖房，每排都是16间。第一排是中西结合的仿哥特式建筑，均为砖木结构，二至五排修复为清代园林式用房。第一排为冯玉祥将军所辖第十一师师部住房，第一排房前砖廊正中隶书额“师司令部”4字至今保存完好。这一排与后四排不同，前檐上有女儿墙，中为方柱形。前廊后厦，前廊为灰砖结构，拱式门顶与各房间相对，16洞，廊柱灰砖砌成方柱，每间有两开式玻璃窗，后厦为木制明柱，有彩绘。

沿第一排后山墙一线，东西各有一堵墙，构成南北两院。东西墙各开一门，拱式，有洞无门，使“司令部”形成独立小院。

北院为与前院第一排结构相似、长度相同、距离相等的4排灰砖起脊筒瓦房。只有前廊廊柱为木质，檐上有彩绘，与山墙相对，成16洞。各房间皆前门后窗。后窗长方形较小。唯第二排后窗为方形巨砖透雕，花纹刻工精巧，图形各异。各排之间沿东西山墙全有垣墙，各自形成一院，东西都有拱形门。在辟为宇翔园宾馆时，给各院命名，自南向北，分别叫“紫藤”“玉兰”“月季”“三友”。与前排“司令部”间之门名为“郁香”。

西院北半部新建一垂花门，这是宇翔园宾馆的大门。出门向西通往机场候机楼仅有百米，中间有一小河，宽约10米，上架汉白玉小桥，古香古色。

西大门内，沿垣墙，南北各有一排西厢房。房前有明柱廊厦，上饰彩绘。大门内新建一灰砖浮雕大影壁。影壁高4米，南北长8米，厚1米，上刻以蝙蝠造型的浮雕10幅，两面各五，每面四角各一，中间为圆形图案，寓意于福，取进门有福迎面而来之意，称“五福捧寿”。

在院内东北部有合抱之粗10多米高的国槐一棵，院中还有丁香、胳膊粗的藤萝生长茂盛，全是冯玉祥将军任陆军检阅使时所植。

在宇翔园宾馆接待室里悬挂着冯玉祥将军4幅珍贵的照片，其英雄形象光彩照人，使人对他的丰功伟绩产生怀念之情。这些照片是冯玉祥将军的秘书于志恭奉献的。

1985年陆军检阅使署被列为丰台区重点文物保护单位，1990年2月升格为北京市文物保护单位，在门口立有“南苑兵营司令部”文物保护的标志。南苑机场为中国联合航空公司在北京的重要机场之一，遂将南苑陆军检阅使署旧址辟为宇翔园宾馆，现有客房75间，并有餐厅、车队为客户服务。

建昭忠祠

南苑昭忠祠本名劝忠祠，当地群众称冯玉祥义地。昭忠祠在南苑镇西南嘉则庄。为了旌表在反对袁世凯称帝的护国战争、讨伐张勋辫子军和第一次直奉战争郑州战役中阵亡的官兵，使他们的精魂忠骨得以安息，经当时“大总统”曹锟批准，冯玉祥将军于1922年冬用5000银圆在南苑镇西南购置了一块30多亩土地，筹建昭忠祠。昭忠祠大门在东南方向，门额是冯玉祥将军亲笔书写的“气壮山河”4个大字。大门两侧有一对铁狮子，周围建有土墙，墙外有一米半深的水沟。昭忠祠南面是一座上房5间、厢房6间的院子，正中是一座亭子。北面是一片广阔的坟地，埋葬着历次战斗中阵亡的官兵骸骨，墓草青青，碑石林立。冯玉祥将军撰写了《南苑劝忠祠碑记》，请清代状元王寿彭书写碑文，碑为方形，高约2米，立于义地大平台上，四周砌以青砖。在一张历史照片上记载：劝忠祠碑“四角型塔高2.83米，直径0.50米，青石座浮雕，旗职（帜，旗帜，指标题）字南苑劝忠祠碑记，民国十三年”。冯玉祥将军还写了“为国捐躯”“成仁取义”的匾额和“从转战川湘陕豫而来身作国殇先吾辈诞登天路；试回思患难辛苦之侣睹兹庙貌是男儿绝好下场”的对联。1924年9月10日举行了昭忠祠落成典礼，冯玉祥将军激励官兵要以英烈为楷模，忠心报国，不做“一姓之奴和军阀走狗”。并于1924年6月24日题诗二绝以为纪念，其诗为：

一死能叫国自强，忠心耿耿日争光。
问谁洒得同情泪，鹃血飞红染夕阳。
捐躯报国各逞雄，正气凝成五色虹。
侠骨英灵何处认，岷江风雨郑城东。

新中国成立时，南苑昭忠祠久已废圮，门前一对大铁狮子及《南苑劝忠祠碑记》等石碑竖立在义地南侧。1958年义地被改建成农田，铁狮子被拉到炼铁厂化铁，至今下落不明。“文革”期间南苑第五生产队将《南苑劝忠祠碑记》石碑凿成马槽用于饲养骡马。1995年在昭忠祠旧址修建一座昭忠祠纪念亭，方形小院，中式门楼，门首木匾一块，书“劝忠祠”，中间立一亭，《南苑劝忠祠碑记》残碑经修补立于亭中（碑文见本书附录部分），可供凭吊。

《南苑劝忠祠碑记》历史照片

1995年修建的昭忠祠纪念亭

纪念亭还有原义地散落的《先考履冰府君之墓》等石碑，有一三角形石碑，刻着“真精神”3个大字，写着是韩复榘赠送。

此遗址已于1987年公布为丰台区文物保护单位。

草亭秘议与“北京政变”

1924年9月冯玉祥与孙岳在南苑昭忠祠草亭秘商“讨直秘议”，随后发动了“北京政变”，推翻了直系北洋政府，把清朝末代皇帝驱逐出宫。

冯玉祥虽属直系将领，但具有革命思想，反对袁世凯称帝，讨伐张勋复辟。第一次直奉战争后，冯玉祥受革命影响，暗中与南方革命党联络，同时秘密派人与奉系力量往来，以图倒戈。1924年9月10日，大名镇守使、第十五旅旅长孙岳趁南苑昭忠祠建成之际，专程前往祭奠。冯玉祥与孙岳是志同道合的好朋友，在昭忠祠草亭内秘议倒戈讨直，制定了推翻直系政权的计划，并合影留念。当时直系军阀首领曹锟、吴佩孚掌握着军政大权。曹锟以5000银圆的价格收买国会议员590人，被选为“大总统”，世称“贿选总统”。吴佩孚时任两湖巡阅使、直鲁豫三省巡阅副使，镇压了武汉铁路工人运动。

1924年10月第二次直奉战争爆发，直、奉两军在河北省东北部的滦河、山海关一带激战，吴佩孚任“讨逆军总司令”，到前线督战。冯玉祥为讨逆军第三军总司令，当时在赤峰一带活动，他看到北京防卫空虚，趁机从前线率部兼程回到北京南苑（南苑机场内北京兵营司令部），发动了“北京政变”。10月22日晚，他电邀聂宪藩、孙岳、薛之珩、赵玉珂等军警长官在旃坛寺召开紧急会议，同时派兵驻守正阳门东、西车站及丰台、长辛店等处要地。孙岳得知冯玉祥回京，迅速将军队开往保定，截断保定吴佩孚军队的辎重，并担任丰台、廊坊间防务。此时冯玉祥第十五混成旅及孙岳一团与吴佩孚三师留守兵在丰台发生遭遇战，得陕军第一师师长胡景翼援助，将吴军包围，迫令缴械。同日，冯军第八混成旅与吴军二十四师（豫军杨清臣部）在卢沟桥也互相冲突。23日凌晨，冯玉祥进入北京，占据交通要道、重要机关，派兵包围总统府，囚禁了“贿选总统”曹锟，接管北京全城。直军在前线几乎全军覆灭，吴佩孚率残部3000余人从海道仓皇逃亡汉口。曹锟下停战令和罪己诏，第二次直奉战争结束。冯玉祥联合胡景翼、孙岳等将所部改称国民军，冯玉祥任国民军总司令，孙岳、胡景翼任副总司令，并联合奉系军阀张作霖，推举段祺瑞为中华民国临时政府执政。10月25日，冯玉祥在北苑召开军事政治会议，电请孙中山北上，主持大计，共商国是。此外，决定将末代皇帝溥仪驱逐出皇宫。11月4日，摄政内阁会议决定修正清室优待条件。次日，警备总司令鹿钟麟令溥仪出宫，移居什刹海醇王府，从此帝号被废止。

老百姓为冯玉祥将军树碑

在丰台区永定河畔的老庄子乡北天堂村，立有一座冯检阅使德政碑，记述冯玉祥将军1924年派兵在北天堂村南为永定河筑堤抢险的事迹。

1924年夏天，北京连遇大雨，是年《国民日报》报道:“七月四日起，华北霪雨不止，十日永定河水大涨，西北边防督办冯玉祥派兵救护堤岸增至二十四营。至二十四日永定河水涨至三丈一尺五寸，距岸仅一尺二三寸，危险万状，卢沟桥附近铁路淹没。”永定河黄土坡段决口。永定河务局动员各方面人力，竭力抢救也未能排除险情，洪水严重威胁着河堤左侧的京奉铁路和沿途数百个村庄百姓的生命财产安全。7月8日洪水继续增长，北天堂南段河堤

冯检阅使德政碑

眼看就被冲毁。

就在这千钧一发之际，冯玉祥将军即派鹿钟麟、李鸣钟两师长率部下2000多人参加抢险，与洪水搏斗，昼夜筑堤，随溃随抢。冯玉祥身先士卒，与士兵一起抢险。8月12日洪水又将漫决堤坝时，他先跳入水中，组成“人墙”。洪水冲走了他的上衣，由于两个勤务兵拉住他，他才没被洪水冲走。历30余日，永定河筑成了一条几里长的新堤。新堤如一弯新月，像屏障一样迎着洪流。这条新堤保护了数十万人民生命财产安全，当地父老乡亲称这段新堤为“冯公堤”。8月22日京兆尹刘梦庚派唐肯前来犒劳，冯玉祥深知国难民艰，婉言谢绝拒收银洋5000元，只收下鞋袜慰问品。

冯玉祥将军有句“饿死不食民食，冻死不入民宅”的治军格言，他的部队纪律严明，秋毫无犯，从不动用老百姓一草一木。当时在防汛堤外，有一处藕田，修堤的官兵没有一人采摘莲蓬子和莲藕。

冯检阅使德政碑立于中华民国十四年（1925），为汉白玉大理石，碑身高1.91米，宽0.89米，厚0.31米。（碑文见本书附录部分）

冯玉祥将军的故事

冯玉祥是民国时期的一位爱国将军，他坚持正义，反对腐败，在他身上发生了一些有趣的故事。他爱护老百姓，赞助地方公益事业，兴办学校，植树造林，为群众办了许多好事。他主张积极抗日，反对蒋介石的独裁和不抵抗政策。他在大红门门洞里面题写了“努力奋斗”“救我国家”“亡国奴不如丧家犬”等，以唤起民众共同抗日。他在南苑镇、南苑至永定门路栽种了许多槐树，有的至今生长旺盛。

冯玉祥身居要职，但艰苦奋斗，注重简朴，人称布衣将军。冯玉祥在南苑驻军期间，其妻刘氏病逝后，他经人介绍结识了通州师范学校高才生李德全女士。1924年2月19日，他俩在南苑演武厅举行了结婚仪式，他身穿便服，邀请全体官兵一同欢庆，请官兵吃了一顿便宴。

冯玉祥将军向士兵作报告（《冯玉祥将军》纪录片截图）

1924年时任直系军阀首领、北洋政府要职的吴佩孚在武汉举行寿庆活动，许多人都乘机送去厚礼。冯玉祥也是直系军阀中的高级军官，但他反对铺张浪费、请客送礼、贪污受贿这一套。他给吴佩孚送去一陶罐清水，里边有一纸条，上面写着："君子之交淡如水。"这是对吴佩孚大办寿庆活动的极大讽刺。

冯玉祥与蒋介石是结拜兄弟。抗日战争时期，在一个晴天白日里，他打着灯笼，灯笼里点着蜡烛，去会见蒋介石。蒋介石见后，感到莫明其妙，就问他："你在大白天打着灯笼来找我，这是怎么回事？"他回答说："因为现在社会太黑暗了！"蒋介石听此话无言以对，感到无地自容。这段动人的故事被编入解放区小学语文课本里。

冯玉祥将军不但是军事家，也是绘画诗词爱好者。1926年他在莫斯科学过美术。抗日战争时期他在重庆8年，画了许多歌颂抗日的诗画，将漫画作为射向敌人的炮弹，并参加了画展，义卖募捐。1942年3月6日，一位爱国资本家曾树屏给抗日军队捐10万元医药费，请冯玉祥代交。冯给曾画了一幅

冯玉祥将军在南苑种植的洋槐树

冯玉祥画倒骑驴

倒骑驴的画，并配了诗："许多先生好骑马，惟有此翁爱骑驴，只有铲走日本鬼，无论如何皆欢喜。"同时又给他写了一副对联："要想着收咱失地；别忘了还我河山。"后来郭沫若在此画右上角填了一首诗，以颂冯的风骨，成为冯郭的珍贵文物。笔者没有找到郭老的诗文，笔者拙见，倒骑驴者寓意讽刺蒋介石积极反共、消极抗日倒行逆施的行为。

冯玉祥在南苑驻军期间先后有3处居住地。一是槐房干娘家。冯玉祥认干娘在南苑传为佳话。冯玉祥在南苑驻军期间，于光绪三十一年（1905）将其父从安徽巢县接到南苑，为其父在槐房村尹家租了两间西房，住过数月时间。房东尹老太太（今尹德荣之祖母）对冯家很关照，经常帮助解决一些困难，两家相处很融洽，为此冯玉祥给尹老太太磕了头，认尹老太太为干娘。冯玉祥经常帮助尹家挑水扫院子，到地里干庄稼活。两家遇有大事都互助拜访。冯玉祥和李德全女士结婚时尹家全家去祝贺，冯玉祥同尹家全体人员合了影，这张照片成了尹家的传世之宝。新中国成立后，李德全女士还常关照尹家。二是大泡子北岸灰色西式房屋。三是南苑荷塘街13号，这是个四合院，有10多间房子，当地群众称"冯公馆"。笔者建议将此故居列入文物保护单位，加强保护。

南苑镇荷塘街冯玉祥故居

八 南苑抗日保卫战

清朝末年的中日甲午战争、八国联军侵华战争，因中国战败，中国分别签订了丧权辱国的《马关条约》《辛丑条约》。清末的义和团反洋教运动本与日本无关，日本却积极参加，成为八国联军的主要成员。中国对日本割地赔款，并允许日本等国以保护侨民为名，在中国有驻军权。此后，日本在东北、北京的驻屯军驻军人员逐渐增加，多达近2万人。1931年日军发动“九一八事变”，中国开始了抗日战争。1937年7月7日晚，日本侵略军借口参加军事演习的一名日本兵失踪，炮轰宛平城，发动“七七事变”。“七七事变”后，日军狮子大开口，疯狂侵略中国华北地区。日本驻屯军司令官香月清司向中国二十九军军长宋哲元发出最后通牒：限二十九军7月27日前从北京撤至保定。中国军队拒绝了日军的无理要求。7月28日凌晨，日军发动对南苑中国驻军的进攻，二十九军进行了顽强的抵抗，此战称南苑战役，也称南苑保卫战。

南苑兵营大门。大门匾额为“南苑柳营”，柳营是细柳营的简称。汉朝咸阳一军营“细柳以备胡”，纪律严格，后人称纪律严格的军队为细柳营，简称柳营

南苑战役比卢沟桥发生的“七七事变”之战规模更大、更为惨烈，是包围战、突围战、白刃战。中日两军参战人数近2万人，日军动用了大量飞机、大炮、坦克等重型武器，双方死伤人员多。日军组织驻屯军、朝鲜军团20师团、关东军独立混成第一、十一旅团1万余人，数十辆坦克、100门大炮、数十架飞机向北京南、西、北三面进攻。二十九军驻南

二十九军在南苑抗击日军

苑的4个步兵团、1个骑兵主力团5000余人，京津大学生军训团1500人，遭遇日军突然围攻。二十九军在副军长佟麟阁、132师师长赵登禹指挥下，进行了英勇抵抗。7月27日，日军与驻团河二十九军发生激战，中国守军利用团河围墙和山坡反击。团河之战中国军队阵亡约700人，损失战马150匹。28日凌晨，日军向南苑驻军西南角、东南角进攻，二十九军进行了顽强抵抗。二十九军由南苑向大红门转移时，遭遇日军袭击，二十九军受到钳制，通讯设备被炸毁，各部队与指挥部联络断绝，靠传令兵传递信息。中日两军在大红门一带进行了激烈的战斗。枪声、炮声响彻天空，硝烟弥漫，两军短兵相接，杀声震天。正在南苑受训的青年学生团1500多人，在军训团教官、

日军飞机轰炸南苑

共产党员冯洪国(冯玉祥之长子）带领下，为民族的解放，奋勇杀敌，毙伤日军400多人。

日军进攻南苑的坦克

南苑战役中，我军死伤5000余人，少量军人逃到城内，学生军训团只有600人逃到城内或保定。南苑至大红门横尸遍野，死马横卧，血染大地，战后红十字会清理死尸398具。这些尸体只有地点，没有姓名等信息，当时就地埋在壕沟。日军受到二十九军的反击，也受到重创，损失惨重，伤亡1300多人（日军承认死87人，伤234人)。

中国旅日作家萨苏在日本寻找到日本档案、报刊等较多的南苑战役资料。日本陆军省出版的《大陆战史》对南苑战役有较多的记载，有赵登禹将军乘坐的轿车照片、大红门中日交战图等。《大陆战史》也承认南苑战役的惨烈及我军的英勇："在这里守卫的是支那名将赵登禹，战斗是在雷雨之中爆发的，尽管日军进攻猛烈，但是敌将赵登禹的防守非常坚固，几经阻战无法容易地将它拿下。我军的编队轰炸和炮击不断地进攻，但是敌军仍以必死之决心，以猛烈的火力朝我军射击，火力总没减低。此战惨烈之极，白兵战到处发生，我方死伤数量不断增加。"

南苑战役后二十九军被迫撤出北平，北平失守，被日军占领。

日本侵略中国证实了弱国无外交，落后就要挨打的道理。总结南苑战役失利的原因有四点：一是中日双方在武器装备上有差异，日优我劣。日军有飞机轰炸，对中国军队威胁很大。二是蒋介石、宋哲元存有和平谈判的幻想，对与日交战准备不足，指挥混乱。南苑驻军有一个副军长（佟麟阁）、两个师长（赵登禹、郑大章），还有好几个旅长，加上机关人员不到7000人，番号却分属3师1旅的8个团，互不统属。而且当时三十七师与一三二师正交接换防，赵登禹刚接手指挥，学生兵临战时刚发枪。三是叛徒出卖军事情报。熟悉二十九军情况的汉奸潘毓桂、周思靖向日军提供了军事情报。潘毓桂是宋哲元的亲信，时任冀察委员会委员和政务处长、平津卫戍司令部高等顾问，他将宋哲元全面对日作战的军事部署第一时间密报日本华北驻屯军。此后潘任伪北平警察局长，升伪天津市市长，抗战胜利后被捕入狱，新中国成立后又被捕入狱，1961年死在狱中。周思靖系日本陆军士官学校第22期骑科毕业生，能讲一口流利的日语，回国后进入二十九军任少校参谋，担任日本顾问樱井的翻译。1937年7月28日清晨，宋哲元急调赵登禹进城共商战事，日方也于28日拂晓对南苑进行轰炸。赵登禹在南苑做了最后的军事部署，然后安排士兵用网和树叶伪装汽车，在上车前嘱咐军训团大队长冯洪国率领学兵撤退。当时周思靖就站在一旁，对他们的谈话内容听得清清楚楚。赵登禹离开后，周立刻回到办公室，用电话报告日军：12点50分，赵登禹在前后各一辆满载卫兵的卡车护卫下，乘黑色小汽车向南苑北部的天罗庄方向驶去。日军迅速集中兵力埋伏在天罗庄（天罗庄位于大红门立交桥西南500米，京苑铁路东侧，黄亭子在京苑铁路西侧，天罗庄在新中国成立后撤销）附近。当赵登禹的汽车驶入日军埋伏圈时，日军以重机关枪进行猛射，前后两辆卡车上的士兵全被射杀，赵将军乘坐的小汽车也被打成蜂窝状，赵登禹、副官、司机三人身中数弹以身殉国，场面惨不忍睹。日军从副官身上搜出了赵登禹的名片，发现了蒋介石给宋哲元的电报、宋哲元给赵登禹的命令状等重要文件，证实了车后座上的就是赵登禹。周思靖此后曾任伪天津市公安局局长、徐州市市长，抗战胜利后被国民政府判刑，新中国成立后被处决。四是通讯失灵，造成指挥无序。日军进攻南苑首先炸毁了我军的通讯设施，二十九军靠传令兵传递命令。宋哲元28日上午下达了南苑驻军撤回城内的命令，直到下午1时许才由传令兵传到佟赵指挥官处。

在南苑战役中，佟麟阁、赵登禹两位将军壮烈殉国，这是抗战中牺牲最早的两位将军，也是抗战中北京地区牺牲的两位最高级军官。1937年8月1日，冯玉祥将军写了悼念佟麟阁、赵登禹之《吊佟赵》诗：

佟是二十六年的同志，
赵是二十三年的弟兄，
我们艰苦共尝，
我们患难相从。
论学问，

佟是高教团，用过一年功，
赵入教导团，八个月后即回营。
论体格，
同样强壮，但赵比佟更伟雄。
佟善练兵心极细，
赵长杀敌夜袭营。
佟极简朴，而信教甚诚，
赵极孝义，而尤能笃行。
二人一样的忠，
二人一样的勇。
如今同为抗敌阵亡，
使我何等悲伤！
但我替他们想想，
又觉得庆幸非常。
食人民脂膏，受国家培养，
必须这样死，方是最好下场。
后死者奋力抗战，
都奉你们为榜样。
我们全民族已在怒吼，
不怕敌焰如何猖狂。
最后胜利必在我方！
最后胜利必在我方！
你们二位在前面等我，
我要不久把你们赶上。

宋哲元对佟麟阁、赵登禹的殉国感到愧疚，他在衡山为两将军建了双忠亭。

侵华日军在南苑屠杀手无寸铁的人民，犯下了滔天罪行。日军占领团河行宫和附近村庄后，以搜找二十九军士兵为名，进行血腥屠杀。日军杀害了二十九军团河行宫福利工厂200余人，在团河村、毓顺庄、瀛海庄、南顺堂、

宋哲元在衡山建的双忠亭

永丰庄枪杀烧死村民64人。日军把抓来的于治久等18名民夫集中于济德堂给他们做饭，然后将民夫排成一行，用大刀砍向众民夫，只有于治久一人后来苏醒过来，但落了终身残疾。

1937年“七七事变”后，侵华日军扩大了南苑机场。在机场东北庑殿村南，建了日军营房，约有上百间红砖红瓦的房子，由南苑机场至庑殿修了4公里长的铁路。为了预防飞机被炸，1941年日军在南苑机场周围修建了20座飞机窝。1公里左右建一个，全部为钢筋水泥建筑，是圆顶形式。小型的飞机窝高约4米，长约24米，宽20米，外壳厚30厘米左右，每个占地约480平方米。大型的飞机窝高约7米，长约45米，宽40米，占地约1800平方米。在飞机窝顶部覆盖着30多厘米厚的黄土，上面长满杂草，成为掩蔽物。在飞机窝顶上建有一个木结构的岗楼，有士兵站岗放哨。在飞机窝附近建有半地下的水泥小碉堡，约有一间房子大，存放汽油等。日军平时把飞机开进窝内掩藏起来。现今在南苑飞机场周围还有14个飞机窝，这些飞机窝多被农村村委会改做存放物品的仓库。在庑殿村、南苑镇西北（南苑元件厂之地）还建了半地下小地堡，水泥浇筑，地上1.5米，地下1米，长8米，宽5米。有的较小，有门无

南苑村尚存的日军飞机窝

南苑镇日军宪兵队碉堡

窗，有通气孔，四面有枪眼。这些工程都是日军强迫当地工商户出钱，雇佣农民修建的。

南苑人民在日军占领期间向日本侵略者进行了坚决斗争。1939年夏的一天，中共地下党员傅岩参加了抗日放火团，他联络了邮递员和南苑机场的工头等抗日志士，将“放火块”交给邮递员，进入机场转交给工头，然后秘密放到飞机棚旁边。随后，大火冲天，10余架日军飞机葬于火海，油库化为废墟。1944年7月11日，右安门外马家堡火车站站长、北平地下党员许言午制造了颠覆日军列车的重大事件。许言午利用信号灯故障指挥抗日积极分子、扳道员申连科打出列车从主轨道通过的信号旗，实际是将军列扳到临时停车的岔道上，结果整个军列翻滚爆炸，日军官死亡23人，日伪北平政府和铁路官员死亡80多人。

1945年8月15是日本天皇宣布无条件投降日。10月16日，在南苑兵营礼堂举行了平津等地日本空军签降仪式。签降仪式由国民政府代表郝中和司令主持，十一战区司令长官孙连仲、空军政治部、北平市政府代表，美国空军詹森少将及所属尉级以上空军人员30余名，出席了受降仪式。日本空军投降代表土田兵吾少将及其随员13人，立于受降长官对面，向受降官敬礼。由土田兵吾在“平苑战字第一号命令证”上签字，日军代表呈缴军刀13把，表示向中国投降。

九 佟麟阁将军壮烈牺牲在南苑抗日战场

佟麟阁将军于1937年7月28日在南苑大红门北边凉水河北岸的高坡上指挥军队与日本侵略军激战中壮烈牺牲，是中国抗日战争中牺牲最早的将军。

佟麟阁，河北省高阳边家坞村人，1892年10月29日生。1912年参加冯玉祥部队，后升排长、旅长，1918年任营长，1922年任团长。1925年任冯玉祥国民革命军第一师师长，1926年兼任陇南镇守使，1931年任国民军二十九军教导团团长兼张家口警备司令。1933年冯玉祥将军组织察哈尔抗日同盟军，任命他为抗日同盟军第一军军长，并代理察哈尔省主席。1936年春任国民军二十九军副军长（陆军中将）兼抗日军事训练团团长。“七七事变”时任南苑作战总指挥。他参加了冯玉祥将军领导的反对张勋复辟、“北京政变”、五原会师、中原大战等重大活动。

在卢沟桥史料展览馆有一块出土文物，即佟麟阁1925年任二十一混成旅旅长时为悼念战友孔煦堂立的“慕思”墓碑，是他关心爱护战友的佐证。孔煦堂是山东定陶县人，于民国十年（1921）5月10日战死于罗家坟七里河间，时任四十四团副，时年三十有几。佟孔二人情同手足，每到清明和忌日时佟麟阁都要到墓地悼念孔煦堂。

“九一八事变”后，由于国民政府采取不抵抗政策，日本帝国主义凭借其强大的军事力量，对中国实施蚕食政策，逐步占领了东三省，直逼北平，为此要先占领军事要地卢沟桥、南苑。当时二十九军司令部在南苑机场北京兵营，佟麟阁毅然向三十七师师长冯志安、旅长何基沣下达了“立刻还击，卢沟桥即为尔等之坟墓，应与桥共存亡，不得后退”的命令。后来他赶赴南苑驻军指挥对日作战，他通电全国的誓言是:“杀敌救国，军人天职”“卢沟桥是我二十九军的坟墓”。佟麟阁在南苑一次军事会议上慷慨陈词，号召官兵:“战死者光荣，偷生者耻辱，荣辱系于一身者轻，而系于国家民族者重。国家有难，军人应当马革裹尸，以死报国。”他对大学生训练团讲话时说:“中央如下令抗日，麟阁若不身先士卒，你们可把我绑至天安门前，挖我双眼，割我双耳。”二十九军抗战壮举得到全国人民的支援。

佟麟阁将军像

“七七事变”后，在河间、大名驻防的赵登禹部，奉命急驰北平南苑参加作战。7月27日，他率一个团到达距南苑2公里的团河时，遭到日军截击，经过激战，我军伤亡过半。赵登禹急率余部赶至南苑，与佟麟阁会合。7月28日凌晨，万余日军在40架飞机和数十辆坦克、装甲车群的掩护下，向南苑地区扑来，中国军民进行了英勇抵抗。南苑驻军指挥官佟麟阁、赵登禹在全国人民，尤其是北平人民的支持下，亲临前线指挥作战。广大爱国官兵在佟、赵两将军的率领下，奋不顾身，顽强杀敌。许多共产党员、民先队员与二十九军士兵并肩战斗。28日中午，佟、赵率领部队向北转移，在大红门却陷入日军的包围圈。佟麟阁立即组织部队突围，不幸被敌机枪子弹打中右腿，他骑上战马继续奋勇冲杀。由于敌机猛烈轰炸，各部队联系中断，直到遇见传令兵，才知道军部已下达“南苑各部队立即撤回城内”的命令。他决定用青纱帐作掩护，率部从小路向城内行进。他站在凉水河北岸的九龙山高岗上指挥部队撤退。下午1时许，一群敌机飞来助战，对二十九军将士低空扫射，佟麟阁头部中弹，血染疆场，以身殉国，时年45岁。佟麟阁牺牲后，他的副官高洪锡等计划抬着佟麟阁的尸体送回北平，刚要行动，几架敌机又来扫射轰炸，只好把佟麟阁的尸体在时村乔德林菜地就地掩藏起来。高洪锡跑回北平报信，第二天北平城里的红十字会的汽车到时村把佟麟阁的尸体运回家中。他是抗日战争时期为国捐躯的第一位高级将领。这次战斗二十九军伤亡较大，只有几百人撤退至城内，军官训练团1500多名平津等地学生也大都以身殉国，只有少数官兵、学生撤退至保定集结。

隆重安葬英雄。由于当时侵华日军气焰嚣张，佟麟阁之遗体收殓后隐姓埋名，以母亲胡姓寄厝于雍和宫附近的柏林寺，埋入柏林寺东跨院地下，砌了个花池掩人耳目。老方丈保守寄柩秘密，直到抗战胜利。1937年7月31日，南京国民政府追授佟麟阁为陆军上将。1946年由李宗仁、孙连仲将军代表国民政府在北平中山公园为佟麟阁、赵登禹将军举行隆重国葬。冯玉祥将军为他的爱将佟麟阁书写了挽联:“报国敢云天职尽，立身当与古人争。”1946年7月28日，佟麟阁的骸骨安葬于西郊香山兰涧沟山坡上。北平市政府为佟麟阁将军修墓立碑。墓坐西朝东，半圆形水泥宝顶，前立汉白玉石碑，碑高1.9米，上刻“抗日烈士佟麟阁将军之墓”。墓在“文革”期间被破坏。1979年8月7日，北京市政府追认他为抗日烈士，并重修其墓。

用英雄名字命名道路、学校。1946年11月14日北平市临时参议会通过决议：将北沟沿改称佟麟阁路，以资纪念。佟麟阁路在西城区民族文化宫南侧。1958年10月通县将通州镇人民路、新华南街命名佟麟阁大街。2014年9月丰台区南顶中学更名北京佟麟阁中学。

十 赵登禹将军壮烈牺牲在大红门黄亭子

赵登禹与佟麟阁于1937年7月28日先后在南苑大红门与日本侵略军激战中壮烈牺牲，是中国抗日战争中最早牺牲的两位将军。

赵登禹，1898年生于山东省菏泽市赵楼村，行伍出身，14岁从军，历任班长、排长、连长、团长，1927年任冯玉祥部队三十七师第一旅长，1928年任二十七师师长。1933年任前线作战总指挥。是年日本侵略军逼近长城重要关口——喜峰口，敌我双方激烈争夺喜峰口，他英勇抗日，先后3次从敌人手中夺回喜峰口。为了有效地打击日军，他带伤率领“敢死队”挎大刀夜袭敌营，一夜之间杀死敌军五六百人，取得了闻名中外的喜峰口大捷。后来作曲家麦新赶到赵登禹部队体验生活，很快写出《大刀进行曲》这支有名的歌曲，鼓舞了全国人民的抗日斗志。1936年赵登禹晋升陆军中将。

赵登禹将军像

1937年7月7日晚，日本侵略军发动“七七事变”，炮轰宛平城。当时赵登禹任二十九军一三二师师长，率部驻防河间。7月25日晚他接到命令：“调你师火速回北平抗击日本侵略军，并由你担任指挥。”赵登禹临危受命。

攻打团河是日军攻打南苑的一部分。日军从唐山调78联队乘火车于7月27日晨到达黄村车站，下午2点多对团河阵地发起三面进攻。赵登禹受命当夜从河间率先头部队日夜兼程，快速行军，刚赶到团河，就遭到日军的攻击。经过激战，日军死伤甚多，日军78联队第二大队长原田少佐中弹身亡。中国军队阵亡700人，损失战马150匹。傍晚赵登禹率部赶至南苑。

7月28日凌晨，万余日军在40架飞机和数十辆坦克、装甲车群的掩护下，向南苑二十九军进行了猛烈进攻。中国军队在佟麟阁、赵登禹指挥下进行了英勇抵抗。中午时分，二十九军冲破敌人包围，进行转移。赵登禹命令骑兵部队先行撤离南苑，进入北平城内。他本人在南苑驻地乘一小轿车，前后各一辆卡车载卫兵向大红门转移。此情况被二十九军中的特务周思靖看得清楚，他马上用电话报告了日军。日军急调驻丰台牟田口部队第三大队先进攻南苑西北角，后转至天罗庄（黄亭子）埋伏。12时50分，当赵登禹之汽车行进至黄亭子时，遭到日军火炮、机枪伏击。赵登禹之汽车、部队被炮火击中，赵登禹当场牺牲，大部分官兵壮烈殉国。日军从车中发现轿车内有一阵亡穿便服人，有二十九军书信文件，经受伤司机证言，遇难者为一三二师师长赵登禹将军。赵登禹牺牲时年仅39岁。

当时侵华日军气焰嚣张，赵登禹之遗体只好秘密保存。赵登禹的遗体被农民暂时掩埋在青纱帐中，两天后，三十七师副师长、北京城防副司令田春芳和国际红十字会人员开车到黄亭子将赵登禹遗体运到先农坛旁的龙潭寺暂厝。1946年烈士遗骨安葬于永定河畔、宛平城东大枣园中，墓前有两块大理石碑，一碑为“抗日烈士赵登禹将军墓”，一碑文为赵登禹将军的事迹。

国民政府追认佟麟阁、赵登禹为陆军上将。为了纪念两位先烈，1946年由李宗仁、孙连仲将军代表国民政府在北平中山公园为赵登禹将军举行隆重国葬。当年日军侵占北京后，赵家人开始了逃亡生活，举行国葬时由于找不到赵之后人，由佟麟阁次子代孝打幡。1946年6月，由当时任国民政府军事委员会副委员长的冯玉祥将军提议用英烈名字命名道路。1946年11月14日，北

赵登禹将军墓

赵登禹学校

平市临时参议会通过决议:"张自忠、佟麟阁、赵登禹三位将军为国成仁，忠勇可钦。拟将本市铁狮子胡同改称张自忠路，北沟沿改称佟麟阁路，南沟沿改称赵登禹路，以资纪念。"1947年3月13日，北平市市长何思源签署发布了命令。自此北京城就有3条用英烈命名的道路。张自忠路在东城区宽街附近，佟麟阁路在西城区民族文化宫南侧，赵登禹路南起阜成门内大街，北至西直门内大街。1946年通县古运河西岸东关大街易名赵登禹大街。

新中国成立后，1950年中央政府给赵登禹将军家属颁发了革命烈士证书。1980年北京市政府对赵登禹墓进行重修，1984年公布为丰台区文物保护单位。1997年11月3日，经北京市人民政府批准，大红门中学更名为赵登禹中学，是年12月9日召开了命名大会。"

十一 南苑的解放

1948年，中国的解放战争进入大决战的年头，发动了具有决定意义的辽沈、淮海、平津三大战役。北平是我国的古都，是一座著名的历史文化名城，党中央决定了和平解放北平的方针。

当时，国民党华北部队总司令傅作义把60万军队摆在塘沽、唐山、天津、北平、张家口一线，称之为“一字长蛇阵”，我东北野战军和华北野战军共100万大军对平津地区国民党军队协同作战，把敌军切开，隔成几段包围起来，各个歼灭。

北平城是和平解放的，而北平郊区是武装斗争解放的，郊区的解放为北平的和平解放创造了条件。

南苑属平津战役中的一部分。1948年11月，中国人民解放军对北平形成四面包围的形势，步步推进到南苑。11月2日夜，南苑机场发生了巨大的爆炸事件，机场油弹库着火，引爆了机场的汽油库和弹药库，国民党部队驻场高射炮营数排营房和百余官兵被炸死，救火的五六十辆消防车遇弹药库爆炸，也车毁人亡。但爆炸原因一直是个谜，有的说是地下党组织实施的，有的说是军人不慎失火造成的。近年出版的《北京文史资料精选·丰台卷》中阴本华著《南苑机场大爆炸前后》一文揭开了谜底，这是中共地下党员实施的。当时阴本华与南苑机场地下党员高京甫同在消防班工作。该文记载:“1948年，解放战争的形势急转直下，人民解放军从四面八方包围北平。高京甫按着党的指示，和同志们紧锣密鼓地开始了行动。第一次，他用无声手枪把停靠在机场的一架P51型美国飞机的油箱点燃，使飞机着火自爆。过了不久，他们又在一架飞机机关炮的开关上捆满了炸药和导火索，面对着另一架飞机，用明火点燃后，不仅使其着火自爆，该机关炮引射出的枪弹又击毁了对面的那架飞机……同年11月初的一个夜晚，高京甫和消防班程班长来到飞机场。由于前两次爆炸试验获得成功，他们又充满信心……他们先把停放在第七跑道上的一架飞机冲着油库、弹药库的方向摆好，然后在机关炮的开关上绑满了炸药，连接好导火索，一切准备就绪，再用明火点燃导火索，高京甫和程班长迅速撤退。只听‘轰’的一声巨响，火光冲天，南苑机场东南方油库着火，又引爆了军需库和弹药库。冲击波的气浪震碎了附近房屋的玻璃，国民党军队驻南苑机场高射炮营、二〇五师一个营数排房被炸毁，百余官兵被炸死。从北平方向开来的五六十辆消防车，有的遇弹药库爆炸也连人带车飞上了天。弹药库、汽油库、军需库连烧带炸响了大半夜，机场内外一片混乱，国民党官兵纷纷逃命。”新中国成立后，高京甫成为海军军官。

1948年12月中旬，中国人民解放军华北野战军第7纵队20旅从廊房挥师西北，直抵南苑机场，先头团首先冲进机场，守敌百余人缴械投降，缴获飞机13架、汽车20余辆。同时，四野12兵团17军7师21团受命从旧宫攻打南苑机场，在强大炮火掩护下，21团指战员奋勇冲杀，守敌94师仓皇逃向广渠门，缴获敌机5架。12月17日解放了北平最大的飞机场所在地南苑。

平津战役时间由1948年11月29日至1949年1月31日，先后解放了新保安、张家口、天津等地，歼灭了敌军的主力。傅作义把剩余的20万军队缩回北京城内，被我军团团围住，处在欲战不得、欲守不能、欲逃无路的困境中，成了惊弓之鸟。我军在进行军事进攻的同时，又努力进行政治争取。1949年1月14日，中共中央发表时局声明，提出和国民党中央政府进行和平谈判的八项条件，我北平地下党对傅作义将军及其部队做了大量的工作，我平津前线司令部代表与傅作义将军的代表进行了多次谈判，双方于19日达成了《北平和平解放的协议》，22日上午10时双方休战，傅作义之部队从北平城内移至城外指定地点，北平获得和平解放。

1949年1月31日，中国人民解放军先头部队由西直门开入北平城内，与国民党军换防。为了庆祝平津战役的胜利和北平和平解放，1949年2月3日，中国人民解放军举行了隆重的入城仪式。入城主力部队由南苑出发，一辆辆汽车满载威武的解放军战士和装甲车、炮车、骑兵部队向北平城进发。入城部队行进路线是，进入永定门到前门，北平市民夹道欢迎解放军。部队再由前门向右转弯进入东交民巷，由崇文门内大街向北至东单、东四、北新桥，经地安门向西，在太平仓胡同与由西直门入城的另一路入城部队会合。两支入城部队会合后，再向南过西四、西单，向东往南经和平门、虎坊桥，由广安门出城。

新中国成立后，南苑机场仍为军事机场。改革开放后成立了联合航空公司，南苑机场成为军事与民航相结合的机场。

第三篇

南苑地区钩沉

一 马家堡火车站及其有轨电车

马家堡火车站是北京最早的火车总站

马家堡在历史上曾是京南著名的村庄，现为南苑乡一个行政村。马家堡旧时写作马家铺，“铺”通“堡”。20世纪30年代至新中国成立前马家铺和马家堡并用，新中国成立后一直使用马家堡。为叙述方便，本文统一使用马家堡之名。铺是明清时期设立的传送官文和捕盗的基层官方机构。马家堡大约明末清初成村，是个大村庄，地处京城南边，清代时紧临南苑皇家园林西北部围墙。南苑共有13座角门，马家堡角门旧址在马家堡南街西口。南苑的角门都已无存，只留马家堡角门地名，今简化为角门。

清末修铁路时经历了长时间的争论，遭到以慈禧太后为首的保守派的激烈反对。中日甲午战争中，中国战败，清政府认识到闭关锁国造成经济、军事、交通等落后状况，严重影响了战争的胜负。原来对修铁路持反对、消极态度的官员，转变为积极态度。光绪皇帝说:“当此创巨痛深之日，正我君卧薪尝胆之时”“上下一心，图自强弭患”。修铁路缺少资金，一方面向英国汇丰银行、麦加利银行和俄国的银行贷款，一方面国内集资。修津卢铁路总投资414万两白银，引进了英国40万镑的资本，保障了铁路工程的顺利进行。修铁路时英国人金达任总工程师，詹天佑任驻段工程师。金达有在英国修铁路的经验，坚持津卢铁路修复线、

马家堡火车站

修宽轨(1450毫米）的长远观点。津卢铁路通车后，恭亲王奕䜣前往天津，从北京到丰台走了一整天，而从丰台到天津只用了3小时，这个典型事例促进了清政府修铁路的积极性。

北京修铁路时，原计划火车总站设在卢沟桥，所以京汉铁路叫卢汉铁路、京津铁路叫津卢铁路。光绪二十一年（1895）修津卢铁路，1898年建成。1896年修卢汉铁路，1906年全线通车。1895年冬，铁路由卢沟桥向东延伸修到丰台，建了丰台火车站。1897年农历三月又由丰台接轨至马家堡，建了马家堡火车站（站址在马家堡村东北隅，即今马家堡路与南三环相交处往南约100米路东），同年阴历六月初一马家堡火车站正式开通使用。1900年马家堡火车站与津卢铁路、卢汉铁路连轨，成为通往汉口、沈阳的起点。马家堡火车站具有客货两种功能，是北京最早的火车始发站、终点站，也是北京最早的火车总站。

马家堡客车站

马家堡货车站

马家堡车站由英国人监造，为西洋建筑风格。马家堡站有正线1条，旅客乘降用的站台1处，面积1450平方米，建候车房1处，砖木平房结构。铁路是东西方向。车站是四方形，边宽约500米，占地面积约25万平方米。车站有东西两个站台，站台在铁道北侧，用水泥筑成，东站台长约70米，宽约20米，在东站台上建有一座宏伟的3层英式楼房，因而此地俗称洋楼台。西站台比东站台略小，东西长50米，南北宽20米。

为什么将北京铁路的终点站选在马家堡呢？以慈禧太后为首的清朝高官视火车为怪物，不准铁路进城，怕铁路进城破坏了北京城的风水。从沈阳通往北京的京奉铁路，本应从京东遵化、通州进京，但慈禧认为铁路过遵化会惊动清东陵，也不准从南苑皇家苑囿周边通过，因此按原计划在卢沟桥东边建了卢沟桥车站（此车站一直运营至抗战胜利），在卢沟桥西边建了长辛店铁路机车修理厂。从沈阳进京的铁路绕了180度，拐了一个大胳膊肘弯，后改经丰台进京，而铁路修到马家堡就不准往前修了。马家堡地理位置适宜，处于永定门和右安门中间，距城墙直线距离2公里，距永定门3公里。马家堡古时就是进京的交通要道。南城是居民、商业、会馆的聚集地，客流物流多，上下车方便。再者马家堡自然环境好，地势平坦，人口众多。

为什么说马家堡火车站是北京城最早的火车总站呢？虽然1865年英国人在宣武门外及后来在北海、南海建过火车站，时间比马家堡火车站早，但这些小火车站的作用在于广告、供一小部分人娱乐，不算作真正意义上的火车站。而马家堡火车站是按照客货两用而建。原来马家堡火车站只认作一座普通的火车站，后经笔者分析，它连通京汉、京沈铁路，认定它为北京最早的火车总站。

1900年四五月间，义和团运动迅猛发展，因铁路是“洋人”修的“洋玩意儿”，遭到义和团的破坏。6月12日，马家堡火车站及供英国人居住的小洋楼被焚毁，当地人称“火烧洋楼台”事件。站台小洋楼被义和团烧毁后，因地基为水泥浇灌的，当地村民改称洋灰台。

1900年八国联军侵占北京时，慈禧太后、光绪皇帝逃往西安，1902年返京时因卢汉铁路尚未通车，他们于阴历十一月二十八日10时在保定改乘专列火车，12时在马家堡车站下的火车。官员们为了迎接太后回銮，还在车站搭建了一个彩牌楼。慈禧、光绪下火车后，分乘八抬大轿回宫。

八国联军占领北京后，天坛成了外国军队的兵营。为了运输军用物资，曾在永定门西边的城墙开洞，把铁路修到天坛。光绪三十二年（1906）才把铁路从马家堡经永定门修到北京城内前门东侧，名前门火车站。因前门西侧有货运火车站，前门车站又称前门客车站或前门东站。1900年铁路要进城，铁轨从马草河北往北移动至凉水河北，马家堡火车站约在1902年撤销后，在新修的京汉、京沈宽轨铁路旁边先后建有永定门外和右安门外两处马家堡车站，原马家堡车站改为马家堡线路所。

马家堡火车站搭彩棚欢迎慈禧太后和光绪皇帝回京

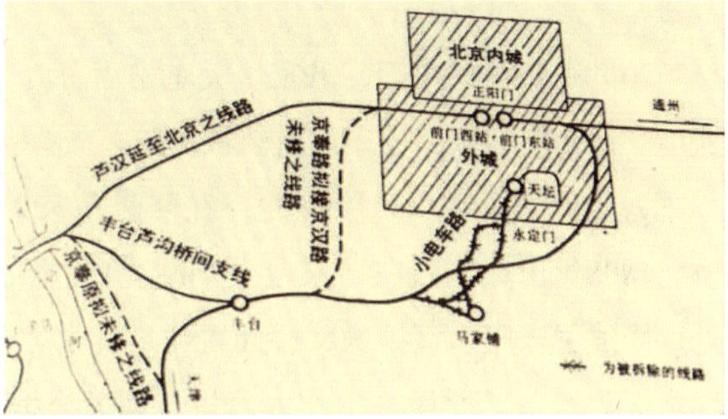

马家堡火车站线路图

马家堡火车站作为北京的铁路总站，运营了7年左右的时间，虽然它存在的时间不太长，但对带动周围地区商业、市政、交通及促进中国铁路的发展起了重要作用。当时这里曾车水马龙、客商云集，是十分繁荣的地方。

为了了解全面情况，掌握更多的资料，写出内容丰富、事实生动的文章，每逢老干部活动、聚会、探亲访友、路遇熟人，笔者都要询问有关南苑文史方面的问题，尤其是一些疑难问题。有一次笔者与马家堡村齐双禾聊天时，询问马家堡火车站旧址，他说他知道马家堡火车站尚存遗迹，并带笔者去实地查看。马家堡火车站东站台遗址在今马家堡路80号院3号楼东北角，现在原水泥站台上盖了居民住房，站台成为房子的基础，此地仍具较高的地势。在此地可看到露在地面的部分火车站站台遗迹，经实地测量长24米，高20~40厘米，这是马家堡火车站遗存的唯一遗迹。西站台旧址在今南三环路南空军汽车修理厂之地，1963年马家堡第五生产队曾在西洋灰台上晾晒过药

马家堡火车站遗址，平房地基为火车站站台

材。20世纪50年代末期，马家堡火车站尚有废弃的一段窄轨的旧铁道和车站遗址。1959年马家堡火车站铁轨被拆除。

为了运送乘客、货物方便，在修建马家堡火车站的同时，还修建了洋桥。1898年由英国人在马家堡火车站北1公里的凉水河上（与马家堡路相交处）修建了一座水泥桥墩，桥面置铁道枕木之桥，取代了原来的土桥。当时称水泥为洋灰，此桥又由洋人修桥，所以当地百姓称其为“洋桥”。1962年进行了重建，1988年拆除原桥建了新的钢筋混凝土结构桥，称洋桥（西），1990年在其桥东凉水河与马家堡东路相交处建了钢筋混凝土结构桥名洋桥（东）。同年在此桥南边的三环路上修建一座立交桥，因处洋桥地区名洋桥。凉水河上的两座桥为了区别三环路上的洋桥而分别命名为洋桥（西）、洋桥（东）。

清末在马家堡村东形成一个自然村，因距洋桥较近，名洋桥村，沿用至今。原有居民57户，由于城市化建设的发展，旧村拆迁，全村农户转工转居，连片的农家平房小院，变成了高楼林立的洋桥居民社区，属西罗园街道办事处管辖。

马家堡火车站至永定门的有轨电车

笔者开始写马家堡火车站一文时，从首都图书馆和丰台区图书馆编的《丰台地方文献知见书目·报刊索引》中查到1918年9月1日《群强报》有“庚子前，永定门到马家堡安过电车”一句话。因为时间久远，我找马家堡村干部、老者调查此事时，都说不清楚、不知道。为了找到有轨电车的证据，就要查到那张《群强报》。在国家图书馆没查到，我又骑自行车到国子监首都图书馆查找，但该馆正在做内部整理，暂停借阅。首都图书馆迁到十里河新馆后，我又去新馆地方文献部查，但员工声称正在对旧报纸进行缩微工作。又过了约一年时间，我才在首都图书馆用缩微机查到了那张《群强报》。可查遍了当日所有标题也没有查到马家堡有轨电车的事。我就对所有文章逐篇从头至尾地查阅，终于在《演说·电车谈》中找到了有关马家堡有轨电车的介绍。民国初年北京城内要修有轨电车时，1918年9月1日《群强报》佩三著《演说·电车谈》文向市民介绍说："我所说是庚子（1900年）以前，永定门到马家堡安过的电车。这种电车，是在当街马路上铺上铁轨，旁边竖上铁柱，柱上安横梁，梁上悬电线，电车在铁轨上行走，借上边电线的电力，要开就开，要住就住，要快就快，要慢就慢。”有了这段文字记载，为马家堡存在有轨电车找到了有力的证据。

后来我又从有关书籍中（包括外国人著的书籍）找到了马家堡有轨电车的记载。颜吾佴等编著的《北京交通史》记载："北京第一次出现有轨电车交通，是在光绪二十五年（1899）。当时，清政府从德国西门子公司引进了数辆有轨电车，并修建了一条由马家堡至永定门外的线网和轨道。但好景不长，第二年，即光绪二十六年（1900），这条与洋人有瓜葛的轨道及车辆，就被义和团给毁了。”瑞典奥斯伍尔德·喜仁龙于1924年5月著《北京的城墙和城门》（许永全译，北京燕山出版社出版）记载："1900年以前，在北京与京津线总点以南的马家铺村之间，有一条有轨电车的轨道线，永定门车站就是这条线路的终点。义和团运动末期，外国列强占据了北京，此车站被移至天坛外，约四年后，又迁至现址。”1900年义和团运动兴起，义和团在京城开坛口，杀洋人，毁洋货，而马家堡火车站和由车站通往永定门的有轨电车线这些洋人修建的洋玩意也在劫难逃，分别被焚毁和拆毁。当时北京有一首民谣："芝麻酱蘸白糖，鬼子就怕董福祥[①]。福祥足，两头翘，先杀鬼子后

① 董福祥，清末将领，1897年任武卫后军统领。1900年在荣禄、刚毅的指使下围攻各国使馆，八国联军攻占北京后，被指为“首凶”，革职。

马家堡火车站有轨电车

拆铁道。”

根据以上资料说明，北京最早的有轨电车在永定门外，是永定门至马家堡的有轨电车。在1899年由德国西门子公司承建永定门至马家堡的有轨电车线路。它比北京城内的有轨电车①要早20多年，是北京最早的有轨电车，是北京第一条公共交通线路，也是中国第一条有轨电车线路。

北京市第一条公交线路（纪录片截图）

为了搜集南苑地区的文史资料，我经常向文友、朋友、老者发出

① 王伟杰编著《北京趣闻1000题》记载：“北京电车公司是一官商办的机构，创建于1921年6月。1924年12月17日举行开车仪式，18日正式通车。通车的第一条路线是前门至西直门。”北京第一家电车公司是北洋政府组建的，公司总部设在西总布胡同，钢轨订购于法国，开车典礼在正阳门举行。

呼吁，请他们帮助查找有关的资料、照片。我与丰台区统计局原局长甄润昌在区级机关工作相识，我退休后热心写点丰台文史小文，他退休后从事研究清末民初时期北京地区出版的报纸工作，从而结识了一些旧报人及其后人。我们经常交流有关情况，交换资料，以文相会，他也为我寻找有关的资料。2009年7月北京公交总公司退休人员左右中（民国时期进步报纸《世界日报》《世界晚报》的主编左笑鸿之子），在陶然亭公园慈悲庵内赠予甄润昌两张永定门至马家堡有轨电车的照片。左右中长期在北京市公交总公司工作，曾参与北京交通志的编辑工作，后来公交总公司赠送他这两张永定门至马家堡有轨电车的历史照片。甄润昌得到这两张照片后，于2010年9月转送给我。这两张照片透露出许多历史信息，使人对马家堡有轨电车有了真实感和亲切感。照片为1899年德国西门子公司在北京修建的永定门至马家堡双轨有轨电车，地点为永定门外城墙根，一张照片上有1号和4号两辆车，照片中间的外国人可能是德国建造者，还有戴顶戴花翎帽的清朝官员，另一张地点为永定门城楼西南角。这两张照片可能是永定门至马家堡有轨电车通车时由德国人拍摄的，拍摄时间约为1899年，可能是为纪念有轨电车的开通而拍摄。近年收看北京电视台《这里是北京》节目，有一集是说北京交通的，其中有一段难得的永定门至马家堡有轨电

马家堡火车站有轨电车在永定门站

车的纪录片，生动形象地展现了当年北京第一辆有轨电车疾驰奔跑的丰采。

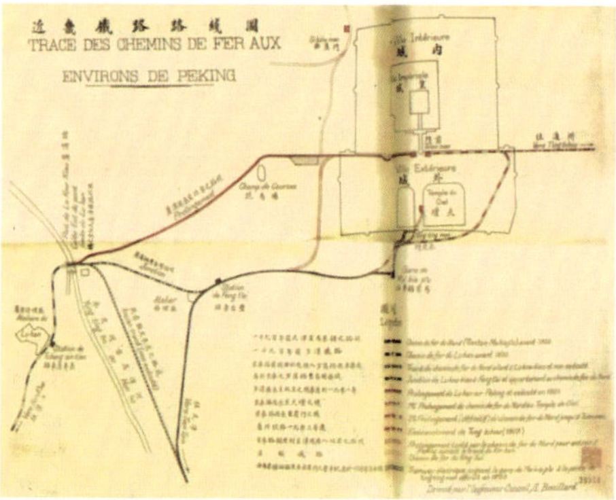

《近畿铁路路线图》

查阅了国家图书馆、测绘出版社编著的《北京古地图集》，第248页有法国铁路工程师普意雅绘制的《近畿铁路路线图》(民国年间朱墨石印本，中法文对照版），图上有马家堡、丰台、长辛店3个车站名，用11种线性符号表示了北京地区的铁路发展变化情况，其中有天津至马家堡铁路，还绘制了马家堡至永定门间的有轨电车轨道。这是笔者第一次见到马家堡至永定门间的有轨电车轨道线路图。有轨电车线路图是由马家堡火车站向北约1.3公里后向东再向北至城墙根再向东至永定门瓮城西侧，全长约3.3公里，这与有轨电车的历史照片是相吻合的。

三处马家堡火车站与北京南站的关系

历史上有三处马家堡火车站：一处是1897年建于马家堡村东北隅的马家堡火车站，于1902年撤销，旧址位于今南三环路与马家堡路相交处南100米之地，尚存站台遗迹。本文前面叙述的马家堡火车站就是这处火车站。第二处是1901年建于永定门外西南的马家堡火车站，旧址位于今北京南站货场(今陶然桥东南)，1902年更名为永定门火车站。《北京南站志》记载："清光绪二十六年（1900)，八国联军入侵北京期间，关内外铁路均为各国联军分踞，关内铁路由英国军政局派员管理，关外则由俄国人管理。英军为控制北京则向清政府施加压力，是年农历四月，英国人金达强行将关内铁路一端终点马家堡站（右安门外)，延伸到永定门外马家堡（今车站货场南侧)。"1902年"农历五月，清政府改马家堡站为永定门站（今北京南站)"，此处火车站以马家堡站名存在时间约2年时间。第三处是建于1902年后的右安门外马家堡火车站，此火车站位于今万芳桥西北角。笔者访问了南苑信用社退休干部蒋文忠，他说："我家住右安门外关厢大石桥村，右安门外马家堡火车站在万芳桥西北角，车站在村南3华里的地方，直到新中国成立初期，此火车站一直正常运转，是普通车站，慢车停靠，客流量少。”1957年在其东建成永定门火车站后撤销。此处火车站存在50多年。

《北京南站志》对永定门外马家堡车站的变迁有记载：“北京南站原名永定门站，旧称马家堡站，始建于清光绪二十三年（1897）。清光绪二十二年（1896）由丰台站向东展至北京右安门外马家堡（今京山下行12公里400米处），是年5月动工，次年3月竣工，6月正式开通使用。”“1957年2月在京山线下行9公里909米处，动工兴建永定门客运站，1958年1月竣工开通使用，1988年1月1日改永定门站为北京南站。”

1944年7月由北平地下党组织实施的颠覆日军列车事件就是在右安门外马家堡火车站。《北京文史资料精选·丰台卷》记载了马家堡火车站日军列车事件：“它只有三间房，四个工作人员，是个很小的车站。它的作用就是用来会车。”20世纪50年代末期和60年代初期，笔者在丰台区农林局工作期间，去南苑公社东部大队工作，都是骑自行车，但没有正规的直线道路，只能绕着走，常常骑到草桥村北右安门外大街与铁路交会处，就顺铁道边往东骑车去目的地。那时在马家堡村北铁道两侧各有一排平房，都称此地“马家堡火车站”，当时平房是养护铁路工人的住房。最近笔者到万芳桥寻访右安门外马家堡火车站旧址，在万芳桥西南三环路北侧登上翠林小区跨铁路天桥，可以看到桥下并列着东西向6对铁轨，天桥下边就是右安门外马家堡火车站旧址。在天桥东侧铁轨南边有两对向西的岔道，道岔是人为截断的，只剩约1米长，与现代的铁轨连接着，这就是马家堡火车站的分道岔，是列车进出车站的道岔。

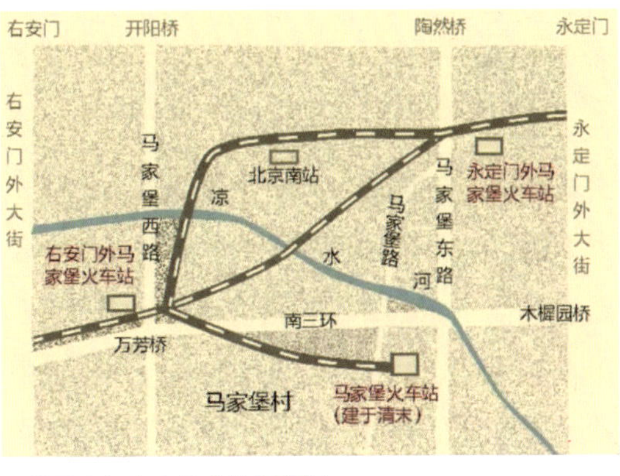

三处马家堡火车站方位示意图

右安门外马家堡火车站旧址东边紧临开阳路，开阳路东侧就是北京南站，右安门外马家堡火车站旧址与北京南站一路之隔，隔路相望。1958年在东庄东边建成永定门火车站，1988年永定门火车站更名北京南站，2008年对北京南站进行扩建，建成亚洲最大的火车站，三处马家堡火车站分别位于北京南站的南边、东边和西边。而且永定门外马家堡火车站曾名永定门火车站，而永定门火车站又扩建成北京南站，所以有的人称北京南站的前身是马家堡火车站。

马家堡原为近郊菜田区，改革开放后变为城乡接合部，随着城市化进程的加快，现在已变为市区。马家堡村委会虽然存在，但旧村已拆迁，菜田耕地已被高楼居民区湮没，此地设有马家堡街道办事处，有51路、66路、501路、603路、698路、运通108路等多条公交线路经过。在马家堡村西，地铁4号线设有马家堡站和角门西站。

二 京苑轻便铁路

南苑在清末开始成为驻军重地。清末神机营驻扎南苑，驻军14000人。1904年，袁世凯利用清政府设立练兵处的机会，将原北洋常备军第四镇改为北洋陆军第六镇进驻南苑，修筑驻军营房，在南苑镇由西往东共建7座营房。1910年清政府拨款在南苑建立中国第一个飞机场，随后在南苑建立飞机修理厂、南苑航校。随着驻军增多，机场北部增设了邮局、电话局，驻军人员生活需要的日用百货、饭馆、理发、洗浴、修理及蔬菜供应等商铺应运而生，逐渐形成集镇，初名营市街、万字地，最后确定南苑镇。因此南苑与北京城的联系密切。

光绪三十二年（1906），为了适应南苑驻军的需要，修筑了京苑（永定门至南苑）轻便铁路，此铁路归军队管理。京苑铁路为窄轨铁道，比普通火车小些，因此称轻便铁路、小火车，设有永定门、大红门、营市街等站。此铁路起自永定门站（今北京南站）至南苑万字地，全长8公里，轨距1米，1906年2月开工，1907年2月通车，共用白银10万两。永定门站为军用，其他站办理客运业务。此线曾有4台机车，客车28辆，2辆花车，10辆货车。1914年3月11日，南苑航校首次试飞，自南苑飞至保定。1916年8月南苑航校在校试验场进行飞行演习，出售参观券让老百姓观看，共发售参观券2万多张，由永定门至南苑用轻便火车运送观众，每小时往返一次。1921年4月南苑航校创办空中游览飞行，售票载客，每星期二、四、六下午2点飞航3次，分甲、乙种客票游览，甲种票游览京都30分钟，每位30元；乙种票游览飞行场10分钟，每位10元。轻便铁道为京城达官贵人、普通百姓到南苑游览提供了方便的交通工具，受到人们的欢迎。

1914年南苑轻便火车（日本人摄影）（杜星洲·提供）

清代兰陵忧患生的《竹枝词·南苑驻军》是赞颂京苑轻便火车的诗：

一六森严两镇兵，分屯两苑卫神京①。

来往南苑尤称便，军用火车已畅行。

学堂各省一齐开，都为中华养人才②。

今日指挥试兵法，调他南苑陆军来。

注：①“一六”两句指清代的陆军第一镇驻北苑，第六镇驻南苑。

②“学堂”指各省都可办军校，但毕业生必须送陆军部考试，并调他们到南苑陆军部，验其指挥各法。

后来京西煤矿急需机车，将机车运走后，此线改用小平板代替客车，以人力用铁叉推送。这种平板车没有座位，可随时停车，方便沿途乘客上车或下车。《南苑乡果园村志》记载，果园村海户屯村民黄春儒从小就在铁路上干活，他负责京苑铁路的看护保养及平板车的管理。果园村观音堂王奶奶庙香火旺盛，观音堂临近京苑铁路线，从城里到观音堂的香客，乘平板车在观音堂上下车的人较多。

京苑小火车在当时是北京一道亮丽的风景，笔者在一些老画报上查到了京苑铁路的老照片。1927年《晨报星期画报》照片原文说明：“南苑轻便火车，由永定门至南苑，约五里许（实为8公里），每人车票铜币24枚。左图为车过铁桥情景，桥已崩坏不堪，车上载满乘客。”这是平板车运送乘客，乘客有

1927年（北京）《晨报星期画报》登载的京苑小火车

1937年《世界画报（北京）》登载的京苑小火车

军警，也有百姓，他们有的站着，有的坐着。这是冬天的景象，乘客穿着棉衣，迎着寒风，该多冷呀！小火车正在通过一条河（可能是凉水河），桥墩已损坏。

1937年《世界画报（北京）》登了从永定门始发的小火车照片，照片原文说明："元旦开始行驶之南苑小火车在永定门开行情形。"小火车后边不远处能看到永定门箭楼和城楼。

1941年9月京苑轻便铁路改建为标准轨距，北与永定门站接轨，南延至南苑军用机场，正线终点向东延长至10公里。新中国成立后建设了永定门粮库、大红门油厂，均与此铁路连线，修了专用铁路。1958年东南环线通车时被切断，分为永定门至大红门联络线和大红门至南苑支线两段，1981年修建北京市南三环路切断永定门段。

京苑小火车由1907~1941年运营约35年，方便了军人、市民乘坐，对城市交通、促进经济发展发挥了重要作用。

三　南苑黄亭子

北京原有10多处黄亭子，都有皇帝御制碑亭，因碑亭用黄色琉璃瓦覆盖而称黄亭子。由于年代久远，碑亭已无存，新中国成立后碑亭之地称为黄亭子，现在北京留下几处黄亭子地名。

在丰台区南苑大红门西南1公里处有一黄亭子地名，原343路公共汽车设有黄亭子车站。前些年有的北京报纸文章称黄亭子是皇帝打猎憩息的地方，经查明清两代历史资料及清代官绘《南苑全图》均无黄亭子的记载。我查阅历史资料得知，黄亭子是清末民初光禄大夫傅子范之神道碑亭。这座碑亭建于民国八年（1919），是北京建得最晚的一座黄亭子。

北京的黄亭子多是为纪念修路、景碑、皇帝公主而建的，而南苑黄亭子是一座特殊的碑亭，它是为纪念一位清朝军官而建的，而且是由清末皇帝溥仪和民国总统徐世昌共同建立的。

傅子范，名锡畴，字子范，生于道光二十四年（1844）三月十五日，祖籍江西，清初迁湖南乾州（后改乾城，今吉安县），从其曾祖父起至他连续四代被清朝追赠光禄大夫(正一品官员)，从曾祖母至其夫人连续四代皆封夫人。他青年时从军，驻威海卫，在武备学堂任教，受皇帝派遣到东北吉林历宁、珲春及乌苏里江、伯力进行考察，勘察边界。在山海关专治军械，领导开采永平金矿、永建金矿，工作勤恳，畏避荣禄，无一毫私利，多次被推荐给皇帝，并参加过甲午之战、保卫威海卫的战役。傅子范有三子二女，大儿子傅良佐为中华民国陆军上将衔陆军中将、湖南督军，二儿子傅良藻陆军少将，三儿子傅良璧清知县。傅子范于民国八年（1919）二月二十九日在北京去世，享年75岁，当年六月十六日葬于南苑大红门西南之地，即今黄亭子。

傅子范墓碑

据南苑乡大红门村退休老干部张福香同志回忆，黄亭子坐落在大红门南路路西，今南北铁道西边，有4根柱子，四角出长檐，顶部覆盖黄色琉璃瓦，亭子高约3米，宽约1.7米，有一大间房的面积，中央立有一通大石

傅子范神道碑拓片

傅子范墓志铭拓片

碑，石碑两侧边雕刻着两条龙。黄亭子即矗立神道碑的地方，是傅子范墓建筑群的一个组成部分，因为是清末皇帝封的一品大官，所以称皇亭子。新中国成立初期尚存亭子，20世纪60年代初尚存石碑，现在亭子及石碑已无存。笔者在国家图书馆查到《傅子范神道碑》和《故清封光禄大夫傅公墓表》碑文拓片，神道碑阳面为“清封光禄大夫傅公子范之神道”13个大字，碑首有“神道”两个篆字。《辞海》解释：神道即墓道。“墓前开道，建石柱以为标，谓之神道。”根据拓片尺寸测出神道碑通高217厘米，碑身高187厘米，宽70厘米，碑额高30厘米，宽25厘米。

傅子范墓曾被盗。在黄亭子西边原北京军区空军部队黄亭子宾馆院内有一座傅子范墓碑，墓已拆毁，尚存一组较完整的石刻。碑亭一座，高2.5米，宽1.7米，亭正面刻:“清封光禄大夫傅公锡畴字子范之墓。”下刻傅子范3个儿子及儿媳、孙子的名字。时任民国“大总统”徐世昌所题对联一副：右刻“早傅方略张世安”，左刻“高咏游仙郭景纯”。碑亭前有华表一对、石狮子一对、香炉及石五供一组。这些石雕均属利用清代墓地之遗物。1983年在南苑空军油库出土了《清封光禄大夫傅公之墓志铭》，现藏丰台区长辛店连山岗石刻园。该墓志铭边宽76厘米，厚13厘米。

傅子范墓碑（墓表）一通，墓志铭一

盒，均为石质。墓表题名《故清封光禄大夫傅公墓表》，墓志铭题名《清封光禄大夫傅公之墓志铭》。墓表、墓志铭均为段祺瑞撰文、清史馆提调周肇祥书丹、清实录馆事李经畬篆额。墓表也称墓碑，墓表和神道碑异名同物，是立于墓前面和后面的石碑，上面刻有关于死者姓名、事迹的文字。墓志是放在墓中刻有死者传记的石碑，上面记有死者的姓名、籍贯和生平，墓志铭为方形石刻，上盖下底，底刻志铭，盖刻标题。墓志铭包括志和铭两部分，志多用散文记，叙死者姓氏、籍贯、生平等；铭则用韵文概括全篇，是对死者的赞扬、悼念和安慰之词。傅子范墓表、墓志铭是研究中国近代史和威海卫保卫战及甲午海战的一份有价值的实物资料。

傅子范逝世于民国初年，当时尚存帝制，是末代皇帝溥仪封的“光禄大夫”，所以墓碑刻有“清封光禄大夫”字样。“光禄大夫”为清朝皇帝所封官名，为正一品官职。笔者分析，傅子范本人是清末高官，他两个儿子是军队高官，可能是活动于时任总统徐世昌和退位皇帝溥仪而建的黄亭子。徐世昌所题对联中，张世安为西汉大臣，昭帝时任右将军、光禄勋；郭景纯为东晋文学家，博学，所作《游仙诗》比较有名，著有《尔雅注》等书。

傅子范墓1984年公布为丰台区重点文物保护单位。这组文物在军队院内，该部队近年建成招待所，现名“北京空军黄亭子宾馆”。这组文物坐落在苍松翠柏、绿树青草、小桥流水的花园内，保护得很好。

四　民国时期的南苑赛马场

民国年间在南苑一些空地举办了赛马活动。在大红门东边有东马场，大红门西边有西马场，现在东马场地名已消失。民国十三年（1924）在西马场办了万国运动赛马会，周围树立木柱围起来，周长约2公里，跑马场建有两层看台楼供观众看赛马。跑马场卖彩票，带有赌博性。王士斌著《北京的马术运动》有南苑大红门万国跑马场的记载：“北京西便门跑马场建成后，因为不让中国人参加，同时天津、上海、青岛马场又相继建立，北京一些爱马的人也自寻出路，筹建了南苑万国跑马场。一时名马云集：有蒙古王公于二喇

北京南郊跑马场

嘛以龙驹命名称为‘黑龙驹’‘青龙驹’的马，有热河省主席汤玉麟所养以雀、鸟命名的‘麻雀’‘黑鸟’。天津骑师李大星、陈文楚、王栋仁等也赶来参加赛马。这个马场经营了三年而关闭。”民国三十年（1941）11月29日《北京晨报》刊登了南苑大红门赛马的报道，称此地原来是南苑出产羊草的地方。这个跑马场的地点在大红门西路路南某空军部队驻地，此地在新中国成立初期曾存有二层楼式观看赛马的看台，后来因建楼房而拆除。日本侵占北京后曾在大红门东马场设立跑马场。

在南四环中路北侧的马家堡东路两边有3处西马场居民区：东边有西马场居民区，此地在1949年前称小马场；西边有西马场南里和西马场北里两个居民区。有的北京地图把“西马场”写成“西马厂”，西马场公交汽车站牌也写成“西马厂”。《北京市丰台区地名志》记载：“据传这里曾经是明、清两代皇帝养马的场所，供皇帝进苑骑用。1949年前这里是一片空地，只有零星住户。”20世纪50年代后在此地建有北京木材厂等单位，并建职工宿舍，曾名西马场西宿舍，1980年命名西马场北里。西马场南里始建于1958年，系北京木材经营处职工宿舍，曾名木材经营处宿舍、西马场南宿舍，1980年定名为西马场南里。343、501等路公共汽车设有西马场、西马场北口汽车站。

五 历史上的南苑区

南苑区历史沿革

南苑区是北京解放后新成立的一个行政区，成立于1949年2月，于1958

年5月撤销建制，存在时间九年半。

明清时期南苑地域属大兴县，大兴为畿辅首县。南苑皇家园林明代名南海子，清代名南苑，南苑占地约210平方公里。清末废弃南苑皇家园林准于垦荒后，此地耕地增多，并形成200多个自然村。民国时期南苑地域属河北省大兴县，大兴县政府驻地原在城内东城大兴胡同，1935年迁至大红门，七七事变后迁至南苑镇。

南苑区在解放初期区名、建制、管辖范围变动较频繁。1948年12月，随着平津战役的发展，南苑获得解放。当时冀中十地委、专署设立了大兴县六区（海子区）和南苑市(属十专署领导)，刘荫伍任海子区区长，赵建华任南苑市市长。1949年2月经华北人民政府批准，河北省大兴县所辖第六区和南苑市划归北平市管辖，设立北平市南苑区，建立中共北平市南苑区委员会和南苑区人民政府，麻建础为首任书记（至1952年9月），张还吾为首任区长(至1952年12月，自1951年春任代书记，1952年9月至1958年5月任书记)，区委、区政府驻地南苑镇，区委机关最初在南山堂药店西边一地主院内，1953年后迁至大泡子南岸的排房，即今南苑中学，区政府机关在新华街5号，原大兴县政府旧址。刚建立的南苑区管辖范围是：原南苑皇家园林地域，东至东红门、石太庄，南至南大红门、团河，西至西红门、新宫，北至镇国寺、大红门。初划定的南苑区有1个镇，216个自然村，8655户，35263人，耕地185491亩。

1949年4月南苑区改称二十三区，管辖范围不变。6月撤销十五区（驻地永定门关厢）建制并入二十三区，二十三区改称北平市第十四区，区委、区政府驻地仍在南苑镇。管辖范围包括右安门关厢、永定门关厢、左安门关厢、东铁匠营、大红门、马家堡以及南苑镇、团河等共1个镇，6个街，55个行政村，329个自然村，德茂庄、南同顺、合义、庑殿、大泡子、马家堡（铁路）6个农场，总面积1562平方华里，总耕地278446亩，共21625户，90607人。其地域范围南起南苑皇家园林南端，北至北京外城南三门，包括明清皇家苑林地域及其北墙至北京外城南三门地区，其范围为南苑区的基本地域，以后只有个别较小的调整。

1949年10月经市政府批准，将十五区（丰台）所辖的西红门镇划归十四

南苑区委旧址

大兴县署、南苑区政府、南苑公社旧址

区（南苑）管辖。

1950年8月十四区改称十一区，1952年8月十一区又改称南苑区。这两次都是市政府统一调整区划，只更改名称，所辖范围不变。1951年4月市政府统一调整区划，将原属十一区范围的永定门关厢划归九区管辖。

1956年3月经市政府批准，将南苑区镇国寺乡建制撤销，其所属的镇国寺、角堡、小草桥划归丰台区，并入草桥乡管辖。

1957年11月经市政府批准，原大兴县新建乡移交给南苑区管辖，这个乡原是昌平县大水峪等8个村于1956年迁去的。

1958年3月经市政府批准，原通县双桥、碱庄两个村划归南苑区鹿圈乡管辖，原通县的大羊坊、小羊坊、康村划归南苑区老君堂乡管辖。

经市政府批准，南苑区域内的一些乡和街道办事处于1952年5月、1953年10月、1955年9月、1956年11月、1957年4月、1958年3月共6次调整，由原来的55个乡、1个镇最后调成为9个乡和4个办事处。

1958年5月经国务院批准，撤销南苑区建制，将南苑区下辖9个乡和4个办事处分别划归丰台区、大兴县和朝阳区。划归丰台区的有南苑、大红门、东铁匠营、右安门4个办事处和槐房乡；划归大兴的有红星、金星、旧宫、鹿圈、西红门5个乡；划归朝阳区的有十八里店、小红门、老君堂3个乡。

在南苑区担任过中共南苑区委书记的有麻建础、张还吾，担任过区委副书记的有吕子敬、牛小庆、郭建圻、赵建华、王海、徐督；担任过南苑区区长的有张还吾、王海，担任过副区长的有阎呈祥、王海、刘荫伍、杨福泰、窦春芳（女）。

摧毁旧政权，建立新政权

为了接管北平，中共中央华北局于1948年秋在良乡、泊镇集中了几千名干部，进行培训，学习革命形势、城市政策、遵守纪律。

1948年12月南苑解放后，冀中十地委、十专署将大兴县原海子区改建为六区，将南苑镇改建为南苑市，任命刘荫伍为区长，任命原中共大兴县敌工部部长赵建华为市长。赵建华带领干部从中共大兴县委所在地采育出发，赶赴南苑进行接管工作，十地委并从本地委公安处抽调在文安集训的聂旭等6名干部、从十专署进出口工商局抽调马志华等6名干部火速赶赴南苑市协助赵建华开展工作。南苑镇原是国民政府大兴县政府和大兴县党部的驻地，国民政府在南苑地区实行保甲制度，有47个保组织，作为统治基层政权的机构。赵建华到达南苑后，国民政府大兴县政府的官员早已逃进城内，其大兴县党政机关已空无一人。赵建华带领干部首先进行基本情况调查，清理国民党党团特务组织，清理旧政权和反动会道门，收容散兵游勇。

1949年1月，成立了中国人民解放军北平市军事管制委员会东南分会，随即合并到丰台分会。是月黄村以北地区划归北京市管辖，原大兴县六区和南苑市合并成立北平市南苑区，恢复南苑镇建制。中共北平市委任命张还吾为南苑区区长，他和派往南苑区工作的干部，从良乡集训地出发，奔赴南苑。1949年2月南苑区正式建立，麻建础任书记，张还吾任区长，赵建华等任区委委员。南苑区委区政府派出工作组深入群众，进行宣传，成立农筹会14个，入会户数2008名。全区登记散兵游勇1125人，收缴各种枪支567支，收容的散兵游勇303人，分别送收容所或遣返原籍。由区政府工作组召开群众会宣布推翻保甲组织，建立街公所和村公所，10个街政府和29个行政村建立了政权组织，选举了村长、副村长。因当时村民文化水平低，新宫等村采用投豆方法选举了村干部。

在基层建立民主政权后，在南苑区委的领导下积极开展了取缔一贯道等反动会道门、取缔妓院、镇压反革命、禁毒、土地改革、贯彻婚姻法等运动，有力地打击了敌人，教育了人民。为了实行民主，人民当家做主，逐渐实行代表会议的形式，管理地方和国家大事。南苑区当时农村是重点，

1949~1951年共召开过4次全区农民代表会议，主要议题是研究讨论土地改革、部署冬季生产、选举农民协会领导机构、选举出席北京市各界人民代表会议的代表等。从1951~1953年召开了三届7次南苑区各界人民代表会议。这时的各界人民代表会议是代行人民代表大会的职权，是实行普选前的过渡性权力机构。主要议题是农业生产、镇压反革命、抗美援朝、选举区政府领导人员、听取通过政府工作报告、粮食统购统销、传达市各界人民代表会议情况等。人民代表大会制度是我国人民民主的根本制度，人民代表大会是最高权力机关。1954年和1956年进行了两次普选，选举了区人民代表。1954~1958年召开过两届8次南苑区人民代表会议，主要议题是全区普选工作总结、听取审查政府工作报告、选举出席北京市人民代表大会的代表、选举区政府领导成员等。从1955年3月至“文革”初期区政府称区人民委员会，简称区人委。

南苑农业合作化

1953年6月15日召开的中共中央政治局会议对过渡时期的总路线做了较为完整的概括:“党在过渡时期的总路线和总任务，是要在十年到十五年或者更多一些时间内，基本上完成国家工业化和对农业、手工业、资本主义工商业的社会主义改造。”中央政治局会议后，在中共中央宣传部起草的关于总路线的宣传提纲上，把党在过渡时期的总路线进一步完整准确地表述为:“从中华人民共和国成立，到社会主义改造基本完成，这是一个过渡时期。共产党在过渡时期的总路线和总任务，是要在一个相当长的时期内，逐步实现国家的社会主义工业化，并逐步实现国家对农业、对手工业和对资本主义工商业的社会主义改造。”对社会主义工业化和对农业、手工业、资本主义工商业的社会主义改造，当时简称为“一化三改”。国家对官僚资本实行没收归国有的政策，而对民族工商业实行赎买的政策。对个体农业要组织农业合作社，对个体手工业组织合作社，对资本家的工商企业进行公私合营，实行赎买政策，按其资本分年付息；对小业主的商铺组成合作商店。南苑区委区政府于1956年完成了“三大改造”的任务。据1957年2月区人委报告，全区37个高级农业合作社，平均每社553户，入社户数占总数的99.4%；手工业组成

39个合作社，入社3241人，占总户数95.6%；私营工业346户，4051人，合并为27个厂；私营商业商贩1390户，有47户商业和80户连家铺实行公私合营，1012户摊贩组成105个合作小组，还有一部分居住在农村的小商户和半农半商户参加了农业社。

南苑区为近郊，农村是区委区政府的工作重点。南苑区在1949年10月下旬至1950年3月进行了土地改革，全区54个行政村先在槐房村进行了试点，然后分三批进行土改。根据中央关于大城市和新解放区土地改革政策及《关于北平市辖区农业土地问题的决定》，没收地主的土地，征收富农出租的土地，都归公有，分配给农民使用，实行耕者有其田。原来租种地主、富农的土地，不论租用者是中农、贫农、雇农，基本上原耕种者不动，不平均分配土地。南苑区土地改革结果：全区共没收地主土地、征收富农出租的土地150373亩，除留给地主自己耕种和原租种地主、富农的农民原耕不动外，其抽动经营地主、农业资本家、佃农的土地52240亩，其中：13288亩留给国营农场、学校、部队耕种；38851亩分给无地、少地的农民耕种。还征收了地主多余的房屋、粮食及其他生产资料，分配给贫苦农民所有，有3159户分得房屋7075间，有1511户分得粮食79361斤，共分配牲畜485头、大车322辆、水车349辆、农具14615件。

土地改革后，广大农民获得土地，生产积极性很高。但是一家一户的小农经济身单力薄，生产中遇到很多困难，抵御自然灾害的能力更差。为此中共中央于1951年、1953年和1955年先后3次发出了农业互助合作的号召，要求“引导农民逐步按照自愿的原则，组织各种形式的劳动互助和生产合作，启发农民由个体逐步过渡到集体经济的道路”。南苑区委区政府积极引导教育农民走互助合作的道路，农业合作化道路一般经过互助组——初级合作社（土地四成分红、劳力六成分红，为半社会主义性质）——高级合作社（取消土地分红，完全按劳取酬，为完全社会主义性质），由小型合作社到一乡一社。办社中，区委加强领导，派出工作组，宣传群众，加强计划管理、劳动管理、财务管理。1951年冬有12个行政村组织互助组226个，1952年春试办了瀛海庄、中立堂村两个农业合作社。1954年全区农业社发展到84个，常年互助组819个，临时互助组407个，参加互助合作的农民已占总农户的

63%。1955年8月传达中央《关于农业合作社问题的报告》后，全区掀起了农业合作化的高潮，实现一乡一个高级农业社。1956年1月全区成立了40个高级社，入社农户19535户，占总农户的99%。

1952年8月市委郊委从市有关部门、南苑区委抽调干部组成工作组到姜场、钱庄子、三槐堂、中立堂等4个自然村组建集体农庄。经过宣传，大部分农户愿意参加，共有63户参加农庄，耕地1500亩，1953年阴历正月十五召开了建立红星农庄大会。这年农庄农业大丰收，附近的合作社、互助组、单干户纷纷要求参加，发展到530户，1954年增加到850户，1955年达到1000多户，17000亩地。1955年10月30日，《北京日报》刊登了市委农村工作部、市农林水利局编写的《红星集体农庄的远景规划》。国家领导人看了这个规划后写了按语："这是一个全乡一千多户建成的一个大合作社（他们叫集体农庄，即是合作社）的七年远景计划，可作各地参考。为什么要有这样的长远计划，人们看一看它的内容就知道了。人类的发展有了几十万年，在中国这个地方，直到现在方才取得了按照计划发展自己的经济和文化的条件。自从取得了这个条件，我国的面目就将一年一年地起变化。每一个五年将有一个较大的变化，积几个五年将有一个更大的变化。"1955年底将《红星集体农庄的远景规划》及按语编入《中国农村社会主义高潮》一书，给予南苑人民极大的鼓舞和动力，南苑人民以更高的政治热情在社会主义大道上阔步前进。

南郊农场的建立。南苑地区是一个特殊的地域，清末废弃南苑皇家园林后，拍卖南海子210平方公里的土地，被官僚、太监抢购，变成连片的地主庄园。辛亥革命后这些地主庄园转卖给了60多个北洋军阀官僚。民国期间建有南苑农场（也称六合庄农场，土地2060亩）和私立燕京大学农作物改良试验场

1955年马家堡社员听《关于农业合作化问题的报告》

(俗称华美农场，土地2000亩)。北平解放后，华北人民政府接管了这两个农场，并成立了北京市第一个国营农场——五里店农场，并开垦原国民政府弹药库区3300亩土地。1950年根据上级指示，将南苑地区没收的官僚资本家的土地和部分地主庄园的土地建了一批小农场，即有德茂庄、和义、钱庄子、南同顺、天恩庄、黄村、合作等7个小农场，共有土地11820亩。1952年这些小农场合并成德茂、南同顺、和义、五里店等4个农场。1953年调整为南郊畜牧场、五里店农场、和义农场3个农场。1954年8月南苑地区的农场由华北农林局改为北京市农林局领导。1954年这3个农场及西直门外新华牛场合并组建成国营南郊农场，1957年全场土地面积29748亩，其中耕地面积20806亩，职工1457人。1958年6月红星乡红星农庄、鹿圈乡晨光社、西红门乡曙光社、金星乡金星社、旧宫乡旧宫社等并入南郊农场。1958年8月组建了红星人民公社，成为场社合一、政社合一的组织。

广大农民经过互助合作的道路，亲身体会到集体经济的优越性，他们总结说：单干好比独木桥，走一步摇三摇；互助组是铁桥，风吹雨打长不了；农业社是银桥，经济发展生活好；人民公社是金桥，通向幸福路一条；金桥银桥好是好，就是步子迈快了。

南苑区在农业战线涌现出许多劳动模范，获得1957年全国农业劳动模范有王荣和（蒲黄榆农业社主任）、张振儒（南郊农场饲养员）、寇顺义（女，金星农业社副主任）、赵炳忠（农业拖拉机站驾驶员）。1958年西铁匠营红旗社的环境卫生、蒲黄榆的农业生产、西罗园托儿所做出了突出成绩，评为全国劳模先进单位，西铁匠营的杜长亮、蒲黄榆的王荣和、大红门农业社的白秀兰，出席了中央的农业表彰会，获得了由总理署名的国务院奖状。

文教活动蓬勃发展

南苑区委区政府在抓社会主义经济建设的同时，积极开展了社会主义文化教育活动。南苑区政府设有文教科，专管文化教育工作。

南苑解放后，国民政府时期遗留下来的公办小学、村办小学和私办小学共47所，全部予以接收，并逐步改建成7所中心小学。解放前南苑没有一所中学，1950年代南苑区先后建立了5所中学：1951年在南苑镇中心小学开设中学班，1955年迁至大红门村南建了北京市第十八中学；1954年在小红门村北建立了北京市七十二中学；1955年在南苑镇建了南苑中学；1957年建了右安门中学；1958年建了鹿圈中学。新中国成立后开展了扫除文盲工作。据记载，1956年10月全区扫盲小学人数达20000多人，占农村文盲、半文盲总数的80%。同时开展了企业职工的业余教育工作，1955年职工业余学校91所，学员3000多人，1956年职工业余学校学员达8000多人。通过扫盲和职工业余教育，提高了广大农民、职工的文化素质，对各项事业的发展起到了促进作用。

为了活跃城乡人民的文化生活，1949年在南苑镇建立了区文化馆，以后陆续建了马家堡、东铁匠营、鹿圈、西红门、小红门、怡乐等文化站。首先组织各村民间花会，围绕欢度春节、庆祝丰收、配合党的中心工作开展活动。1950年1月为庆祝土地改革胜利，各村花会到区委区政府门前表演。1956年1月为庆祝社会主义改造全面胜利，文化馆组织花会队伍游行到市委市政府报喜，并到天安门广场表演。南苑区文化馆成立了农民文艺组，是业余组织，共有40多人，为配合政治运动和中心任务常自编自演一些短小的快板、相声、歌曲、话剧、歌剧等作品，有《民主建政好处多》《新事新办》《光荣灯》《三反小唱》等41个节目，在南苑镇及农村共演出596场，观众37万多人次。1952年11月19日北京市举办了文化馆群众观摩演出晚会，南苑文化馆农民文艺组演出的对口唱《双满意》和小歌剧《学做活》受到好评。《双满意》的演员东振兴、胡金蓉被评为优秀群众文艺工作者，并受到市人民政府的奖励。文化馆组织各村成立了农民业余剧团56个，舞蹈组20多个，组织各乡、各村教唱革命歌曲、演唱文艺节目。1953年前后区文化馆曾多次请评剧表演艺术家新凤霞到南苑为各乡文艺骨干讲课，并作示范演出。1952年2月在吉祥戏院举行北京市农民业余文艺观摩演出，西铁匠营乡表演了用本地真人真事为题材自编的曲艺《李春林入社》，南苑文艺组演出了黄梅戏《夫妻观灯》。1953年5月南苑区的文艺积极分子20多人参加了中央文化部召开的纪念毛泽东主席《在延安文艺座谈会上的讲话》发表11周年文艺汇演，演出的节目受到好评。1955年南苑文艺组还代表北京市参加了全国民间音乐、舞蹈观摩会演，演出了南苑镇副镇长丁向乾编写的话剧《强扭的瓜不甜》，著名作家老舍观看后，夸奖这个剧写得好、演得好。很多文艺演员通过参加文艺演出实践和自身的努力，提高了文艺素质，走上了专业演员的道路。南苑镇东振兴1956年被选到中央歌剧舞剧院，后又吸收为民族乐团的歌唱演员，他还参加了第四届世界青年联欢节的演出活动。

1958年2月25日，西红门曙光农业社召开了兴修水利庆功会，中国文联主席率领著名文艺家100多人参加了庆功会，他们当中有阳翰笙、田汉、欧阳予倩、许广平、谢冰心、曹靖华、赵树理、刘开渠、冯至、周立波、艾芜等。文联主席向优秀社员发了奖，讲了话，表扬了社员们的英雄气概，向曙光社赠送了礼品、作家们的作品集和题名录。并当场挥毫在题名录上写了一首诗:“一九五四年初现曙光，一九五八年跨过长江，今后是永不下山的太阳，把西红门建成天堂!”

由于南苑文艺活动成绩突出，南苑文化馆馆长武永隆评为全国劳动模范，出席了全国劳模大会。

六 南苑乡改革开放40年纪实

南苑乡的土地、南苑乡政府办公地（位于大红门），都在南中轴延长线上，距天安门7公里，称天安门前第一乡。南中轴延长线是永定门至南苑机场，包括永定外大街和南苑路，南苑乡按南中轴延长线分段，占据着木樨园到南苑机场的南苑路段。本文记述南苑乡体制改革、经济改革、农民建饭店、大红门服装商务区、股份制改革、建设农村新社区等六个方面的改革成果。

南苑乡体制改革

1978年十一届三中全会决定把党的工作重点转移到社会主义现代化建设上来，吹响了改革开放的号角。1979年撤销南苑公社革命委员会建制（革命委员会是“文革”产物，是政权机构），恢复南苑人民公社管理委员会体制。

丰台区探索对南苑人民公社实行新的政权组织形式。南苑公社是1958年成立的，是政企合一的组织，经历20多年的时间，实践证明它的体制和内容不适合经济发展的需要。人民公社是经济组织，规模过大，生产力水平较低。改革开放前，存在生产规模越大越好的错误认识。当时南苑公社规模较大，处于近郊区的城乡接合部，北起左安门、右安门，南至南苑镇，面积共56.74平方公里，辖16个行政村，63个自然村，常住人口11.75万人，户籍人口2.9万人，与多个办事处交叉管辖。1962年调整公社规模时也未做调整，只将槐房大队分解为槐房、新宫两个大队。

1983年3月，南苑人民公社开始进行行政管理体制和经济管理体制的改革，将南苑人民公社改为南苑农村办事处的试点。指导思想是：政企分开，减少重复的管理机构，建立明确的岗位责任制，改进工作作风，提高工作效率，建立科学的、新型的管理体系。经丰台区委、区政府批准，将政社合一的人民公社取消，南苑人民公社终止，组建了丰台区人民政府派出机构——南苑农村办事处，并组建了农工商一体的集体经济组织——南苑农工商联合公司，实行党政分开，政企分设，改变党政不分、政企不分的局面。原大队

南苑乡机关大门

级建乡，并分别成立乡政府、乡农工商联合公司，生产队级改称分公司。1984年3月26日，正式建立南苑农村办事处，以原南苑人民公社的区域范围为农村办事处的行政区域。6月，南苑农工商联合公司改称南苑农工商联合总公司，下设16个农工商联合分公司，后改称农工商联合公司。这实际上是从法律上赋予了各乡村所有的公司以独立的法人资格，使它们自负盈亏、自主经营、独立核算、独立承担民事责任，从而较好地摆脱行政约束，充分自主地发展。

1987年2月撤销南苑农村办事处，建立南苑乡政府，撤销所属各乡政府建制，改建村公所。1998年5月将村公所改为村委会建制。南苑乡党、政、企三套班子领导成员依规产生，乡党委书记、副书记、委员由乡党员代表大会选举产生；乡长、副乡长由乡人民代表大会选举产生；南苑农工商联合总公司总经理、副总经理由上级任命。

根据区人大规定，增设南苑乡人大主席团机构，从1991年第九届乡人民代表大会开始增选乡人大主席、副主席，并设乡人大办公室。

2010年，为了适应城市化进程的发展，经区委、区人大批准，南苑乡增设中共北京市丰台区委南苑地区工作委员会、北京市丰台区人民政府南苑地区办事处机构，这是区委、区政府派出机构，可代行区政府一些职能，中共南苑地区工作委员会与南苑乡党委、南苑地区办事处与南苑乡政府都是一套人马，挂两个牌子。

近年来随着城市化的发展，旧村改造建成新社区，农民全体转居民，已有成寿寺、花园、马家堡3个村委会建制被撤销。

实行经济改革，农业、工业迅速发展

南苑地区是北京的菜园子，是著名的南苑稻的产地，也是北京市商品猪、鸡、鸭、鱼等副食品生产基地。右安门一带是老菜区，种菜历史悠久，人称“菜窝子”“菜虎子”。

原来社员在生产队集体劳动，以大队为基本核算单位。社员干活“大拨哄”，分配“大锅饭”，形成“当一天和尚撞一天钟”的思想，出工不出力，影响了社员的生产积极性。党的十一届三中全会以后，各村逐步推行“包工到组”“联产计酬”“四定一奖”(定收入、定开支、定产量、定用工、超产奖励）的土地联产承包责任制，坚持责、权、利相统一和按劳分配的原则，彻底改变平均主义、“吃大锅饭”的状况。在土地等生产资料仍为集体所有的前提下，把土地分给社员，以家庭经营为主，充分发挥社员的生产积极性和创造性，促进农业增产增收。1984年上半年，新宫、花园两村率先实行家庭联产承包责任制。1985年，时村在实行“四定一奖”集体承包责任制后，开始实行以生产组和以户为单位的承包责任制，并在南苑乡全面推广。到1990年，南苑乡实现家庭联产承包责任制的生产队有33个，劳力1539人，耕地3089.6亩。实行生产组联产承包责任制的有56个队，185个生产组，菜地6574.7亩，粮田4317亩，劳力2824人。其余的生产队也开始采用集体计件的劳动方法。联产承包责任制的实行，极大地调动了广大农民的生产积极性，群众开始发家致富，集体经济迅速增长。

从20世纪50年代至80年代中期，北京对粮食、蔬菜实行统购统销，农民种粮种菜，生产出来全部交给国家，但不能私卖一斤粮一斤菜，私卖粮菜是犯法行为，要受到严厉制裁。因为买卖两心眼，农商矛盾多，菜农送菜到国营菜站，农商双方议价，常常争执不休，但实际是商业一家说了算。蔬菜是一种特殊商品，因货到街头死，只能忍痛出手。统购包销保障了城镇居民的生活，影响了农民的经济收入，束缚了农民的生产积极性。

1978年十一届三中全会后提出“无农不稳，无工不富，无商不活”的口号，改革开放后于80年代中期逐步对菜粮政策放开，蔬菜生产由指令性计划改为指导性计划，菜农可以销售20%，80%交国家，叫“二八开”。随后开放比例越来越大，最终到全部放开，逐渐由计划经济，走向市场经济。蔬菜放开后蔬菜市场产销两旺，长年供应品种齐全，价格平稳，受到市民的欢迎。

改革开放后，南苑乡农业、工业、商业得到较好的发展。从1987~1991年进行了现代化菜田基地建设，南苑乡共建成现代化菜田基地38处，面积4750亩，占全乡菜田总面积近50%。建温室13880间，建钢架塑料大棚373亩，保护地设施比原来增加了10倍多。购中型拖拉机40台，建压力罐35个，实现了自来水式管道灌溉。建设现代化菜田后很快取得了显著的经济效益和社会效益。现代化菜田提高了蔬菜产量，尤其是提高了保护地蔬菜产量，保护地平均亩产达到8500公斤，出现了许多单位每亩产量超5000公斤，甚至超8000公斤的生产能手。南苑乡连续7年评为北京市蔬菜生产先进单位。

1987年作者代表南苑乡在北京市蔬菜大会上发言

20世纪90年代初，重点发展工业，实行层层承包责任制，成为南苑乡经济中的第一支柱。南苑齿轮厂成为国家二级企业，为北京内燃机总厂生产配套产品，销售全国。南苑制桶厂多次荣获北京市和农业部优质产品奖。1990年，全乡村办及队办各类企业达500多家，总收入13628.8万元，利润1121.2万元。90年代后期，南苑乡经济结构进一步调整，提出“退一、优二、进三”（农业不断减退，优化调整第二产业，加快发展第三产业和房地产）的战略，对乡办工业企业制桶厂、机电厂、化工厂进行了产品结构调整。1996年，乡办工业企业共9个、村办工业企业共247个，年末职工人数为10048人，其中乡办企业2081人、村办企业7967人，总产值合计55934万元，其中乡办企业总产值为8251万元、村办企业总产值47683万元。1997年，南苑乡第二产业共完成总收入10.26亿元。全乡对有规模、有产品、有市场、有前景的企业重点扶持40家，调整18家，关停合并企业18家。2003年南苑乡国内生产总值5.2亿元，比1978年的4552.5万元增加11.4倍，劳均年收入12800元，比1978年的472元增加28倍。2000年后随着城市化进程的发展，农业、工业生产功能逐渐减弱、消失，重点转向发展商业服务业。

发展服务业，农民建饭店

改革开放前，南苑地区第三产业薄弱，只有零星的小卖部、洗澡理发铺。改革开放后，贯彻“多种经营”的方针，1980年末全乡办起了商业、餐饮业、服务业174家。为了发展服务业，南苑农工商总公司专门成立了服务公司，为村办企业服务。2000年底第三产业成为支柱产业，其产值占全乡国

花园村办的侨园饭店

内生产总值的比重为60%，2005年上升至80%，2010年全乡国内生产总值达14.36亿元，第三产业的比重上升至90%以上。

经市规划局批准，南苑乡有些村利用闲散的非耕地，自力更生，建多层或高层饭店，多是三星级可住外国人的涉外饭店。1979年花园村党总支书记张长生、大队长邱桂富到南方参观学习，思想大解放，于南二环路路南筹建侨园饭店，1982年开业，是集体所有制企业，占地12000平方米，建筑面积11000平方米，客房318间，710个床位。全店职工447人，经理、服务员全是经过培训的农民。花园村办饭店是北京农村第一家，他们是南苑第一个“吃螃蟹”的人。

随后有些村也积极建饭店，其间遇到很多阻力，也克服很多困难。1983年果园村在南三环路南建起了京华饭店，他们自力更生，自筹资金，自筹建材，由村建筑队施工，在总支书记陈重才的带领下，全体干部、社员积极参加义务劳动，用10个月时间建成了饭店。后来果园村又在南苑路路西建了海兴大酒店、大红门国际会展中心。马家堡村1987年建成丽华饭店、立业大厦。南苑村办了华苑饭店、龙河源饭店。1999年南苑农工商联合总公司建了洋桥大厦。洋桥大厦、立业大厦、大红门国际会展中心是综合性服务饭店。这些饭店多数都经营了30多年，效益较好。

由浙江人的小作坊发展成大红门服装商务区

大红门商务区坐落在木樨园至大红门立交桥两侧，正是南中轴延长线上，20世纪80年代中期以前是一片菜田，后来形成一片高楼林立的服装商务区，是华北地区最大的服装集散地，地域面积约4平方公里，2008年有39家服装交易市场，营业面积100万平方米，商业从业人员10万人，日货物吞吐量1600多吨，年交易额300亿元，成交量占全市总量的54.5%。

1983年浙江省乐清县青年农民卢毕泽携同两个妹妹，乘着改革的春风，带着缝纫机、熨斗来到北京闯荡，他们梦想通过自己的手艺赚些钱改变贫穷。他们经实地察看选中了南苑乡时村为落脚点，这里距城里商场近，交通方便，出租房价格便宜。他们是勇于拼搏的人，他们做的是家庭作坊，夜间生产，白天去城里销售。他们根据市场需要生产，很快捞到第一桶金，很快在浙江和北京两地同时滚起两个大雪球。乐清几个小青年在北京搞服装赚钱的消息很快传开，由乐清县发展到温州地区，亲戚串亲戚，朋友串朋友，联合起10万人拥向北京。浙江小作坊在北京由几家很快发展到几十家、几百家，由时村向外扩展到东罗园、果园、大红门，人们称此地为“浙江村”。后来由北京、温州两地投资建成了京温商贸大厦，建起了大红门服装商贸城等数十家大型商贸城。浙江人由小作坊人，成为厂长、经理，富了经营者，富了家乡，也富了北京，带动了大红门地区经济的发展。

任何事物都有两重性。外地人大量拥入北京，给北京也带来副作用。外地人居住地脏乱差，交通拥堵，社会治安问题较多。区乡对大红门商务区加强领导，因势利导，沿着正确方向发展。近年开展了疏解非首都功能和拆除违建活动，一般商品经营户迁到外地，提高了本地服装经营商的档次和质量。大红门地区原有45家大型批发市场，南苑乡有23家，已关停7家，拆除9家，转型升级7家，疏解人口2万多人，释放面积10.46万平方米，着力打造为高精尖产业聚集地和首都商务新区。

实施股份制改革，农民做股东

农村集体经济产权制度改革，是按照“资产变股权，家民当股东”的方向，将农村集体经济组织产权制度由共同共有改为按份共有的新型集体经济组织。南苑乡进行集体经济产权制度改革，最基本的动因就是为了在城市化发展过程中，使农民群众的合法财产权得到有效的保护；使农民群众在集体经济组织的带领下实现共同富裕。南苑乡党委领导班子从蒲黄榆村撤村过程中积累了经验，得出三点共识：一是撤村不能撤社；二是集体经济共同共有的产权制度必须改变；三是农民被动城市化的局面必须改变。南苑乡党委决定把推进集体经济产权制度改革，作为全乡重要的中心工作。

1993年，在中共十四届三中全会关于“农村经济亦应发展股份制，进行产权制度和经营方式的创新”精神指导下，南苑乡破土脱颖，在北京市第一个开展了以农村合作制为基础，实行社区内成员劳动联合与资本相结合的农村社区股份合作制和企业股份合作制改革的试点工作。这项改革的基本原则是“撤村不撤社、转居不转工、资产变股权、农民做股东”。即：撤销行政乡或村的建制后，保留原有的农民集体经济组织，并改造成为新型的股份制或股份合作制经济；农民转为城市居民后，可以不安置为企业职工，保留新型集体经济成员的身份，并依照有关章程享有资产的股权，成为股东。

南苑乡的集体经济产权制度改革工作，是以行政村经济组织为单位进行的。从1993年开始到2014年，从个别村试点试验开始，不断总结经验，不断完善政策，逐步推开。1993~1994年，在东罗园村和右安门村进行社区股份合作制改革试点，1995~1998年，在果园、东铁匠营和马家堡村进行了改革，1999~2002年，在成寿寺和石榴庄村进行改革。2003~2005年，南苑乡贯彻执行市委、市政府《关于深化集体经济体制改革加强集体资产管理的通知》和《关于积极推进农户土地承包经营权确权与流转工作的意见》以及市委农工委、市农委《关于积极推进乡村集体经济产权制度改革的意见》，进一步完善了产权制度改革的政策，加快了改革的步伐。各村股份制改革的基本步骤：清产核资，核实净资产；核实原在集体经济组织后转工转居人员和现在集体经济组织成员的农龄；量化资产，确定股权比例，将净资产的30%~70%划为个人股，其余划为集体股；按农龄量化每个股民的股份，农龄股占个人股总额的80%，将每个集体经济组织成员享有的土地承包经营权，转化为新型

20世纪初南苑乡的集体经济组织产权制度改革卓有成效。图为北京鑫福海工贸集团股东代表大会场景

集体经济组织的股权，称基本股，按人口量化，基本股占个人股总额的20%；召开股东代表大会，选举董事会、监事会成员。全乡15个村全部完成了产权制度改革。各村股份制改革后其经济组织名称由原来的农工商联合公司多数改为投资管理公司，也有的改为工贸公司、工贸集团。

推进乡级集体经济组织产权制度改革。由于各村对乡办企业的贡献，南苑农工商联合总公司给每村划拨200万元作为各村的股金；乡办企业占用各村土地，每亩地按2万元计款，划为股金。2005年，将南苑乡农工商总公司1.4亿元净资产，量化给了16个团体股东，成立了中苑盛世投资管理有限责任公司。其中，15个村集体经济组织拥有中苑盛世有限责任公司30%的股份；集体和4000多名乡办企业职工拥有中苑盛世投资管理有限责任公司70%的股份。

各村股份公司和中苑盛世公司每年决算后，对股民按股发红利，有些股民年终分红比退休金还多，受到股民的欢迎。实践证明，股份制体现了政治民主、经济民主、按劳分配、股份分红的精神。南苑乡集体经济组织产权制度改革，以出色业绩排在全市的前列，为农村股份制改革提供了经验。这一改革，在农村建立了以社区型股份合作制为主要形式的农村新型集体经济组织，逐步实现了从农村向城市的平稳过渡，提高了农民生活水平和质量。南苑乡多次被北京市农村工作委员会评为“京郊农村改革先进乡镇”。

改善居住条件，建设农村新社区

新中国成立前，南苑地区村民居住比较简陋，大部分住房是砖灰房、土坯房和石板房。新中国成立后，随着生产的发展、社员生活水平不断提高及人口的自然增长，南苑地区新建、翻建房屋剧增，约占一半以上。

南苑乡是以行政村为单位统一安排集中居住楼房的，改变了过去各家各户平房小院的局面。20世纪80年代中后期始，南苑地区有少量农民住进了自建简易楼房。1983~1986年间，马家堡、大红门、分钟寺等在新农村建设中，先后建起新村简易二层楼106栋，1.7万平方米。1986年南苑农村办事处有3个乡（马家堡三队、分钟寺乡七队和大红门乡三队）搞了新农村建设试点，建成农民住宅楼39栋，竣工面积3500平方米，40户搬进新居。1988~1990年大红门、果园、东罗园等村和乡机关共建6层住宅楼9栋，4.1万平方米。

90年代初中期，北京市农村工作会议指出，要以开发形式建设城乡接合部农村。至1995年，南苑乡共批旧村改造面积53.3万平方米。1996年，由中片5个村及乡农工商联合总公司共同投资组建了“北京市永联房地产开发有限责任公司”。南苑乡在此期间建成鑫福里小区、石榴庄小区、东罗园住宅楼、东铁匠营住宅楼等一批有影响力的住宅小区。

在21世纪，南苑乡加快新农村建设的步伐，加大对城乡接合部改造力度，各村大力兴建居民社区，村民住进了楼房。2000~2002年，南苑乡完成了马家堡住宅楼、成寿寺于家坟住宅楼、槐房新村一期、果园鑫宝苑住宅楼、时村慧时家园等工程。至2005年，南苑乡建成慧时欣园、世纪风景、城南嘉园、首座绿洲、新宫一期、大红门久敬家园、星河城一期等住宅小区，不仅为南苑乡赢取了大量资金，也加快了南苑乡的城市化进程。2008年，右安门星河城住宅竣工8.6万平方米，石榴庄村住宅小区竣工27.2万平方米，槐房村回迁楼竣工4.8万平方米。南苑镇从2009年开始进行棚户区改造，南苑西置换绿地面积，至2017年已完成原计划73万平方米的建筑面积，建成南庭新苑南区、南庭新苑北区、阳光星苑3个社区，约有7100户（含南苑村部分农民户）近2万人搬上楼房。2018年南苑行政村对南苑镇周边自然村进行旧村改造建新楼。南苑（乡）农工商联合总公司开发建设了晨光、瑞丽江畔、福

新宫家园社区

海棠3个小区63万平方米的商品楼房。

2010年，北京市启动改造城乡接合部50个重点“挂账村”，涉及乡域大红门、石榴庄、槐房、新宫4个村，共完成建筑面积124.6万平方米。这4个村对社员宅基地按面积发补偿款，对社员旧房屋折价，统一拆除，购买楼房每人50平方米左右，只交成本价。南苑乡建住宅楼的情况比较复杂。改革开放初期，国家建设占地实行农民转工转居的政策，国家建设占用农民住宅房，实行按人口情况分配适量楼房或按规定发给资金由自己购买商品房的政策。农村建住宅楼多是与有关单位或开发商签订建房合同，一般是五五分成。在取得一定资金积累后，农村开始自主开发建楼房。南苑乡15个行政村，有2个村主要是国家占地，由占地单位分配居住楼房；有6个村是协作开发建楼房，分配社员居住；有4个村实行旧村改造政策，自主开发，按每人50平方米左右建筑面积，由社员自主选房；有3个村正在筹建居住楼。全乡已有12个村实现了居住楼房化，前期8个村的住宅楼社区归当地街道办事处管辖，后期4个村旧村改造政策建的住宅楼归南苑地区办事处管辖。南苑地区办事处现管辖石榴庄双石一、石榴庄双石二、大红门锦苑一、大红门锦苑二、新宫、槐房德鑫、福海棠华苑等7个社区（其中有6个农村社区），共计17363户（楼门户）。

改革永远在路上，南苑人民将高举改革的大旗，奋勇向前！根据新版首都总体规划，要重点建设永定门至南苑机场南中轴延长线，把南中轴建成生态轴、文化轴、发展轴。南苑—大红门地区总面积23.2平方公里，涉及南中轴长度6.1公里。大红门立交桥至南苑机场，为规划中的南苑森林湿地公园，面积约15.6平方公里，现有的槐新郊野公园、桃苑公园、千亩槐园、南苑公园、大泡子将囊括其中，这片森林已初具规模，将恢复明清时期“南囿秋风”景象。南苑乡近5年完成平原造林3156亩，今年将再造林300亩，留白增绿228.3亩。目前已实现绿地7291亩，拆除违规建筑104万平方米，腾退土地约1695亩。在大红门至木樨园要建设高档次首都商务新区。南苑乡正在积极疏解非首都功能，拆除违建，为建设南苑森林湿地公园、首都商务新区做准备。

（本文参考《南苑乡志》等文献）

七 马家堡一带的美丽湿地

马家堡村，位于南三环西路南边，二十世纪五六十年代前，村北有马草河流过，村南苇塘星罗棋布，小的方圆一两丈，大的达十几亩，南与槐房村接壤，西紧靠草桥，东和大红门、果园两村相邻，形成了连绵几百亩的湿地。那时的马家堡蓝天白云，水塘芦苇，鸟语花香，绿色田园，空气湿润。湿地不单给村民一个优美的环境，丰富的物产还给村里人提供了不少生计，是当地百姓生活的重要依托。

苇塘间的大片平地，多被村民开垦成了水田，种上了稻子、莲藕、荸荠、慈姑，尤其是这里出产的稻米，做出米饭香气扑鼻，一家饭熟了，周围几户都能闻到香味。

苇塘是在水塘里长成苇丛而形成的。每年要产数万斤的芦苇、蒲草，秋季收割后，除了村里人自用外，大多卖给附近的菜农打蒲席、夹风障，作为冬季种菜的防寒材料。

村里流传着这样一句顺口溜："马家堡三件宝，钓田鸡，打青草，抄蚂蚱的也不少。"

苇塘里青蛙、蛤蟆很多，有些村民忙完了农活，抽空干起了钓田鸡（青蛙）、捉蛤蟆、捞蛤蟆骨朵（蝌蚪）的营生。他们把钓来的田鸡加工出售给城里人，把蛤蟆和蛤蟆骨朵卖到药店做药材，有的还成了这方面的专业户。

苇塘周围青草很旺盛，夏秋季节大家都去打青草，把鲜草或晾干后的草卖给有牲口的户当饲草。

青草多，蚂蚱也很多，一些村民用细网兜抄，到城里的鸟市去卖，也能挣点零钱。

池塘里边有不少鱼虾、田螺、甲鱼，有的村民就常年靠逮鱼虾、摸田螺、扎甲鱼养家糊口。

由于冬季地下水位下降，每到早春，苇塘周围地面就泛起一层白花花的碱土，把碱土扫起弄回家，可以制成硝盐、芒硝和碱。具体办法是用大锅加水熬开，滤去泥沙杂物，把澄清的溶液倒在大盆里，放置一段时间，盆里就生成了三层结晶；最底层是方形颗粒，这是带有苦涩味的“小盐”（硝盐），有的家用来腌咸菜；盐结晶的上面是一层直立的寸高棱柱状晶体，这就是芒硝，捞出晒干，卖给皮革加工者；而盆中水面上形成像冰一样的片状结晶是碱，取出溶化后凝成块，可以洗衣服，也可以发面用。

夏季的苇塘，鱼虫活跃，植物繁茂，鸟类齐聚，是孩子们嬉戏的乐园。

初夏时节，一种名叫苇炸子的小鸟，把几根临近苇子的上部用细草缠成下窄上宽圆锥形的窝，里面絮上软草、羽毛，开始产蛋、孵化。这时，淘气的孩子们常常会三三两两地钻进苇丛掏鸟蛋、抓小鸟，偶尔碰到花蛇盘绕在上面偷吃鸟蛋，吓得抱头就往外钻。

找野鸭蛋和鹌鹑蛋，也是孩子们的一大乐趣。土黄色的鹌鹑把窝做在苇塘边缘的草丛下，它卧在窝里和土地一个颜色，如果不留意还真难发现。野鸭把窝建在苇塘深处，要找它的蛋，更要费一番功夫。

提起捉蜻蜓，孩子们瘾头更大啦。苇塘里蜻蜓非常多，一人只要逮着一朵（只），就拔下根苇子，去掉叶子只留最上面的芯，用叶芯的尖儿拴上蜻蜓，晃动苇秆去招引，一会儿就抓个十朵八朵的。

苇塘中的水生植物很多，除了各样水草，池塘内生长着一丛丛的芡实，当地人叫它“鸡头米”。它的叶子小些的直径约三五十厘米，大的可长到一米多，叶的正面是绿色，有很多皱纹，反面是紫色，正反面都有刺。它紫红色的花在水面开放，可与睡莲媲美。花落后，就长成比拳头小些像鸡头样的果，用长杆绑上镰刀，找成熟的削下来捞起，带刺的外皮里包着二三十莲籽大小的圆粒，把外皮去掉，剥出里面的籽，稍嫩些的呈浅绿色，老点的是深绿色，熟透了的就成紫黑色了。鸡头米无论生吃或煮熟吃，都别有风味。

较大的池塘中，常见成片飘浮着一种小菱角的秧株，它茎细长，叶子菱状三角形，呈莲座状集生于茎顶，它的花白色，果实绿色，三角形三四厘米大小，先端二角具短刺。盛夏时节，菱角开始饱满成熟，孩子们跳入水中，边游水嬉闹，边把菱角秧搂到一起抱上岸，坐在树荫下摘菱角，边摘边吃，再带回一些让家人分享。

蒲草在夏末开始长出蒲棒，蒲棒是蒲草的花穗，圆柱状形似蜡烛。蒲棒刚开花时，黄色的花粉很多，称为蒲黄。小孩子们就揪下来吃，美味可口。蒲根也是孩子们最爱吃的，把蒲根挖出后，洗净剥去老皮，里边的芯鲜嫩洁白，淀粉含量很高，吃在嘴里又面又甜。

孩子们还在初秋荻苇抽穗时，寻找被黑粉真菌侵染的穗，大伙儿给它起名叫“糊柄”，剥出里面的黑芯吃，与茭白相似，它的长相虽然难看，味道却美极了。

苇塘周围稍高的地方，长着成片的白茅草。初春茅草开始返青长叶，花穗包在尖尖的绿壳内从叶间钻出，小孩子们把它叫毛毛锥，剥出白白嫩嫩的花穗吃起来甜甜的。

昔日的美丽湿地，是令人难忘的，可是，这一切都成为历史。

1958年，南苑红旗人民公社成立那年，公社从所属各村抽调劳力，在马家堡村南的部分苇塘基础上，开挖名为“红旗湖”的人工湖，规划要建“红旗湖公园”。但由于种种原因计划搁浅，只挖了半截的人工湖。后来，此湖部分成了村里的鱼塘，部分由公社养鸭场放鸭子用了。

自打这以后，随着一年年大规模平整土地、土地连片活动的开展，苇塘一个又一个消失了，逐步被成片的稻田、菜地所取代。又由于地下水位连年下降，马家堡的湿地渐渐远离了人们的视野。但是，昔日美丽、富饶的湿地，却永远留在人们的记忆中。

（本文作者张志福）

八　南苑镇现存古迹简介

南苑飞机场。南苑飞机场是清末建立的，是中国第一个飞机场。新中国建国及历次国庆阅兵的飞机编队是从南苑机场起飞的，它原是空军机场，改革开放后改建成军民两用机场，中国联合航空公司已开辟38条航线可直达全国22个省、自治区和直辖市。（详见本书《南苑是中国航空的发

祥地》)

冯玉祥将军陆军检阅使署（李丙鑫·摄）

北京兵营司令部、陆军检阅使署、南苑航校，也称七营房。在南苑机场候机楼东侧，原为清末北洋陆军常备军第六镇司令部驻地。1922~1924年为爱国将军冯玉祥之陆军检阅使署。1937年“七七事变”时是中国二十九军指挥部。“文化大革命”中遭到破坏，1984年按原貌复建，后改为宇翔宾馆。现存建筑有：影壁、大门、卫兵室、“师司令部”及四排居住办公用房。这组建筑是中国近代建筑中一种特殊的类型，现存总建筑面积3912平方米。大门上悬“陆军检阅使署”匾，门两侧各一座门卫用房，迎门为第一排营房，都是中西结合哥特式建筑。第二至五排修复为清代园林式建筑，苏式彩绘。这组建筑在近代史上有重要的纪念价值，原为区级文物保护单位，1991年升格为北京市重点文物保护单位。(详见本书《冯玉祥将军在南苑》)

昭忠祠纪念亭。冯玉祥将军1922年冬为纪念几次战争中殉国的将士，在南苑西嘉则庄置地32亩而建昭忠祠，也称劝忠祠，群众称冯玉祥义地。1958年改成农田，“文化大革命”中遭到破坏。1980年代在昭忠祠旧地北部（今团河路西侧）修建昭忠祠纪念亭，将原昭忠祠的石碑等遗物移至纪念亭。(详见本书《冯玉祥将军在南苑》)

南苑荷塘街冯玉祥故居

冯玉祥故居。冯玉祥在南苑驻军期间共有3处居住地。一是开始时在槐房村租住尹家房子，并认房东尹大娘为干娘。二是大泡子北岸灰色西式房屋。三是南苑荷塘街13号，是个四合院，当地群众称“冯公馆”，现为西新华社区居委会办公地。

中共南苑区委机关旧址。即今南苑中学。1948年底南苑解放后至1958年，南苑区委在此地办公。

大兴县、南苑区政府机关旧址（李丙鑫·摄）

寿宝庄日军飞机窝（李丙鑫·摄）

南苑镇日军宪兵队旧址（南苑街道宣传部供稿）

大兴县政府、南苑区政府机关旧址。在今新华街路西5号。1937年9月至1945年9月为日伪大兴县政府办公地，1945年9月至1948年底为国民政府大兴县政府办公地。1948年底南苑解放后至1958年为南苑区政府办公地。人民公社化初期，此地成为南苑公社办公地。

侵华日军飞机窝和日军碉堡。侵华日军占领北京期间在南苑机场周围修了20座水泥飞机窝，平时将飞机移至飞机窝内，以防被中美飞机轰炸和敌后武装袭击。今南苑机场周围尚存多座日军飞机窝，南苑镇荷塘街尚存日军宪兵队一座碉堡，在南苑元件厂旧址和庑殿存有日军的碉堡，这些都是日军侵华的罪证。

南苑清真寺。位于南苑镇车店街49号，始建于20世纪30年代。随着南苑机场的修建及周围驻军、家属居住区的逐渐繁荣，来自大厂、香河的很多回族群众迁居于此，最后形成了一个小的回族聚居区，在此基础上修建了南苑清真寺。

南苑清真寺

南苑清真寺初建时规模很小，只有3间大殿、南北各2间讲堂，其后经历数次扩建、改建。20世纪80年代初期，重新恢复使用，由于年久失修，殿宇毁坏，1996年由丰台区政府出资重建，建筑类型为砖混结构、阿拉伯风格，建筑面积350平方米。清真寺周边穆斯林群众约1500人，以南苑镇为主要居住中心。它是丰台区东部南苑、和义、大红门、东高地、方庄等地区穆斯林群众举行宗教活动的重要场所。

基督教会南苑堂。原为中华基督教卫理公会南苑镇福音堂，是爱国将领冯玉祥将军在1924年所建的，建筑面积167.1平方米。改革开放后，随着宗教房产政策的落实，确认南苑西二道街1号的房产属于北京市基督教会。1998年4月20日南苑堂的兴建工作开始，2000年12月25日献堂使用，新建成的北京市基督教南苑堂坐落于丰台区南苑北马路18号，定名为北京基督教会南苑堂。

北京基督教会南苑堂

南苑堂自献堂以来，以《圣经》为依据，以基督信仰为原则，坚持独立自主，自办教会的方针，带领广大信徒走爱国爱教，荣神益人的道路，积极开展各项事工。主日设有两堂礼拜，信徒达1500余人。为了满足广大信徒的不同需要，在周间还安排了各种聚会，周一上午识字班、周三上午祷告见证会、周四上午姊妹会、周五上午查经聚会、周六晚上青年团契聚会。为营造更加安全、整洁、舒适的聚会环境，提高牧养水平，南苑堂经过两次大规模修缮。2005年加固了屋顶，维修了电路。2014年为教堂贴上墙砖，铺上地板，更换了教堂专用椅，完成了煤改电取暖工程，更新了音像设备等。

第四篇

南苑地名集锦

一　南苑是京南第一镇

南苑有广义和狭义两种解释：广义指明清皇家园林，它的范围北起大红门，南至南大红门，西起西红门，东至东红门（马驹桥附近），南苑围墙长120华里，总面积210平方公里。狭义是指今天的南苑镇。本文谈的即南苑镇。

南苑镇位于永定门正南，处于南中轴延长线南端，距永定门7.5公里，称京南第一镇。南苑镇是在清末发展起来的，只有百年的历史。清同治元年（1862）后，南苑由皇家园林逐渐成为京师军事重地。同治十二年（1873）由清军精锐部队组建了神机营，神机营设在庑殿东部地区，建成营盘22座，驻军14000人。清末南苑镇驻军7个营，至今留有七营房旧址和三营门、六营门的地名。民国初年在南苑建了中国第一个航校、第一个机场，南苑是中国空军的发祥地。由于驻军增多，从而带动了当地商业、生活服务业、手工业

南苑街道办事处旧址

的发展，居民增多，逐步形成集镇。

原来南苑里没有村庄，明朝建南海子时将村庄全部迁出，明清时期南苑里只有少数满族苑户在行宫附近居住。南苑皇家园林在清末遭八国联军洗劫焚毁和洪水冲击，而国家无力恢复，决定废弃而垦荒后逐渐形成一些自然村。南苑建镇初期曾名万字地、营市街、北小街。南苑镇初期只有少数摊商、服务业，名北小街，因与机场南边的南小街相对而称。《大兴县地名志》记载："清末，南苑为京南驻兵重镇，镇分南北街，日本侵华时，扩修南苑机场，将南北街隔开。"在《北京历史舆图集》上南苑镇初期，机场北部称北营市街，机场南部称南营市街。

慈禧太后于光绪二十八年（1902）下令拍卖南苑的荒地，垦荒的地主庄园从河北、山东招来一批农民种地，也在该地落户，成为镇上居民。随着集镇的发展，又建了小学校、邮局等，成了工、农、兵、学、商五脏俱全的城镇。南苑电话局开通较早，于1905年10月在南苑万字地营房，采用磁石交换机制式，容量100门。1925年移至荷塘街，改为供电交换机制式，容量200门。当时南苑有集市，一直延续到新中国成立初期。1937年9月至1948年冬南苑先后为日伪大兴县政府、国民政府大兴县政府驻地。1937年9月从大红门迁来其驻地时名万字镇营市街，即今新华街5号，因此地居南苑皇家园林中心地区，又紧临南苑机场，而名南苑镇。1948年12月划归北平市管辖，建立第13区，后改为11区。1952年改为南苑区，为南苑区政府驻地。1958年5月撤销南苑区建制，南苑镇划归丰台区管辖，现为南苑街道办事处和南苑乡南苑行政村驻地。

南苑镇为北京的南大门、军事重地，经历了一些重大事件。冯玉祥担任陆军检阅使时就住在南苑，他的部队长期驻扎南苑，现留存有北京兵营司令部旧址（南苑机场内）、冯玉祥故居、昭忠祠纪念亭等古迹。冯玉祥发动推翻北洋政府的“北京政变”，就策划于昭忠祠草亭。1937年7月南苑之北京兵营是二十九军的驻地和指挥部，佟麟阁、赵登禹曾在南苑至大红门一带率军队与日军激战，壮烈牺牲在大红门地区。

1948年11月底解放前夕，在中共地下党的领导下实施了爆炸南苑机场弹药库、汽油库、军需库的行动，爆炸声接连不断，火光冲天，北平调来五六十辆消防车也无济于事，大火烧了大半夜。这对国民党军队是个打击，对拔除京郊敌军据点，促进北平和平解放起了重要作用。北平解放后，解放军举行入城式，其主力部队是由南苑出发进入永定门的。我国许多领导人视察或亲临过南苑。中美建交前夕，美国国务卿基辛格秘密访问中国，商谈中美建交事宜，其专机就是在南苑机场降落的。

现在南苑镇约有3万人，建了许多居民小区，有南苑医院、南苑中学、南苑公园、南苑电话局等。中国运载火箭技术研究院也在南苑镇。改革开放后，南苑机场开展了民航业务。

二　南苑镇初名万字地探源

南苑建镇初期名万字地，后又名营市街，约在20世纪30年代末期才确定南苑镇。名万字地、营市街均与此地驻军有关，因此地驻军营房多从而兴起商业街市而得名营市街。民国年间出版的北京地图将南苑标为“万字地”，有些书籍将南苑镇写作万字地，如《老北京旅行指南》在南苑条下写作“现在除万字地营市街各镇市外均一片田禾”。1913年《南苑航空学校位置图》上标有“万字地”，其地位于小龙河北侧、南北铁道东，今南苑镇北边。南苑附近一些老者有称万字地的经历，当地在清末和民国年间出生的人，一般称南苑为万字地，新中国成立后，有的老人还称南苑为万字地。南苑镇初期只有少数摊商、服务业，与机场南边的南小街相对而俗称北小街。《大兴县地名志》记载：“清末，南苑为京南驻兵重镇，镇分南北街，日本侵华时，扩修南苑机场，将南北街隔开。”在1923年《北京历史舆图集》上机场北部称北营市街，机场南部称南营市街，在北营市街北边有万国运动赛马会。

关于南苑镇名万字地的原因，《北京市丰台区地名志》记载：“南苑曾名‘万字地’。万字地来源，其说有二，一说以此地生长的蔓（读万）子草得名，二说该地驻过‘卐’字军，因名万字地。”因《北京市丰台区地名志》是丰台区地名的权威书籍，此说法影响甚广。但此说法不靠谱，牵强附会，是杜撰的。其一说南苑生长一种爬蔓的蔓（wàn音万）子草，按其谐音而名万字地。南苑镇地区确实生长一种蔓子草，但它是一种普通的蔓子草，许多地方都生长，此地不会因一种普通的野草而命名地名。

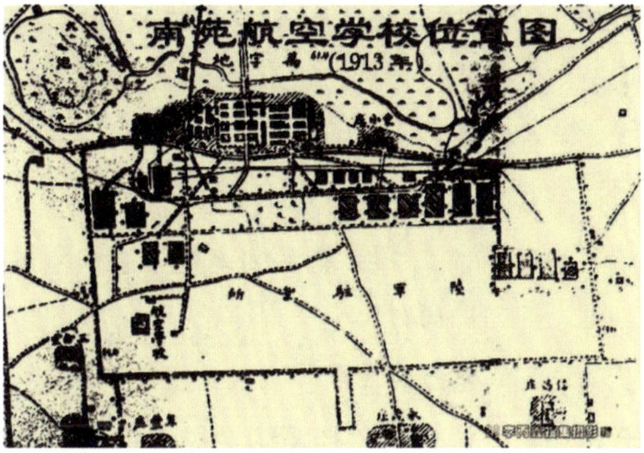

《南苑航空学校位置图》(李丙鑫·供稿)

其二说南苑驻过“卐”字军，即德国希特勒军为“卐”(字头向右，中国对字头向左的“卍”音万，两字有区别）字旗，所以称万字地。德国纳粹党党徽标志是“卐”。纳粹党头子希特勒认为“卐”字象征“争取雅利安人胜利的斗争的使命”，因而于1920年用作党徽。在希特勒统治时期，它是暴力和血腥恐怖的象征。笔者分析，南苑因驻过德国纳粹军而名的说法不确切。1900年八国联军（含德国）来过南苑洗劫，但那时的德军并没使用“卐”标志。纳粹军是在20世纪20~40年代使用“卐”标志，但此期间并没有纳粹军到南苑的记载。所以德国纳粹军驻南苑的事并不存在，更与南苑名称不相关。因为中国佛教用语的“卍”字和德国纳粹党的党徽标志“卐”两者相似，有人弄混了，才误说南苑驻过德军。再者德国纳粹党的党徽标志并不读万，与万无关，所以说南苑驻过德军而称万字地不通。

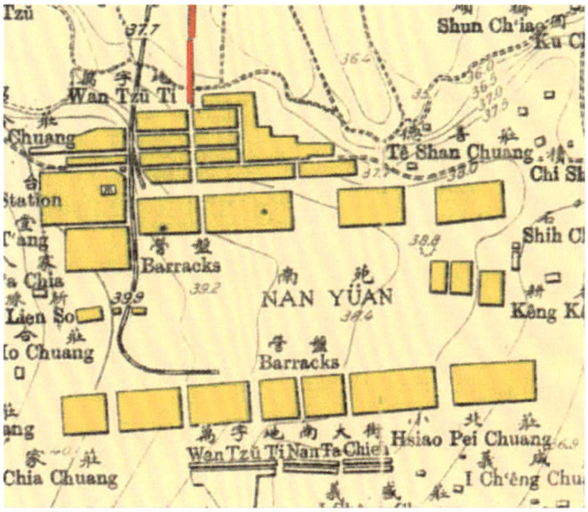

万字地位置图

对于南苑镇名万字地的原因，笔者查阅了大量清末及民国年间的书籍，只找到有关万字地的记录，没有发现万字地原因的记载。笔者访问了南苑地区许多老者，也没有得到有力的回答。其是否与南苑驻军有关呢？清朝末年军队各部有按其掌兵人名字取一字为部队代号的，如盛军、甘军、毅军等，也有按军队掌兵人祖籍或士兵家乡称呼的，如曾国藩的湘军、李鸿章的淮军。但笔者也没有查到南苑驻过万字营的文字记载。

2010年8月23日，笔者为南苑万字地事采访了南苑乡南苑村九队村民邹朝林。邹朝林1947年生于南苑镇，1967年北京十八中高中毕业，先后在生产队劳动、南苑公社鸭场、扬水站工作。他家祖辈与清末民初的南苑驻军关系较密切。他说："南苑在清末至民国年间是驻军重地，清末曾驻过万字营军队，所以南苑建镇初期称万字地。"邹朝林祖辈与陕西督军、北京军法处长陆建章同为安徽省蒙城人，是同乡，又是亲戚，邹朝林曾祖父邹三胖是陆建章的姐夫。陆建章之妻长得美丽出众，被当地恶霸相中，想霸占为己有，就组织地痞流氓把陆建章捆绑起来圈在一所房子里，想将其置于死地。邹三胖得知此信息后，秘密前去探望，并设法将陆建章解救出来。他俩一同逃跑到天津小站躲藏，后来邹三胖因病去世，陆建章在小站参加了清军，进入天津武备学堂学习。因陆建章聪明勇敢，由文书升连长，连续打胜仗，多次升迁，最后升至陕西督军。清末南苑废弃开荒种地，陆建章也在南苑买了大片土地。邹朝林之祖父邹新凯于1902年来到南苑，陆建章为了报答邹家的救命之恩，赠给邹新凯南苑镇新华街至红房子一大片土地。邹朝林之六祖父曾在冯玉祥部队第六镇任军需官，负责物资供应。邹朝林之父邹玉贵是1907年南苑生人，曾担任南苑镇八保（西长安街）保长，土地改革时被定为地主成分，于1974年去世。邹朝林说，其父亲给他讲过：清末南苑有大片驻军的营盘，营盘是训练军队的地方，驻过万字营，所以南苑建镇初期名万字地。

朝阳区黑庄户乡有个万子营村，为南苑万字地提供了佐证。《北京市朝阳区地名志》记载："该村曾名蛮子村，据传成村初，多为南方移民。因'蛮子'有贬义，后取谐音改为今名。"但有位学者对此说法提出质疑，他认为："清同治年间，李鸿章在淮上募勇八千组建了淮军。为了井然有序而有区别，每位将领统率的兵勇所穿号坎上，都缝制了将领名或字中第一个字。如刘铭传，他统率的兵勇穿'铭'字号坎；张树珊，他统率的兵勇穿'树'字号坎；以此类推。每营兵勇500人。我看北京市朝阳区东南、双桥扬水干渠东侧的万子营就属于这类因兵勇营盘而得名的地名。从当地人的读音，我们听到的就是‘万字营’。”

清代南苑万字队的钱票

清代南苑有个万字队，可能与万字营为同一个军队。2010年5月在北京国际会议中心艺术品拍卖会上拍出了清代南苑万字队的3张钱票，1号钱票是“德吉祥钱店凭条取当十现钱八吊”，在这张钱票上有竖式长方形“南苑万字队”的红印章，还印有“壬戌一年七月”（同治元年，1862年）字样；2号钱票是京南黄村“德义长记叁吊”；3号钱票是“德聚盛伍吊”。这是南苑万字队为购买物品时开出的钱票，购买物品后可以不付现金，而凭钱票到钱庄提取现金，好像现在的现金支票一样。南苑万字队应是清代军队，清末军队有称“队”的，在民国初年南苑地图上有“炮队”“马队”标志。能开钱票的单位不是小单位，只有大宗货款才会开钱票。称为“队”的不会是工商企业，称队的应为军队。“南苑万字队”这个单位名字是第一次与“万字地”相吻合的文字证据。

笔者认为，南苑万字地名是由清朝万字队军队名称而来。

三　南苑地区村庄的名字

明清时期，南苑皇家园林里没有村庄，清末皇家园林废弃后才逐渐有了村庄。南苑地区村庄的名字，可分为四类。

一是以南苑皇家苑林建筑命名的村庄，计有20个。如旧宫、新宫、南宫、团河、庑殿、大红门、小红门、南大红门、东红门、西红门、双桥门、角门、大台子、三台山、海子角、角儿堡、东营、西营、大粮台、小粮台等。这些村庄最初多是为南苑服务的人员的居住点，后来逐渐成为村落，多是以行宫、苑门的名字命名的。庑殿为旧宫镇一自然村，明代建有幄殿行宫，后行宫废圮。据传明代有废妃居此，修殿无脊，名无脊殿，简称无殿。清改为御马圈，清末始成村落，以庑殿为名。1949年前曾名五里店。大粮台、小粮台为亦庄乡两个自然村，清同治年间在南苑设神机营，此地为屯粮处，故名。清末太监李三顺圈占此地，易名俊德庄，1946年复原名。在小红门北边有分中寺村，明代有粉妆寺，为帝王出猎南海子时伴随嫔妃休憩之寺，村取寺名。清代演变为分中寺，现为丰台区南苑乡一个行政村。

二是原南苑饲养动物、种植果木及海户居住的场所，后形成村落，计有14个。鹿圈、花乡一至六圈、西马场是饲养鹿、黄羊、马的地方。大红门北边的果园村、石榴庄原是为皇帝进贡的果园。南苑周围有4处居住海户而名海户屯。

三是清末宫廷太监、官僚及封建军阀建立的地主庄园。海子里的村庄大都是清末兴建起来的。1900年八国联军侵入北京，南苑遭到空前浩劫，行宫寺庙被焚毁，鸟兽被射杀，自此南海子一蹶不振，日趋萧条。1901年（光绪二十七年，辛丑年）清政府与英、美、俄、德、日、奥、法等11个国家签了丧权辱国的《辛丑条约》，条约规定，中国作为战败国，要赔巨额白银。清政府国库空虚，慈禧太后于光绪二十八年（1902）下令在南海子设官产局，出售“龙票”（清末南苑督办垦务局出售土地的执照，简称“龙票”）拍卖海子里的荒地。地价是:“上等地每亩白银三两二钱，中等地每亩白银二两半，下等地每亩白银一两七钱。”皇亲国戚、宫廷太监、大官僚乘机圈占了大片土地，相继建起了70多座地主庄园。这些庄园多是以吉祥文雅的名字命名。如仁义堂、万福堂、积德堂、富源庄、宝善庄、积庆庄、德茂庄、万聚庄、大有庄等等。这种吉祥名字集聚这一地区是中国村庄名字的一大特色，在大兴县有头号村、二号村……九号村、下十号村，都是清末太监小德张建立的庄园代号。头号村，今属红星区鹿圈乡，是准招佃屯垦后新建的第一处庄园。这些村庄后来有的与其他村庄合并，其村号已注销。

四是清末河北、山东等地为地主庄园当雇工的贫苦农民的居住点，逐渐形成村落，多是以大户姓氏命名的村庄。如李庄子、王庄子、杨庄子、范庄子、高庄子、赵王庄、任家庄、谢家庄、张家庄、崔庄子、肖庄子、常庄子等等。瀛海庄，河北省河间县移民在此地屯垦，因河间古为瀛州，也称瀛海，而名瀛海庄，现为瀛海镇所在地。

清末拍卖海子里土地前，南苑只有庑殿、鹿圈、槐房、旧宫、新宫、南宫、团河、大红门等屈指可数的几个满族居民点，准予垦荒后到20世纪40年代就发展到230多个自然村。

四　古今饲养麋鹿的鹿圈

在大兴区东北部有鹿圈村，简称鹿圈，此地乃明清时期饲养麋鹿（俗称四不像）的地方，清初建村，是南苑地区建村最早的。如今南海子麋鹿苑也设在这里。

《北京市大兴县地名志》记载:“明永乐初年，扩充南海子，在今村南一带建养鹿圈驯养麋鹿供帝王巡游狩猎。清朝初年有王、周、皮、郭、姜、吴、韩、双姓者八户满族人居此建庄，遂有鹿圈村之名，时属庆丰署。”据记载，清代鹿圈村有鹿户18人专职养鹿。为了皇帝打猎和祭礼贡品的需要，南苑里饲养着多种动物，鹿是其中之一。麋鹿是鹿中一个品种。麋鹿是中国的特产，到明初野生麋鹿基本灭绝，所以在南海子建鹿圈，用以豢养繁殖麋鹿。此地为沼泽地，有5处相连的海子（湖泊），有凉水河，水丰草茂，适宜麋鹿生长。南苑里的麋鹿遭到洪水冲击及八国联军的野蛮屠杀和抢掠，从此皇家苑囿的麋鹿种群灭绝。后来被掠往欧洲一些国家的南海子麋鹿面临灭绝的威胁，英国贝德福特公爵十一世，出高价把散居在欧洲各地的18头麋鹿全部买下，放养在他家的乌邦寺庄园内，到1948年繁殖到255头。英国于1956年后先后两次赠送我国动物园少数麋鹿，进行试养。1984年英国乌邦寺庄园决定赠送中国22头麋鹿。为此在麋鹿生活的旧地——南苑鹿圈附近的三海子建立了南海子麋鹿苑，占地1500亩，水面100多亩。鹿圈在新中国成立后为鹿圈乡驻地，1958年为红星公社鹿圈大队，即北京市南郊农场鹿圈分场。现划归大兴区亦庄镇管辖，原鹿圈乡的大部分，划为北京经济开发区用地。鹿圈为1000多户的大村庄，建有鹿圈小学、鹿圈中学，村西建有南海子麋鹿苑。

五 瀛海庄地名溯源

在大兴区有个瀛海镇，以驻地瀛海庄而得名。瀛海庄的名字从何而来呢?《大兴县地名志》记载：瀛海庄“全村1148户，4521人，祖籍为河间人，今村民乡音浓重。清光绪十八年（1902），南苑荒废，官准招佃屯垦，直隶河间县移民到此，垦荒建村。河间古称瀛州，遂取‘瀛州’‘海子’首字合为瀛海庄，以表怀念祖籍思乡之情。”这种解释，虽然也说得通，但不十分准确。笔者近查有关资料，追根溯源，确切地说，“瀛海”是从河间古地名瀛海而来。

河间原为河北省沧州市管辖县，1990年改设市。河间位于河北平原，地势低洼，为九河会集之地。河间历史悠久。《四库全书》472集记载：“郡名河间（汉名），瀛海（宋名）。形势河经武垣之北（寰宇记），九河之会五垒之居（同上），东濒沧海，西麓太行（古碑记），南枕滹沱北背高河（元献州记），地势广阔（元莫州图经），水陆要冲（元史河间当水陆要冲四方供亿皆取给马）。”《河间县志》记载：“正隆三年（1158），金（代）河间府置瀛州瀛海军节度使兼总管。”瀛海：词释为浩瀚大海。旧时泛指承接古代河间和沧州辖治的地域。河间古时曾滨临大海，为瀛海之洲也，故称瀛州。西晋司马彪《续汉书·郡国志》曰：“瀛州，以地带沧海，物产滋瀛，故以名之。又云：以瀛海为名。”宋于河北东路所辖河间郡置瀛海军，节度郡辖之河间、乐寿、束城。明代程敏政作《瀛州行乐图记》时依然“城四面皆湖泊，一望了然”。河间言瀛海，必及瀛台。旧河间城东南隅，有沼甸卑湿之地，池似瀛水，是称瀛海；因有聚土而成其台，厥号瀛台，遂成河间八景之一。清乾隆《河间县志》卷一地舆志古迹记载：“瀛台，宋时知州事游观登览之所。旧称高五丈阔倍之，四望极远，今颇颓废矣，在县治东南城隅。”水萦瀛台，台滨瀛海，遥相呼应，相映成趣。登五丈瀛台，步履其阔，谒魁星阁。临高眺览，穷目极望，波光潋滟，水天一色，誉为“瀛海晴波”。清乾隆《河间县志》卷六有明代官员程信《瀛海晴波》诗：

一弯清浪碧天浮，日夜潺缓绕郡流。
十里芙蕖迎画舫，四时溟渤映朱楼。
鸥池风静三山晓，鹭渚蝉鸣两岸秋。
见说游人多乐事，仙家何必问瀛洲。

瀛海镇地域各个自然村都是清末民初从河北、山东等地迁移而来种地形成的村庄。瀛海庄为迁居新村起名一定费了心思，集思广益，因为故土难离，想念故乡，为纪念故乡，使移民后代不忘先辈是从河间迁来，而以河间的别名瀛海称村名更为文雅。

大兴区瀛海镇东临京津塘高速公路，西接黄村卫星城，由大兴新城通往亦庄新城的黄亦路与104国道十字交会于镇域之中。瀛海地区历史悠久，为元明清三代猎场，在清代为南苑的一部分，是红火地区，此地有南红门行宫、元代建的晾鹰台、皇家庙宇宁佑庙、五处湖泊等。这些古迹今日只有晾鹰台高大的台基、宁佑庙的一座乾隆年间御制石碑。瀛海镇是中华麋鹿的故乡，是中国第一个集体农庄——红星集体农庄的发祥地。辖区总面积36.7平方公里，辖28个行政村，户籍人口21416人，其中农业户籍人口16074人、非农业户籍人口5342人，全镇流动人口64539人。

六 槐房村的故事

槐房是丰台区南苑乡一个自然村，该村是南海子成村最早的村庄之一，除鹿圈外，首推槐房，在清代官绘南苑地图上只有鹿圈、槐房村的名字。成村时间约在清初，该村因国槐居多，而名“槐树房子”，后来简称槐房村、槐房。

槐房在清初只有5户满族居住，都是随清军入关的，他们自称“随龙（指清帝）来京”。据1993年统计，该村2112人，其中满族262人，占12.4%。在光绪年间该村有尹、张二位担任南苑皇家苑囿苑丞职务的官员，槐房这个普通的村庄也载入史册。《光绪顺天府志》有槐房村经板库的记载：庆丰司署“所属有南苑鹿圈村牛圈、槐房村经板库、南海淀各牛圈、丰台羊圈”。槐房村经板库为贮藏经刻木板的库房，遗址无从查考。

槐房自清朝以来常栽国槐。满族住户有个规矩，每逢生小孩，都要栽一棵国槐。该村古槐较多，至今村里仍有9株干径60厘米以上的古槐，其中干径100厘米以上的一级古槐3株。在槐房东里41号院内有一棵古槐，干径110厘米，树高近20米，冠幅15×15米，树龄350年左右，树已空心，树体有纵向裂缝，树干用3道铁条加固，有干枝，生长仍较好，为丰台区境内最大的古槐。这棵古槐生长在清代南苑皇家庙宇真武庙庙址上，为真武庙遗物，其树在《北京郊区古树名木志》《北京百科全书丰台卷》等书上有记载。槐房村民热爱国槐，在保护古槐的同时，并积极栽种新国槐，村东槐房路两旁的国槐行道树和四环路南侧绿化带国槐片林生长旺盛。

在清代官绘南苑地图上槐房村南有真武庙、村西有龙王庙（地处小龙河源头一亩泉南边，今已无存）。今槐房东头尚有真武庙遗址，群众俗称东庙。真武庙自民国时期至20世纪70年代一直为槐房小学使用。经改建的大殿、耳房尚存，现改为居民住房。真武庙院内有3棵古槐、1棵古柏，枝繁叶茂，为真武庙遗物。小龙河在槐房村北由西向东流过。

七　京南四个海户屯

京南共有四个海户屯，分别属于丰台、朝阳、大兴和通州四个区。这四个海户屯都处于南苑海子墙边缘地带。大红门北2公里处的海户屯，为大红门外海户屯，是丰台区南苑乡果园行政村的一个自然村。该海户屯地处城乡接合部，已成为繁华的闹市区。海户屯是2路、54路公共汽车的终点站，经过海户屯的线路有71路、210夜班、366路、678路、996路，此地有木樨园长途汽车客运站。海户屯地区已成为北京最大的服装批发商务区，还有海兴大酒店、苗岭大酒店。在海户屯西建有海户路，并盖起了高楼，为海户西里南社区和海户西里北社区、鑫福里居民区。在朝阳区小红门东边有一海户屯，即羊坊角门外海户屯，现为十八里店乡之自然村。在大兴区黄村镇东北1公里处，京开公路东侧有一海户新村，即黄村门外海户屯，原在海子墙西南角，新中国成立前曾名黄村一街，1985年因建设黄村卫星城，海户屯往北迁移1公里建了新村，名海户新村，现为黄村镇之自然村，京开高速路从其西侧通过。在通州区马驹桥西北有一海户屯，即东红门外海户屯，现为马驹桥镇之自然村。依小学东门前街为界分设南海户屯、北海户屯两个村民委员会。京津塘高速路从十八里店海户屯、马驹桥海户屯旁通过。这四个海户屯中的老住户多是海户的后代。

海户屯是怎么回事呢？明代规定，按从事职业称其什么户。明清时在南苑皇家园林（明称南海子，清代称南苑）里维护苑墙、饲养兽禽、种植粮菜等值差之人称为“海户”。明代南海子隶属上林苑，设海户从事蕃育鸟兽、栽培林木和种植蔬菜。据《明大政记》载：“南海子设海户千人守视，自永乐定都以来，岁时搜狩。”黄阿明著《特殊的贱民——明代海户浅探》记载：“海户是明代京师皇家苑囿南海子内一种特殊户民。永乐年间，初置海户时，由京师附近和山西等地的编户齐民充当；随着社会上自宫人数急遽膨胀，明代最高统治者不得不把收录来的净身人发往南海子充当海户，南海子成为消融自宫者的场所，南海子海户成分发生了重大变化。在经济上，海户享有一定的赋役优免权，但是待遇和社会地位极低，属于贱民阶层。”

清代南苑海户1800人，后有减少，乾隆末年计有海户1200人。共编为10甲，每甲以总甲1人、副总甲1人、小甲4人管理。每5甲以海户头目1人、副头目1人统辖。清代时给每个海户养赡地34亩（各时期有增减）。海户除种地外，每年还要在苑内割草58万束，供应内务府庆丰司、上驷院马厩饲料12万束外，其余出售，所得之银作为购买鹿饲料及南苑岁修费用。苑内其他之草令苑户全行割掉，卖给附近居民，每担制钱20文，作为奉宸苑及南苑官员的办公费用。

南苑除海户外，还有各行宫苑户108人、寺庙庙户38人、鹿户18人、匠役16人、皂役（差役）60人，等等。这些人都给数量不等的养赡地。

南苑的海户与苑户、鹿户、庙户等当差人员有所不同。苑户和海户的差别有四：一是民族不同，苑户为满族，海户为汉族。二是任务不同，苑户在行宫内当差，海户在苑内种植农田、饲养禽畜、维修围墙房屋。三是住所不同，苑户住行宫附近的苑户房，海户住在围墙外的村庄。四是待遇不同，海户每月约发1.25两白银，苑户要稍多一些。清末南苑废弃，国库空虚，停止发放银两，苑户就在行宫周边种地，成为以行宫名称命名的村庄的农民；海户就在原居住地种地，成为海户屯的农民。

皇家苑囿管理极为严格。海户出入南苑凭腰牌（身份证），上面烙印姓名、年龄、面貌特征等，并有专人带领，走指定路线。海户每天进海子里劳动，傍晚出南苑到附近居住点休息，这些海户的聚居地后来就形成村落，而名海户屯。

八　木樨园

在南三环路与南苑路相交处有一座木樨园立交桥，其桥是由附近木樨园（村）而得名的。

木樨园本名苜蓿园，苜蓿是一种喂养马匹的饲草，此地在明代是放马之所，种植大片苜蓿。后来苜蓿园演变成了木樨园。

苜蓿和木樨是不同的，苜蓿（音mù xu），木樨（音mù xī），蓿与樨读音不同。但现在市民把木樨园也读成木xu（蓿）园，公交车也是用木xu（蓿）园报站。两者在植物学上也不同。苜蓿为草本植物，多年生，叶子互生，复叶由3片小叶构成，小叶长圆形，开蝶形花，紫色，结荚果，是一种重要的牧草和绿肥作物。苜蓿因开紫花，也叫紫花苜蓿。木樨同木犀，木樨为木本植物，常绿小乔木或灌木，叶子椭圆形，花小，白色或暗黄色，有特殊的香气，结核果，卵圆形。花供观赏，又可做香料，通称桂花。

原在木樨园立交桥东北处有木樨园（村），分东木樨园和西木樨园，1957年此地周围建起多家商业、服务设施，20世纪60年代起建起居民楼，改居民区后，仍用原名。东木樨园和西木樨园居民区归东铁营街道办事处管辖。现在木樨园立交桥东南有南木樨园（村），是南苑乡东罗园行政村所辖自然村，东为东罗园，南为后村，西为大红门路，北为南三环路。《丰台区地名志》记载:“自明朝以来，隆禧寺（今方庄地区）以西、木樨园以东，为皇家牧马官地，名‘苜蓿地’。后住户逐渐增加，雅化为木樨园并以此为村名。”因城市建设，该村耕地已全部被占用，村民都住上了楼房。民国时期的地图上只有一个木樨园（村），并没有东、西木樨园，也没有南木樨园。笔者推测可能是木樨园住户逐渐增加后才分为东、西木樨园，又从木樨园（村）搬迁出一部分住户到木樨园（村）南居住，而称南木樨园。

昔日的苜蓿地今已变成宽广的柏油路，路上行驶着川流不息的汽车，路旁是高楼林立的居民楼和座座相连的商贸城。原来的3个木樨园村，全部耕地因国家建设被占用，有的村民转为居民，有的村民仍保留农民身份，但也不从事农业生产，而从事工业或商业、服务业。1988年在永定门外大街及南苑路与南三环中路交汇处建起一座立交桥，因此地处木樨园地区名木樨园桥。

九 城南有多个铁匠营

南苑乡有东铁匠营和西铁匠营两个行政村，东铁匠营街道办事处也管辖有东铁匠营、北铁匠营、小铁匠营居民区。

铁匠营是明清时期的铁匠大作坊，那时兵器多为铁制，为了满足军队训练和作战的需要，官府组织铁匠成立打造兵器的工匠营，俗称铁匠营。它的工作性质和军队不一样，有师傅和徒弟。其技术要求高，是一种重体力。营中铁匠可以带家眷。发展到现代，冷兵器逐渐退出历史舞台，打铁器的地方成为村落，铁匠营成了村名。

东铁匠营位于南苑乡东部，民国时期此地多荒野坟茔和砖窑，有贾家坟、于家坟、三亲家坟、毛家坟、谭家坟等，五间楼也是大片坟地，因建有五间高大房屋，当地人称五间楼，后演变成村名。还有清朝皇室烧砖的窑户，有南窑、刘家窑、三盛窑、燕家窑等。其中南窑、刘家窑、毛家坟、三亲家坟之地住户增多成为村名。东铁匠营北边又有北铁匠营，从东铁匠营迁出一部分在村东成小铁匠营的村名。民国时期的地图上只有东铁匠营一个村，并没有北铁匠营、小铁匠营的村名。新中国成立后，随着城市的发展，1954年从城内迁来许多工厂，形成工业区，居民增多，后来又建了居民楼。1954年6月将东铁营、蒲黄榆、左安门3个乡合并，成立东铁匠营街道办事处。由于国家占地，这几个铁匠营全部转为城市居民，成立居民区，归东铁匠营街道办事处管辖。

此地原来的农户在合作化时期，成立了东铁匠营高级农业合作社，南苑人民公社时为东铁匠营中队，1963年变更为东铁匠营大队，1983年设东铁匠营乡，1987年改为东铁匠营村公所，现为东铁匠营村委会。东铁匠营村委会为行政村，原管辖东铁匠营、毛家坟、五间楼、南窑村、苇子坑、跃进村、赵公口、贾家花园等8个自然村。1988年，东铁匠营、赵公口、贾家花园3个自然村由于国家建设占地，村民全部转为城镇居民，由东铁匠营街道办事处管辖。东铁匠营自然村虽然注销了，但东铁匠营行政村名没变更。

1988年在南三环东路与宋家庄、芳古路交会处建了一座立交桥，因处东铁匠营地区而名东铁匠桥。

在南苑乡西北部有西铁匠营，是西铁匠营行政村驻地。《丰台区地名志》记载:“明代成村，原为打造兵器的场所，人称铁匠营。为区别东铁匠营，1949年以后改称西铁匠营。”20世纪90年代前西铁匠营是老菜区，为种植细菜、特菜的基地，由于城市建设的发展，耕地已全部被占用，也成为无耕地的农村。在西铁匠营村西，菜户营南路与凉水河及凉水河路相交处有一座立交桥，名西铁匠营桥。

十 五爱屯和红房子

在南苑镇西南部有一个三角地，全是一排排的平房，南部称五爱屯，北部称红房子。

五爱屯不是农村村名，而是城镇居民聚集区地名。《丰台区地名志》记载："该屯是50年代建的第一个居民平房住宅区。"1949年《中国人民政治协商会议共同纲领》第四十二条规定："提倡爱祖国、爱人民、爱劳动、爱科学、爱护公共财物为中华人民共和国全体国民的公德。"新中国成立初期在全国开展了以"五爱"为内容的国民公德活动。为了纪念"五爱"活动，并教育国民做到"五爱"，起名五爱邨，后改五爱屯。此处原有侵华日军于1940年建的一些红砖平房，群众习惯称为红房子，后改为居民住房。此地地形为三角形，面积约5.2万平方米。这些平房呈行列式排列，有18条街巷，有五爱屯街、五爱屯东街、五爱屯西街。五爱屯街位于该屯的中心，南北两侧为居民平房，街南为红砖青瓦的一排排平房，名五爱屯，街北为红砖红瓦的一排排平房，名红房子，设有五爱屯和红房子两个居民委员会。据1993年出版的《丰台区地名志》记载，五爱屯地区共有448个门牌号，有1700多人居住。

《南苑村志》记载："红房子是日本人修的，用途属于日军机密故不得而知，因为用的是当时比较少见的红砖，整个房子呈红色故名红房子。日本人曾在红房子地区建立过农业实验基地，旁边还建过一座小庙，现在南苑中学即在原日伪小庙遗址上建立。日本在南苑地区推行奴化教育，强迫村民路过时必须向小庙鞠躬，村民厌恶至极，但

五爱屯东街路牌

迫于日军淫威，敢怒不敢言，只好委曲求全忍辱低头。”

前些年五爱屯之地进行旧房改造，建成塔楼8栋，多层楼10栋，名西宏苑小区。五爱屯居委会而改名西宏苑居委会。红房子地区近年建居民楼13栋，平房有11条街，7条巷，设红房子社区。

此地是南苑西路、西红门路、团河路相互交叉连接的三角地带，是去丰台镇、黄村、团河的必经之地。此地交通方便，有343、353、361、366、369、724等多条公交车经过。附近有五爱屯小学（由五爱屯一小、二小合并）、南苑中学、南苑公园。五爱屯小学一直重视对学生的教育工作，1992年五爱屯第二小学被国家教委、共青团中央评为全国先进少年军校。

第五篇

南苑传说故事

一 南苑与北京城的传说

明朝建文四年（1402）燕王朱棣夺取了中央政权，当了皇帝。朱棣当时住在南京城里，他打算在北方重建一座京城，就找来大臣刘伯温、大将徐达，问他们把新京城建在什么地方好？刘伯温对徐达说：“凭着你的神力往北射一箭，箭落在什么地方就在那里建京城。”徐达搭上箭拉开弓，朝着北方射了一箭。刘伯温赶紧带人坐上船，顺着大运河往北追来。

这一箭射得真不近，一直飞出两千里地，落在如今北京南边20多里远的南苑。当时南苑住着8家小财主，他们看箭落在本地都慌了神，唯恐在这儿建京城，果真如此的话，他们的家产、地亩就全被占了。其中有个财主出主意说：“咱们把箭再往北射走不就得了吗？”大家都认为这个主意好，就转手把箭往北射去。这支箭又被射到如今北京后门桥这个地方。听人们说，后门桥下有块石碑，上面写着“北京城”3个字。

刘伯温追到南苑，掐指一算，箭应当落在这儿，可找不到箭。他心里琢磨着准是财主们捣鬼。他派人找来8家财主，逼着要箭，财主们一看瞒不住

2004年复建的永定门（梁春生·摄）

了，只好认账。他们不住地向刘伯温求告说：“只要不在这里建京城，您要什么条件都行。”刘伯温当时占了一卦，认为在南苑建北京城，坐轿的多，抬轿的少，社会不安宁，只有在南苑北边建北京城，坐轿的少，抬轿的多，社会才安宁。他想了想说：“好吧，我可以不在这里建，就在你们射出箭落下的地方建，但是修北京城的钱得由你们出。”财主们一合计，我们有的是钱，就满口答应了。

刘伯温找到落箭的地方，拿出早已准备好的图纸，征集大批能工巧匠和民工就开工了。最先建的是西直门城楼，所有费用都要南苑的财主们出，没想到一座城楼还没修一半，8家财主已倾家荡产了。刘伯温又掐指算了算，他想起朱棣皇帝告诉他，修城缺钱就找沈万三要。沈万三确有其人。沈万三（1330—1376），吴江周庄人，为明初苏州富商，开展海外贸易积累财富，家产万贯，富可敌国，曾出资助朱元璋修筑三分之一的南京城墙。

刘伯温急忙派人去找沈万三。办事衙役没有细问沈万三何地人，认为他是北京人。大伙左询问右打听，费了很大的劲才找到一个叫沈万三的乞丐，把他带到什刹海见刘伯温。刘伯温对沈万三说：“修北京城没钱啦，向你借点吧。”沈万三一听向他要钱就吓坏了，哆里哆嗦地说：“大老爷，我是个穷要饭的，哪儿有钱呀？”修北京城的千军万马都等着刘伯温哪，他也急了，把眼一瞪厉声说道：“没钱不行，来人哪，给我打！”手下人七手八脚就朝沈万三身上噼里啪啦打起来，打得他皮开肉绽。沈万三连声哀求，后来打得忍无可忍了，就把脚一跺，指着地说：“这地下有银子。”刘伯温派人一挖，果然发现下面埋着一口口大缸，打开一看，里面全是白花花的银子。刘伯温就拿这些银子继续修北京城。没过多久，这些银子也用完了，他又把沈万三找来继续要银子。沈万三被打急了，又指着脚下说：“这地下有银子，你们挖吧。”果然又挖出许多银子。这样一而再，再而三，挖出好多好多的银子。城里挖银子的地方，挖成许多大坑，刘伯温把玉泉山的水引进北京灌满这些大坑，就成了什刹海、北海、南海。

修建北京城工程巨大，城里再也挖不出银子啦。沈万三告诉刘伯温南苑还埋着九缸十八窖银子，刘伯温又派人到南苑挖，果然挖出九缸十八窖银子，才完成了修建成北京城的任务。在南苑挖银子的地方，形成不少大坑，就变成大泡子、头海子、二海子、三海子……共有20多处湖泊。在南苑地区流传着一首“九缸十八窖”的歌谣：“南道到北道，金砖银元宝，九缸十八窖，窖窖连着道。”

二 北京城南迷魂阵

旧时，在北京流传着一组关于城南地区带有军事性质的迷魂阵联语：“出前门，过‘天桥’；永定门前有‘四座名山’；山前有‘一挡’；护城河南，东边有‘八十万窖兵’，西边有‘八十万窖兵’；往南有‘四十里苦海’和‘七十二连营’。”

上述所指“天桥”，位于今永安路东口，十字路口中间，南中轴线上，其东是天坛路，其北是前门大街，其南是天桥南大街，旧有一座单孔汉白玉石拱桥，南北方向，横跨龙须沟上。此桥是一座普通的桥，不高也不大，因明清两代天子（皇帝）去天坛、先农坛祭祀活动经过此桥而得名。此桥长约8米，宽约5米，东西两侧各有5根桥柱，柱顶雕有莲花骨朵，桥面用石板铺砌。弧形桥洞两边拱券中心各雕一个镇水的螭首。民国年间为通有轨电车，展宽正阳门外道路，将桥身修平，拆除石栏。天桥虽已无存，但天桥之地名却闻名全市。“四座名山”指永定门护城河桥两端雁翅四角的4块顶桥石，石长约2米，宽80厘米左右，是巩固桥的基石，以石代山。新中国成立后多次改建此桥，顶桥石已无存。“八十万窖兵”指护城河南边农村贮存自然冰的冰窖。冰与兵谐音，冰窖也称窖冰，因而冰窖成了“窖兵”。因冰窖很多，存的冰也多，都是论斤卖，称“八十万”还少说着呢！“一挡”指永定门南边的燕墩（也称烟墩），是元代建的一座方形烽火台（封土堆），明代扩建外城时对其四周包砌城砖，清代乾隆帝在墩顶立了一座方形石碑。燕墩为四方形高大建筑物，下宽上窄，台基各边宽14.87米，台面各边宽13.9米，台高约9米。现保存较好，为市级重点文物保护单位。“四十里苦海”指明清时期的皇家园林南苑。南苑里有许多湖泊，明代称南海子，清代称南苑，群众仍

永定门外燕墩

然习惯称南海子。南海子围墙周长120华里，总面积约210平方公里，因其占地面积大，海户过着艰苦贫困的生活，引申为苦味之海，故有“四十里苦海”之称。“七十二连营”，初听此语好像有72座兵营，实指大兴县境内由山西移民所建的72座带“营”字的村庄。

这组联句是在政治腐败、军事软弱的清朝政府和民国政府统治下，饱经风霜、受尽苦难的北京老百姓编的自我安慰的军事防御图，是北京民间历史文化的写照。有人说这句迷魂阵的联语是吓唬外国人的。

为了重现老北京中轴线记忆，2013年在原址复建了天桥，桥两侧复建了两座石碑，即西侧的《帝都篇》《皇都篇》石碑和东侧的《正阳桥疏渠记》石碑。

三　满族人的故事

满族是中国少数民族之一，为女真人后裔，全国满族人口1000多万人，分布在辽宁、黑龙江、吉林、河北等地及北京、成都、西安、呼和浩特等大成市。

满族原来生活在东北长白山、黑龙江流域。1616年努尔哈赤统一建州女真各部，登极称帝，国号大金，以赫图阿拉（今辽宁新宾）为都，称兴京。因为金朝是女真族担任统治者，满族是女真族的后裔，为了与1115年建立的金朝相区别，称为“后金”。1635年皇太极继位后改女真为满洲（族），1636年改后金为清朝，都城在盛京（今沈阳）。1644年清定都北京，至1911年辛亥革命后末代皇帝退位。辛亥革命后统称满族。

自1644年大批满族人入关后，形成了满汉杂居的局面。经过长期相处，互相学习，满人逐渐在语言、文字、生活习俗与汉族相融合、汉化。现在除黑龙江爱辉县和富裕县的几个屯有一部分人能说满语外，普遍使用汉语。辛亥革命时期，革命党人在一段时间发生过过火行动，个别地方发生过杀害满族人的事件。辛亥革命后，不少满族人隐瞒满族人的真实身份，改为汉族、汉姓，现在有许多满族人已说不清自己的老姓。

满族实行八旗制度。16世纪末17世纪初，努尔哈赤把东北各地女真各部合并成为统一共同体，分别编入以氏族、村寨为基础的生产和军事组织之中，并把这种组织逐步扩充为八旗制度。设黄、红、蓝、白四旗和镶黄、镶白、镶红、镶蓝四旗，合称八旗。八旗都有各自的旗帜，正黄、正红、正蓝、正白四旗为正方形旗，中间一条龙；镶黄、镶白、镶红、镶蓝四旗为方旗加一角，成五角旗，中间有一条龙，用红或黄色镶边。八旗具有政治、军事和生产三方面的职能，成为满族社会的根本制度。后来又建立了蒙八旗和汉八旗。百姓俗称满族为“旗人”。

清朝南苑皇家园林里的管理人员、苑户多为满族人士，据《大清会典》记载，南苑内的苑户和管理人员共有110多人。如槐房村、西红门镇满族老人称是“随龙入关”而来，即清初跟随皇帝从东北进入山海关，到达北京的。这些满族家庭原来都有家谱，但在“文革”中有的被抄家当“四旧”烧毁，也有的怕惹事，自己烧毁。人们现在才认识到烧毁的是文化遗产，如果家谱存世，当是丰富满族文化的珍贵资料。

满族与汉族的春节、元宵节、二月二、端午节、中秋节等节日和一些习俗是相同的。满族有自己的节日颁金节，颁金节是满族“族庆”之日。1635年阴历十月十三日，皇太极发布谕旨，正式改族名“女真”为“满洲”，这标志着一个新民族共同体的形成。1989年10月，在丹东“首届满族文化学术研讨会”上，把每年的阴历十月十三日定为颁金节。满族有许多习俗，有忌杀狗、忌吃狗肉、忌穿狗皮衣、忌戴狗皮帽，因为是爱犬救主。努尔哈赤当年在明军追捕中，最后只剩下他和一条黄狗躲在芦苇丛生的荒草地，他已筋疲力尽，躺在地上，熟睡过去。明军追不到努尔哈赤，就纵火烧荒，以烧死努尔哈赤。眼看熊熊大火就要烧着努尔哈赤，他却全然不醒。黄狗就从附近的水塘边浸湿全身，跑回努尔哈赤睡觉的四周翻滚。一次又一次，终于把努尔哈赤四周的草地全部弄湿，因劳累过度，黄狗最终倒在了努尔哈赤身旁。等努尔哈赤醒来，才知道黄狗以死相救，保住了自己的生命。努尔哈赤泪流满面，他发誓说:“今后子子孙孙要永不吃狗肉，不穿狗皮。”

满族的图腾是海东青。满族与海东青关系密切，都生活在白山黑水之地。满族是游牧民族，常用海东青捕捉天鹅、大雁。辽代时，辽统治者强迫女真人上缴海东青，因而发生了女真人的抗辽斗争，最后推翻了辽代的统治，建立了金朝。海东青以小胜大，艰苦拼搏的精神鼓舞着满族人奋勇向前。清代帝王在南苑也常用海东青进行狩猎活动。

四　南苑苑墙由北京王府捐钱修建的传说

明朝永乐年间修的南苑院墙是三合土夯土墙，历经200多年的风吹雨淋，已经损坏严重。清政府年年都要组织许多海户进行修补，开支不少，再者土墙也已不再坚固，不再安全。清朝在南苑大兴土木，建了4座行宫，修了20多座庙宇，这些建筑花费巨大，可谓都是用黄金白银堆起来的。残破的土墙与新建筑已经不太匹配，为此乾隆皇帝要将土墙更换为砖墙，砖墙坚固，可长久使用，也安全。

要将南苑的土墙更换为砖墙，是一笔不小的开支，因为南苑苑墙总长度有120多里。经过详细计算，要修1丈高的苑墙，需垒48层砖。苑墙使用的砖，规格比城砖小些，比民居砖大些，规格为40×18×10厘米，按

南苑苑墙旧砖

一横一竖砌砖墙计算，每丈苑墙需896块砖。经测算，建南苑苑墙总共需1728万块砖。

中国有句古语：土木之工，不可善动。不当家不知柴米贵，当时虽处康乾盛世，但国库的银子都是来自百姓缴粮纳税的血汗钱，这些钱不能胡乱花，要把钱用在刀刃上。经过计算，修南苑苑墙共需38万两白银。乾隆皇帝决定修南苑苑墙的银子由北京各王府捐款，让其关心朝廷，为朝廷做点贡献。

北京有48座王府，这些王府都是皇亲国戚，有开国功臣，有皇帝儿孙，他们或在清朝建立前或在清朝建立后都立下了汗马功劳，由论功行赏，他们得以封为王爷，并由朝廷出资建了王府。北京的这些王府都是深宅大院，有的王府内还建有花园。各个王爷多是高官厚禄，肥的流油，过着花天酒地的生活。朝廷按爵位每年发给他们大量的白银和禄米，最高的每年发白银1万两，禄米1万斛，少的也有白银几百两，禄米几百斛。南苑苑墙需砌48层砖，由48座王府损款，正好每座王府捐一层砖钱。经过估算，平均每个王府捐7900多两白银。乾隆皇帝的圣旨传到各个王府，多数王爷表示同意捐款，有的表示多捐些，也有的不愿捐，认为家里穷，捐不出那么多。但经过反复做工作，各家王府都捐了白银。

经过筹集资金，组织各地砖窑烧砖，准备白灰等，南苑苑墙开工兴建。修建南苑苑墙是一项艰巨的工程，要随地势修建，随高就高，随低就低。南苑是一片湿地，要穿过不少泥塘。从镇国寺经潘家庙至西红门一带是永定河故道，此地有一条南北走向的沙土坡，长2.5公里，高七八米，百姓称为沙龙[①]。西苑墙正是要建在这个沙土坡上。为了预防沙坡溜坡，以保护苑墙和潘家庙村民居住安全，在潘家庙村北的沙坡西侧修了一条长1000米的砖墙护坡。苑墙用三合土打5尺厚、4.5尺宽的墙基，上面码一横一竖扁砖，百姓称“满钉满条”，扁砖到顶。砖墙宽1.8尺，通高1丈，顶端有1.5尺高的蓑衣顶，每丈距离建一砖垛。

经过3年的努力，南苑苑墙建成了。南苑苑墙十分雄伟壮观，像一条长龙伏卧在南苑大地上，又如同镶嵌在南苑绿色湿地中闪闪发光的金环。

（高振明提供，高世良整理）

五　黄三太大红门镖打猛虎

黄三太是绍兴府望江冈聚杰村人，从小练就使用镖枪的武艺，人送外号南霸天金镖黄三太。他是一个绿林英雄，结识不少聚集山林反抗官府抢劫财物的好汉。在德州东郊与窦二墩搏斗，最后一镖打中了他。曾与李七侯多方筹款白银1.5万两，保清正廉明的三河知县彭朋官复原职。50多岁时，他洗手不干了。

黄三太六十寿辰时，他的盟兄弟、好朋友来家祝寿，喝酒中，“懈怠鬼”濮大勇评论他们绿林英雄时，首推李煜第一。黄三太是服软不服硬的人，他笑在脸上，恼在心里，扬言要进京城在皇上身边盗窃宝物。他第一次进京城

① 新宫村村民高振明的老家是花乡潘家庙村，他家老宅是民国年间建的，就建在海墙坡上南苑苑墙墙基上。高振明20世纪50年代出生，童年时常在海墙坡上玩耍。当时从潘家庙往南至西红门是一道好几里长的海墙坡，坡顶上有一条不长草的白带，那就是海子墙基，这里因刚被沙土覆盖，土层较浅，长不出青草。

黄三太镖打猛虎图（原载《彭公案》）

在北沙滩劫持了保定府护送皇宫的20个元宝（1000两白银）。

黄三太第二次进京途中在茶馆里遇见一个带铁链的罪犯。黄三太要打听圣驾出门日期。他走近罪犯跟前说：“朋友，你是京都人，身犯何罪？”那人见黄三太一片至诚，连忙答话说：“我叫金大力，是正蓝旗汉军教海佐领下的旗人，在善扑营当差，因秋围未派我当差，我在前门外月明楼听戏，打死著名的匪棍陶金谦，把我发在这里。”黄三太继续问金大力说：“今年还有围吗？”金大力说：“还是二月二十八、三月十六，打南苑的春围。”

黄三太当日到了京都，住在永定门外德隆店内。此时正当三月初春，永定门外正为皇帝去南苑春围做准备，由清军分段去管，净水泼街，黄土垫道。黄三太问店内伙计：“万岁爷几时出京？”小伙计说：“每年三月初十，一定出京。”

黄三太在店内一直住到初九，当夜就结了账，在永定门外大街上慢步，注视着街上的动静。大道上人烟不断。黄三太长得不俗，头戴山昵秋官帽，身穿官衣蓝绸夹袍，腰束丝带，外罩红青宁绸夹马褂，足蹬青缎靴子，面皮微红，红中透黄，一部银须，根根似线。那些当差之人，各衙门都有，也误认黄三太是哪个衙门的官员呢！他拉着马来回走了几遍，也无人盘问。

大清朝正值鼎盛时期，河清海晏，五谷丰登，国泰民安，春秋都要打围演武。这天，仁圣皇帝康熙老佛爷传旨，带着宗亲王室、贝子贝勒、王公大臣，去南苑打围杀虎。当日，老佛爷不坐辇，不坐轿，单骑逍遥马。那匹马是北边克勒亲王孝敬的，其色皆白，浑身没有一点杂毛，四蹄走得如飞。皇上骑马，前头有前引大臣、护驾大臣，出了永定门。康熙爷有旨，不准拦人，那些军民人等，起早跪于道旁，瞄看皇上。圣主在逍遥马上一瞧，城外却是一番新气象，天气晴和，惠风送暖，柳绿桃红，麦苗碧翠，野花生香。皇上在马上说："王希，朕看今春这个景况，真是五谷丰登。"宰相王希回奏说："托我主的洪福，正是皇上有道家家乐，天地无私处处同。"

君臣讲话中，已临近大红门了，忽听前边一片喧嚷声："前边有虎！"哪里来的虎呢？这是南苑从口外用钱买来之虎，那些海户当差之人，放在木笼内养着。这只虎是二月来的，野性未退，今天从笼内跑出来，顺道出了大红门，把那管虎的海户兵丁，吓得魂飞胆战，连忙拿刀追上来，他们如何追得上呢！那虎一出大红门，正遇见前引大臣等，大臣们连忙说："打！"这里一时就乱了，康熙爷问道："乱什么？"王希奏明皇上。康熙爷乃是一位佛心之人，一听此言，说："速传圣旨，不论军民人等，只管打虎，朕还有赏。"

这圣旨往下一传，那些当差之人一片声喧，早惊动了飞镖黄三太。他在大红门正候圣驾，忽然见从南苑内窜出虎来。又听传旨，他加鞭飞马，闯进了外圈子，说："你等闪开，打虎的来也！"那虎见人多，正在无处逃走之际，忽见对面有人，竟扑黄三太而来。黄三太往对面一看，那虎好生的厉害，有诗为证：

头大耳圆尾巴摇，浑身锦秀最难描。
樵夫一见胆吓破，牧童闻声魂皆消。
长在深山谁争力，众兽之中任咆哮。
山君未曾令人怕，眈眈之视枉自骄。

黄三太看罢，伸手把迎门三不过的飞镖掏出来，照定那虎就是一下，正中那虎左肋之上。那虎大啸一声，又奔黄三太扑来，黄三太眼疾手快，又是一镖，打在老虎前胸上，登时身死。

众当差人先报与宰相王希。王希奏明皇上，圣上传旨，命打虎之人前来觐见。那康熙老佛爷乃马上皇帝，并不胆小，却要面见打虎之人。那当差人等闪开，老佛爷远远见一老头儿，威风凛凛，跳下马来，先把肋下配刀解下，掷于就地，来至康熙马前跪下，膝行几步说："小民黄三太，叩见万岁万万岁！"康熙老佛爷看黄三太年到花甲，还有这等本领真英雄也！开金口说："你是哪里人氏，来此何干？据实说来。"黄三太连连叩头说："求万岁赦我死罪，我才敢明白回奏。"康熙爷说："赦你无罪，只管实说。"黄三太接着又叩了一头说:“小民原籍福建台湾永和乡人氏，寄居绍兴，练了一身武艺，身归绿林为寇，不劫买卖商客，专劫贪官污吏，势棍土豪，得了银子也不乱用，周济孝子贤孙，前数年我就洗了手，不敢做欺心之事。因我六十生辰之日，有昔日结拜朋友濮大勇，酒后说我年迈无能，要在北京天子脚下，做一件惊天动地之事才算英雄。小人一时气岔不平，来到京城，正遇万岁爷行围打猎，遵旨打死猛虎，不敢求赏，只求万岁爷赐我一点物件，成我之名，死于九泉之下，也感念万岁爷皇恩浩荡。”

老佛爷听罢此言，龙心大悦，又看黄三太年老，已然是洗手的绿林，便将所穿的黄马褂脱下来，说:“黄三太，念你打虎救驾之功，我赐你此物回家物本，成名守分，去吧!”黄三太叩了个头，说:“我皇万岁万万岁!”接了过来，自己回到黄骠马前，拾起刀来，飞身上马，晓行夜宿，回到家中。

六 晾宝台的传说

晾鹰台和大台子是南苑皇家园林里两座高大的封土台，皇帝常在高台子上纵放海东青捕捉天鹅、大雁，这是狩猎的一种方式。明清时期因皇帝常登临晾鹰台、大台子，使晾鹰台、大台子带有仙气。

在南红门和草桥一带流传内容相同的晾鹰台、大台子晾宝的传说。

在很早以前的时候，农民过着贫困的生活，每逢儿女结婚或老人去世办红白喜事，都要举行家宴，请亲朋好友街坊四邻欢聚一堂，这就需要用很多桌椅板凳、锅碗盆勺。本家要买的话，一是花钱多，买不起；二是好多年才用一次，用过之后就闲起来，农民没钱买这“半年闲”。后来有人做梦梦见大台子显神气，到那里烧香磕头，有求必应，可以赏给。有人就试着去办，果然梦想成真，如愿以偿。天刚黑的时候，办红白喜事的人家，到大台子跟前，先烧三炷香，磕三个头，然后就念道本家办事需要多少家具，多少碗盆，敬请神仙准备好。第二天早晨蒙蒙亮的时候派人去取，那里就按你需要的品种数量摆着。办完事再如数归还，把借的东西放回原处。每次借东西按上述办法做，都很灵验，人们称晾鹰台、大台子为“晾宝台”。人们在借家什中，多数人都是借多少还多少，损坏的给予补齐。但也有个别人不按所借数量归还，自己扣留一些，留做自己使用。中国自古就有“有借有还，再借不难”的谚语。借多还少的事发生了不止一次，神仙对这种黑心人很生气，以后就不再借给了，烧香磕头借物也不灵了。

七　一亩泉吞黄牛的故事

古时的南苑是一望无际的平原，这里水源丰富，庄稼长得旺盛，农民过着丰衣足食的生活。在今槐房村西北有一个大水泉，这个泉有一亩地那么大，因此得名一亩泉。泉水白天黑夜不停地咕嘟咕嘟从地下往上冒，冒出的水柱有二尺多高。有人试过，往泉水柱上扣个铁锅也给顶到一边去。冒出的泉水弯弯曲曲向东流，就流出一条小龙河来。这一亩泉就是小龙河的源头。一亩泉和小龙河可出名啦，清朝乾隆皇帝驻在新衙门行宫时还到一亩泉考察过呢！乾隆帝在一亩泉南边建有龙王庙（已无存），在一亩泉东边小龙河上建了条石闸座（也称桥闸），群众俗称“土桥”。桥闸既能通行，又能截水。

在南苑一带流传着一亩泉吞黄牛的故事。

几百年以前，在槐房村住着一位李老汉，他家养着一头大黄牛，黄牛膘肥体壮，李老汉用黄牛耕地、拉东西。有一年夏天，李老汉用黄牛拉犁耕地。拉犁耕地是个苦活计，拉着犁要把六七寸宽、六七寸深的土翻个过儿，这一犁土胜过千斤力呀！所以有“宁拉千斤载，不拉一犁土”的谚语。牛拉犁杖，头顶烈日，脚踩泥土，出大力，流大汗，快到中午了，牛又渴又饿，也不爱干活了。李老汉平时都到村边水井上饮牛，这次他想，远水解不了近渴，就牵着牛就近到一亩泉饮牛。

干渴的黄牛到了一亩泉，见到清亮甘甜的水，就低下头大口大口地喝起来。正在喝水的时候，牛的前腿可能正踩到泉眼上，牛腿顺着流沙就往下陷。李老汉赶紧用劲拉缰绳，可牛越陷越深，怎么使劲也拉不上来。在附近干活的几位老乡，听到李老汉的呼救声，都跑过来帮助解救，有的拉缰绳，有的拽牛尾巴，把牛缰绳也给拉断了，可一点作用也没有。先是两条前腿往下陷，后来两条后腿也往下陷，牛也感到生命的危机，它想从泥中拔出腿来，可越蹬踏，越往下陷。很快牛身子也被陷下去。两只牛眼瞪得圆又圆，李老汉也是瞪着眼，干跺脚，眼瞅着大黄牛被泉眼最终吞没了。

李老汉的黄牛掉进泉眼里，都没有堵住泉眼，泉水还是像往常那样咕嘟咕嘟地往上冒，小龙河也是像往常那样哗哗地往东流。

南苑公社在20世纪60年代对一亩泉进行了维护和改造，号称一号水库，用于灌溉和排洪，在农业生产中发挥了重要作用。后来由于永定河断流，雨量减少，地下水位下降，水泉枯竭，此地成了绿化林带。

八 蚂蚁坟的故事

蚂蚁是平平常常的小昆虫，到处可见，但它有突出的特性和神秘的故事。中国有许多蚂蚁的谚语、成语、歇后语："蚂蚁搬泰山" "蚂蚁啃骨头" "千里之堤，溃于蚁穴" "蚂蚁搬家蛇过道，大雨很快就来到" "热锅上的蚂蚁——到处乱撞"。"蚂蚁搬泰山" "蚂蚁啃骨头"是说，蚂蚁虽小，但能以小克大，有愚公移山的精神。"千里之堤，溃于蚁穴"是说，小小的蚂蚁窝，可以使千里大堤决口，警示人们对蚂蚁窝之小事也不可忽视，否则会因小失大。毛泽东在《和郭沫若同志》诗中，有"蚂蚁缘槐夸大国，蚍蜉撼树谈何易"的诗句。

南苑在明清时期曾有蚂蚁坟

1998年笔者写《南苑杂记》时，许多有关南苑的历史资料中都有南苑蚂蚁坟的记载。开始笔者对此半信半疑，后来证实确有其自然现象。

明代刘侗、于奕正合撰的明代地方志《帝京景物略》记载："海子（明代称南苑为南海子）西北隅，岁清明日，蚁亿万集，叠而成丘，中一丘，高丈，旁三四丘，高各数尺，竟日散去。今士人每清明节往群观之，曰：‘蚂蚁坟。’传是辽将伐金，全军没此，骨不归矣，魂无主者，故化为虫沙，感于节序，其有焉。”不少史书皆说，每年清明节时，南海子西北部，有亿万蚂蚁聚集四五堆，最大的一个高一丈左右，旁边三四个各高数尺，好似土坟堆，经一天时间而散去，当地农民称“蚂蚁坟”。张江著《燕都风土丛书》（民国二十八年出版）载：“金为元败军士化为蚂蚁，南苑西墙每年清明蚁聚成堆名蚂蚁坟。”该书有一首蚂蚁坟的诗：

多少沙虫化，金源有覆军。

至今寒食近，蚂蚁自成坟。

关于蚂蚁坟的具体地点，1940年12月15日北京《民众报》登载：“北京南苑西北方，约八里许，有蚂蚁坟一处，乾隆以前，每年清明日，即有蚂蚁数万，叠成小丘……”1941年1月5日北京《实报》登载：“蚂蚁坟在南海子，为一大高阜，下有蚁穴，聚蚁无数万……”“大高阜”即封土堆。按上述两报记述推断，蚂蚁坟方位当在三台子或二台子，即今大台子村西南1公里之地方。《实报》还载，清初时人黄征君（景星）能指蚂蚁坟具体地点并写有“鸳鸯凡洽犹惊梦，蚂蚁春风解还魂”的诗句。

对蚂蚁坟这一自然现象，按照封建迷信的说法，形成传说：辽将伐金兵时，辽战败全军死于此地，尸骨不能归故地，而魂没有主，化为虫沙。“虫沙”也称“猿鹤虫沙”。《太平御览》载：“周穆王南征，一军尽化，君子为猿为鹤，小人为虫为沙。”唐代诗人韩愈《送区弘南归》诗：“穆昔南征军不归，虫沙猿鹤伏以飞。”后来用以比喻战死的将士。这些战死的将士到了中国祭祀死者的清明节时，有感而出游。清代吴长元《宸垣识略》也有类似的记载，该书还介绍了山东蚂蚁坟的事，并对此事进行了分析：“窃以此语传会。诗，东山篇：鹳鸣于垤。山东蚁冢有极高大者，如冢墓然，孟子所谓丘垤。丘是自然高处，垤乃蚁冢上土，共盘马于蚁封，即此是也。以是知南苑蚁坟，亦蚁垤之类。惟清明蚁集其上，为可异耳。若纯蚁叠成，次日散去，仍为平地，即聚万亿之蚁，不能累累若是，理未可信，以俟见者访之。”该作者认为南苑蚂蚁坟为丘垤，而对南苑蚂蚁坟只在清明日出现一天即散去表示疑问。

南苑蚂蚁坟的形成可能与南苑当时林木繁茂有关。为什么在清明节时出现蚂蚁坟现象？因为蚂蚁属于冬眠之虫，清明节是在惊蛰后一个月的时间，正是冬眠之虫出土活动之际。因此地曾是辽军伐金战败将士死亡之地，在封建迷信思想严重的历史条件下，就形成了尸骨化为虫沙，在祭祀死者的清明节时出游的传说。在清明节出现蚂蚁坟更增加了这个传说的神秘色彩。因为南苑地区自然条件的变化，自民国以后就没再出现蚂蚁坟的现象，但是在北京门头沟百花山、怀柔山区丛林中有蚂蚁坟的报道。

近现代诗人、书画家郭凤惠（1898—1973）为纪念南苑抗日牺牲的英雄写有《蚂蚁坟》诗：

槐国纷然浪策勋，谁家缯币化烟云。
可怜蝼蚁工求穴，无奈虫沙是败军。
历数已收阿什国[1]，清明谁上騔驹坟？
只今南苑疆场路，凭吊重拈遐叔文[2]。

注：①阿什国：金兴阿什水，亦名楚虎河，在松花江北。
②遐叔：李华字遐叔，有吊古战场文。

蚂蚁坟是百花山的一大景观

北京市门头沟区百花山的蚂蚁坟是百花山旅游区的一大景观。百花山上有一地名叫“蚂蚁山”，在百花山松林中有上千个半米多高的红色“土丘”，那就是蚂蚁坟，绿树红丘的奇特景观，堪称一绝。《北京周边地区风光旅游科学指南》（中国林业出版社出版）、《北京日报》《晨报》都介绍了百花山蚂蚁坟的情况。1999年7月14日《北京日报》刊登了百花山罕见大蚁穴的新闻照片，文字解说，该蚁穴高约0.2米，宽约1米，蚁穴里居住着数千只红色蚂蚁。2000年7月29日《晨报》刊登了百花山蚂蚁坟的新闻

百花山蚂蚁坟

和照片。该文称："百花山海拔1300~1500米的落叶松林地带有几千个用细砂粒搭成的30厘米至50厘米高的褐色蚁巢，有的高达1米，蚁巢像坟头。蚁巢内部结构复杂精巧，有用松枝搭成的通道。"百花山蚂蚁为河北红蚂蚁，褐色，个头大，长1厘米左右。此地蚂蚁为益虫，专吃腐烂动物和松树上害虫的幼虫，人们称它为百花山上的"清洁工"，百花山树木生长旺盛有蚂蚁的功劳。2001年8月28日《北京日报》报道：怀柔县琉璃庙乡套窑沟的山坡上有20多个1米多高的蚂蚁巢穴（蚂蚁坟），蚂蚁为红色，蚁巢有一人高。此地常发生蚁蛇大战，结果蚂蚁把蛇咬死。

先人对蚂蚁的认识

两千多年前的《诗经》中有"鹳鸣于垤"的诗句。垤为小土堆，此处指蚁垤。古诗说，每遇阴雨水泉向上润，故垤下之蚂蚁为避湿而上冢。鹳是好水之鸟，知天将雨，它飞到蚁冢上食蚁，因欢喜遂鸣其上。先人们还观察到蚁冬居山之阳，夏居山之阴。

明代李时珍著《本草纲目》记载：蚂蚁也称玄驹、蚍蜉。蚁有君臣之义，故字从义。"蚁处处有之。有大、小、黑、白、黄、赤数种，穴居卵生。其居有等，其行有队。能知雨候，春出冬蛰。壅土成封，曰蚁封，以及蚁垤、蚁塿、蚁冢，状其如封、垤、塿、冢也。""大蚁喜酣战，故有玄驹之称。"《古今五行记》云："后魏时（天安元年），兖州有赤蚁与黑蚁斗，长六七步，广四寸，赤蚁断头死。"

古代有亿万蚂蚁聚集现象的记载。唐书《五行志》曰："开成元年京城有蚁聚，长五六十步，阔五尺至一丈，厚五寸至一尺者。"据此推算，这堆蚂蚁有数十立方米。

九　杀官桥的传说

南苑古时候河流、湖泊多，所以桥也多。史书记载，元代、明代时南苑有70多座桥，清代有近百座。凉水河是北京的重要河流，它流经南苑，而大红门、小红门是通往南苑皇家园林及南方的两个重要道口。清乾隆年间，皇帝发出圣旨，在凉水河上同时建两座桥，一座建在大红门北边，一座建在小红门南边。两桥的设计图纸、造价都相同，皇宫派了两个官员分别担任两桥的监工。

大红门桥的监工官员叫李坚实，小红门桥的监工叫阮希松。李坚实是办事认真的清官，他想，建桥牵涉百姓生命的头等大事，是百年大计，必须建好。他把建桥款交一账房先生专管，专款专用，亲自到山里购买优质石料，挑选了技术高明的能工巧匠组成了施工队。施工在河水少的冬春季进行，他冒寒风大雪奔走在河两岸，风餐露宿在建桥工地，日夜坚守在施工现场。他严格要求，一丝不苟，不合格的地方必须返工，一点不含糊。建桥基是关键，基石铺平垫牢，灌好灰浆，平如水面，条直如线，条石之间严丝合缝。石桥各条石之间都用锔子连接，加上铁楔子，并用明矾灌浆。石桥成为一个坚固的整体，老百姓称为“万年牢”。阮希松是靠投机钻营捞到一个官职，他油头滑脑，尖嘴猴腮，贼眉鼠眼，一肚子坏水。他想，监工是个肥差，要从中捞一把。他和工头互相勾结，狼狈为奸，偷工减料，以次充好，不管工程质量，克扣银圆，中饱私囊，挪用建桥款为自己建了深宅大院。他是五毒俱全的人，整天吃喝嫖赌抽。工头则是马虎施工，克扣民工工钱，欺压百姓。

汛期临近，规定的竣工日期到了，乾隆皇帝带领一批官员对两桥进行验收。乾隆皇帝先来到大红门，在桥上巡视了一遍。七孔拱形石桥雄伟坚固，护栏精雕细刻，条石横平竖直，普遍灌了灰浆。条石用榫头卯眼方式连接，加了铁楔子，灌了明矾，使大桥成为一个坚固的盘石。当场用8辆装满沙土的马车，同时停在桥面上，试验桥的承重力。试验结果，石桥稳如泰山，纹丝不动。围观的百姓拍手叫好，称赞是“平安桥”“放心桥”。乾隆皇帝笑容满面，甚为高兴，当众命名此桥为“玉河桥”，当场奖赏监工官员李坚实200两白银，并升为六品官。李坚实赶忙向皇帝磕头、谢恩，百姓齐声欢呼，并称此桥为“升官桥”。

乾隆皇帝然后来到小红门南边之石桥。他从外表就看出粗制滥造的迹象，也用8辆载重马车试验，试验结果，桥身有小的响动，有的条石被压出裂纹。皇帝大怒，阮希松和施工头跪在皇帝面前，认罪求饶。皇帝严厉斥责："你俩玩忽职守，劳民伤财，把建桥大事当儿戏，这桥是'豆腐渣'工程，这两条蛀虫，贪污白银，胡作非为，罪该万死。不严惩这些贪官污吏，国家就会衰败。"根据皇帝圣旨，把阮希松斩于桥头，把施工头抓进牢房，并没收了他们用公款建的私房。乾隆皇帝命令把这座"豆腐渣"桥拆掉，重新建了一座新桥，老百姓称这座新桥为"杀官桥"。

十 骑龙抱凤的传说

乾隆年间，春季的一天上午，阳光明媚，蓝天白云，大红门外凉水河哗哗地向东流淌，大红门3个方形门洞的墙壁涂着红色，红色大门敞开着，门楼顶部覆盖着黄色琉璃瓦，在阳光照耀下泛着光芒。大红门通向永定门的大路，黄土垫道，清水泼街，路两旁挤满了人，聚精会神地迎接皇上来南苑打猎。

太阳升到东南方向的时候，从北边来了浩浩荡荡的大队人马，前边有开道的仪仗队，有鼓乐队，有皇子皇孙队伍，有官员的马队……从队伍开头看不见尾，足有1万余人。只见有一个威武英俊的人，骑着枣红马，头戴金镶玉圆帽，身穿金丝编织闪闪发光的龙袍，在众多官员前呼后拥下来到大红门桥前。这就是乾隆皇帝。

忽然有个差人跪在皇帝马前，禀报："前边有一野蛮女子抱着一只大公鸡坐在海子墙上，冲撞圣驾，应严加惩处。"原来是居住在大红门里的奉宸苑当差的苑户海家的傻闺女今天也来凑热闹。傻闺女十七八岁了，因为有些野性，所以得了"傻闺女"的外号。傻闺女其实并不傻，她手脚灵巧，蹬高上树十分灵敏。今天见大伙都聚集在大红门迎接皇帝到南苑打猎，她就抱着家中的大公鸡，爬上了海子墙，居高临下，便于观看。大伙都争着瞧皇帝，也没瞅见傻闺女何时爬上了海子墙。傻闺女抱着大公鸡，爬上了海子墙，这不是冲撞圣驾，给皇帝添乱吗？所以当差的要求逮她严加处罚。

其实皇帝骑在马上，视野宽广，早就看在眼里。皇帝正琢磨着昨天晚上自己做的骑龙抱凤的美梦呢。皇帝在梦乡梦见骑着龙，抱着凤，天马行空，独来独往……眼前这女子，正是圆自己的梦哩！她坐在海子墙上，海子墙随地势而建，高低起伏，似一条长龙。皇帝当时处的位置在凉水河北岸的九龙山上，九龙山是清淤凉水河堆积的高岗，后来命名的九龙山。皇帝是真龙天子，现在骑马走在九龙山上，九龙山上红色桃花盛开，凉水河岸边绿色垂柳迎风摇摆。对面有一年轻女子坐在似龙的海子墙上，怀中抱着一只大公鸡，公鸡象征金凤凰。平日里常说：龙凤呈祥、龙飞凤舞、龙跃凤鸣，这不正是吉祥的征兆吗？

傻闺女的父母闻听自己的女儿闯了大祸，拉着女儿跑步来到皇帝面前，跪地磕头谢罪。皇帝近瞅姑娘长得俊俏，有福相，忙说：“朕赦你们无罪，平身。你们闺女有福气，她的命运连着紫禁城，她的举动圆了朕骑龙抱凤的梦，与朕心连心，心心相印，朕赐名海金凤，并封她为皇宫娘娘。”傻闺女的父母闻听此言，不敢相信自己的耳朵。皇帝身边的大臣又重说了一遍，他们才信服，赶忙给皇帝磕头谢恩。皇帝的话为金口玉言，随从官员赶忙派轿子将海金凤接回皇宫，当了娘娘。

从此，大红门里的苑户海家成了皇亲国戚，海家因攀上高枝，而兴旺起来。

十一 中顶村大鼓老会的故事

丰台区南苑乡有个中顶村，因中顶庙得名。中顶村的花会——大鼓老会远近闻名。大鼓老会会旗上绣着八个大字：“大鼓老会，一统万年。”据说这句话是乾隆皇帝御封的。

中顶庙是皇家庙宇，过去可红火啦！大鼓老会的历史好久啦，到底何年成立，谁也说不清楚，反正是从老辈人那里一辈一辈传下来的，一直传到现在。一般认为，大鼓老会建于乾隆年间，大鼓老会会旗的飘带上写着“道光元年六月初一第三次重整”。大鼓老会以大鼓著称。它有8面大鼓，鼓面直径2.5尺，厚1.5尺。第一代大鼓鼓帮是蓝地荷花，第二代大鼓鼓帮是红地金龙（二龙戏珠），现在是第三代，鼓帮为红色。

有一年秋天，乾隆皇帝在南苑打猎后，特地到中顶庙进香，然后在庙前槐树下小憩。他听说中顶村大鼓老会挺出名，就传旨让大鼓老会来进行表演。大鼓老会很快凑齐队伍，备好家伙，定在中顶庙前广场表演。人们听说皇上要观看大鼓老会表演，三里五乡的大人小孩都赶来看热闹。中顶这个小村到处挤满了人，人山人海，里三层外三层围了个水泄不通。大鼓老会有3套家伙：10面大鼓（比现在多两面），8个铛子（当地人称chēn子），12个男童打镲（钹）。当时大鼓老会能表演72套鼓术，当场表演了3套，都使出了高招，表演了绝活。表演时3种家伙配合默契，大鼓、铛子、小镲响声整齐一致，高低错落，快慢有别，有板有眼，乐器声中夹有儿童舞蹈，干净利落，皇帝及其随行人员、众乡亲，不断拍手叫好。乾隆皇帝坐在旁边，喝着茶欣赏着，笑逐颜开，甚为高兴。乾隆对身边的官员说：“大鼓老会组织严密，技艺超群，朕封‘大鼓老会，一统万年’，要让它统一领导各路花会一万年。”皇帝当场奖赏大鼓老会白银200两。

大鼓老会在街上表演

皇帝说话是金口玉言，不久皇宫派人敲锣打鼓给大鼓老会送来了黄云缎三角形会旗，上面绣着2条龙和8个大字："一统万年大鼓老会。"

大鼓老会得到御封后，受到了特殊的待遇，抬高了身价，与象征皇帝的龙、黄色紧密相连。会旗上、大鼓上都绣着二龙戏珠，用黄带子拴鼓耳环，8个铜铛子的木手柄上也雕刻上龙，供男童表演打镲的蚊帐用红绒布制成，有10多平方米大，也绣着二龙戏珠。蚊帐用4根竹竿支撑，显得威风，也为儿童遮阴挡风。蚊帐前面挂着镜子，写着"大鼓老会，一统万年"。男童都是十一二岁的少年，俗称"花钹""小弯橛"，头戴刘海帽，身穿红、黄、蓝、黑4种颜色的衣服（男童分四组，一组为红衣黄裤，二组为黄衣红裤，三组为蓝衣黑裤，四组为黑衣蓝裤）。大鼓老会是民间群众性的文艺组织，家家户户都有一面大鼓老会的小旗，大鼓老会每次活动，大人小孩都出来助兴，摇旗呐喊。

大鼓老会在京南一带名声大震，京南每逢举行花会活动都是大鼓老会先响鼓、第一道表演，其后才是各路花会表演。大鼓老会受到群众的喜爱，每次集会都争先恐后去观看。京西妙峰山庙会时，大鼓老会都去助兴，妙峰山庙里的古石碑上刻着大鼓老会的名字。现今大鼓老会经常组织花会活动。每逢中顶庙会，各路花会都聚集在中顶庙前表演，活跃农村文化生活。大鼓老会1998年在丰台体育场举行的花会比赛中获得二等奖。

十二　中顶庙百子托梦同仁堂的传说

在中顶庙尚存两座石碑。一是正阳门外猪市口百子老会于康熙三十五年立的"中顶普济宫百子胜会碑记"，碑四周雕刻着100个男童像，俗称"百子碑"。此碑顶和底座前后两面雕有二龙戏珠，碑座两侧各雕着一个麒麟。麒麟为传说中的动物，象征吉祥，有麒麟送子的故事。此碑文记载，康熙年间中顶庙每年四月十八日举行百子会，会期戒台设供，悬灯施食，有博士像婴儿百数贡神。二是京都顺义府大宛二县关内外都察院于乾隆三十年四月立的

“甲子老会”碑。

中顶庙供奉碧霞元君女神，碧霞元君为东岳大帝的女儿，是主管妇女生育之事的，称为子孙娘娘，中顶庙俗称娘娘庙。旧时在子孙娘娘塑像前摆放着百十个瓷娃娃，拜神求子的妇女烧香磕头撂香钱后，可以领取一个瓷娃娃，俗称“拴娃娃”。

昔日中顶庙香火极盛，是热闹红火的地方。中顶庙每年阴历六月初一庙会，庙会期间人流如潮，川流不息，商贩云集。各路花会锣鼓喧天，接连表演，拜神求子者络绎不绝，香火不断。在右安门外一带流传着中顶庙百子托梦同仁堂的故事。

光绪十六年（1890）京城连降暴雨，永定河多次决口发大水，北京城南一片汪洋。右安门外大树皆倒，洪水几次要冲进城内。说来奇怪，中顶庙外成为泽国，中顶庙里却不进水，平安无事。洪水使平民百姓遭遇灾难。天上下大雨，永定河发大水，到处是沟满壕平，一人深的大水望不到边，洪水中只显露出被淹的屋顶、树冠。多数人都躲到土岗上、房顶上、树杈上，有的人则被洪水冲走了。老百姓缺衣少食，饥寒交迫，叫苦连天，呼天天不应，喊地地不灵。

城南发洪水的事很快传遍了京城，城内城外百姓心连心，城内百姓惦念着受灾民众。同仁堂药店的伙计晚上做梦梦见大水中的中顶庙子孙娘娘神像前百个瓷娃娃

麒麟送子图

中顶庙百子碑

变成活泼可爱的儿童，身披红兜兜，由一白胡子老翁驾船来到同仁堂，为受灾难民求援。梦是心中想，同仁堂人心系灾民，赶快把梦境禀报乐东家。乐掌柜听后说："梦见大水是吉利事。我们药店不但良药传世，而且有积德行善、济贫救难的好传统。城南发大水的事已轰动北京城，我心里也惦记着这件事呢！右安门外一带是菜窝子，平日菜农千辛万苦供应市民吃菜，现在他们受到灾难，我们不能见死不救。我们要关心百姓的疾苦，伸出援助之手，慷慨解囊，捐钱捐物，救助受难的众乡亲。"大水无情人有情，乐掌柜马上派人买衣服、买馒头，从店里挑选了一些中成药，就带领一批人员出城去救援受难民众。他们用一辆马车拉着物资出右安门，到右安门又租船载着物品来到中顶，先用船把困在房顶上、树杈上的难民解救到船上，然后运到安全地——中顶庙。接着向民众施舍衣服、馒头、药品。得救的百姓向同仁堂乐掌柜作揖磕头："感谢救命恩人，同仁堂良药闻名全国，乐家济贫美德流芳百世。"

十三 大军阀张宗昌的"三不知"

张宗昌为北洋奉系军阀，字效坤，1881年生，山东掖县（莱州旧称）人，土匪出身，早年在革命党人陈其美部下当团长，1913年投靠直系军阀冯国璋，后又投靠奉系军阀张作霖，曾任吉林省防军第三旅旅长、第二军军长。1918年后曾任江苏第六混成旅长、镇威军第二军军长。1924年第二次直奉战争后入据山东，任军务督办，次年组成直鲁联军任副司令，后任总司令。北伐战争期间南下支援孙传芳对抗国民革命军，1927年上海工人举行第三次武装起义时被逐出上海。次年5月在蒋介石、冯玉祥联合进攻下退出山东，9月所部在河北滦东地区被消灭。1932年在济南被韩复榘派人刺死。死后灵柩运抵北平，葬于香山。

张宗昌曾在南苑地区驻军，在北京西城石老娘胡同（今西四北五条）和东城铁狮子胡同（今张自忠路）居住。近代著名教育家、革命报人林白水是张宗昌杀害的。林白水在新闻战线敢作敢为，是位大无畏的志士。在他办的《社会日报》写了《官僚之运气》一文，抨击“国务总理”潘复和张宗昌。有些人称时任国务总理潘复是张宗昌的“智囊”。而林白水在文章中称潘复整天在张宗昌的胯下，潘复是张宗昌的“肾囊”，张宗昌对此气急败坏，逮捕了林白水，将其杀害于天桥。

张宗昌像

张宗昌一生只对抗日和捐巨款修孔庙做过点好事，其目的不得而知。日俄战争期间，他在东北组成了一支地方武装和日本人打过几仗。1931年“九一八事变”后，他拒绝日本帝国主义的威胁利诱，从日本回到北京，与张学良一起投身抗日活动。他一生秽闻腾沸，恶贯满盈。因为他是割据一方的“土皇帝”，人送他外号“狗肉将军”，因其逢战必溃逃，老百姓又送他外号“长腿将军”。

他最大的丑闻是“三不知”。有一次他向张作霖要军饷。张作霖问他有多少钱？有多少兵？他说得问部参谋长。问他有多少姨太太？他说得问副官。他妻妾成群，离弃的小老婆总计64个，正式排名入号的姨太太有20多个。

他在北京驻军期间流传着一首歌谣：“张宗昌，吊儿郎当，破鞋破袜子破军装。他有两只枪：一只盒子枪，一只大烟枪。张宗昌怕打仗，一打仗就投降。”张宗昌在家乡山东实行残暴统治，人民对其恨之入骨，流传着一首歌谣：“也有葱，也有蒜，锅里煮的张督办（他任山东督办）！也有蒜，也有姜，锅里煮的张宗昌！”

第六篇

南苑今日新貌

从辽代到新中国成立，一千多年的漫长岁月，南苑历尽沧桑，皇帝、贵族、军阀、匪霸、外国强盗，相继在这里称王称霸，它是帝王的乐园，而贫苦人民受尽欺压，称南苑为“苦海子”。1948年底，南苑获得解放，得到了新生，在从解放至改革开放的70年，南苑发生了巨大的变化。

明清时期南苑地域属大兴县，为畿辅首县，南苑皇家园林明代归宫廷上林苑管辖，清代归宫廷奉宸苑管辖。民国时期南苑地域属河北省大兴县。

改革开放后，1983年撤销人民公社，红星公社改建为红星区（即南郊农场、大兴县派出机构）。1984年恢复乡镇建制，红星区下属瀛海、金星、旧宫、鹿圈、西红门、亦庄、太和、孙村8个乡镇。1998年9月，“场乡分家”，原农村集体乡镇与南郊农场分离，南郊农场归市管辖，乡镇归大兴县管辖，调整为现在的西红门镇、旧宫镇、亦庄镇、瀛海镇；南苑公社经调整变为南苑乡；小红门公社经调整变为小红门乡，十八里店公社经调整变为十八里店乡。

南苑地区是北京的菜园子，是著名的南苑稻的产地，也是北京市商品猪、鸡、鸭、鱼等副食品生产基地。南苑公社和红星公社蔬菜生产面积2万亩，总产量2亿斤，占全市总产量近10%。随着城市化进程的发展，这些功能逐渐消失。

南苑驻有许多重要单位，有航天部第一研究院、南苑机场、北京植物油厂、北京市香油厂、北京市大红门油厂、北京龙门醋厂、六必居酱菜厂、天源酱菜厂、北京市酿造八厂等单位。

南苑公社、红星公社是外宾参观单位。金日成、胡志明等外国贵宾访问过南郊农场。1974年美国国务卿基辛格访问中国期间，参观了南苑公社鸭场和北甲地生产队。

南苑皇家园林地域西起京开高速路，东至京津塘高速路，北起南三环路，南至南六环路，已成为生机勃勃的新生之地。南苑地区为丰台区、大兴区和朝阳区接壤地带，其地包括丰台区南苑乡和大红门、南苑、东高地、和义4个街道办事处，大兴区亦庄、旧宫、西红门、瀛海4个镇及朝阳区小红门乡。这里柏油路纵横，居民楼房林立，南苑镇以北地区已由近郊区变为城区，南苑镇以南地区已由纯农村成为新的城乡接合部。

1992年，在南四环以南亦庄、鹿圈乡的京津塘高速路西侧，开始规划筹建北京经济技术开发区（也称亦庄新城），因地处亦庄镇，也称亦庄经济技术开发区，是高科技密集区，是北京市现代制造业核心基地。开发区总体规划面积46.8平方公里，一期规划用地面积15.8平方公里，已经基本完成，已入驻企业2000家，投资总额130亿美元。二期工程将向京津塘高速路以东和凉水河以西地区发展。在大兴区政府驻地的黄村镇已建成卫星城。南苑乡政府位于大红门，在南中轴线上，距天安门7公里，称天安门前第一乡。在木樨园至南四环地区建成闻名全国、在国际上也小有名气的大红门服装商贸区。大红门服装商贸区是改革开放的成果。原来此地是南苑乡的蔬菜生产基地，现在变成座座服装商贸大楼，它是华北地区最大的服装集散地，地域面积约4平方公里，有39家服装交易市场，营业面积100万平方米，商业从业人员10万人，日货物吞吐量1600多吨，年交易额300亿元，成交量占全市总量的54.5%。大红门服装城年年举办国际服装节。近年开展了疏解非首都功能和拆除违建活动，一般商品经营户迁到外地，提高了本地服装经营商的档次和质量。

1958年3月中央批准航天一分院及其试制工厂在南郊首都机械厂（二一

大红门服装商务区（梁春生·摄）

一厂）及其以东地区兴建。首都机械厂的前身是1910年（宣统年间）清政府在南苑开办的我国第一个飞机修理厂。1913年北洋政府在此地兴办航空学校。新中国成立后的1951年改名国营二一一厂，后曾名首都机械厂。航天一分院从1958年开始至1965年经过7年努力基本建成，占地100余公顷，总建筑面积达48万平方米，投资2.2亿元，建成了弹导式导弹和运载火箭的研制基地。许多火箭、卫星、导弹等航天器是从南苑起运，发往酒泉、西昌等发射基地。东高地地区居住着众多的航天科研人员，建有东高地青少年科技馆、中华航天博物馆。航天一分院现变为中国运载火箭研究院，使南苑东部兴起一座新城，名东高地，为丰台区东高地办事处驻地。

今日的南苑地区有四大变化：

一是经济结构由以农为主变为以商业服务业为主。新中国成立时南苑地区是以种植蔬菜和水稻为主的农业经济区。1978年十一届三中全会后加快了城市化进程，调整了产业结构，重点发展商业和服务业，农业退居次要地位。计划经济年代，城镇商业主要是百货商场和副食品商店，农村各行政村有一家供销社门市部，供应日用百货和副食品，还有屈指可数的几家小卖部。改革开放后，实行市场经济，现在已是商业的海洋，马路两旁多是商业，只要是有人群的地方，就有各种商店。

二是市政建设大变化，南苑已由农村变成了城区。新中国成立时南苑只有一条永定门至南苑的10公里长的柏油路，现在纵横交错的柏油路成网，三环至六环和京开、京津、京沪跨越其境，各村都通柏油路，比当时增加了10多倍。原来南苑只有几条公交线路，现在则有几十条公交线路，有的车站有10多条公交车通过。新中国刚成立时，出门靠“11号”步行，有辆自行车是稀罕物。现在约有一半农户有了自己的小汽车，出门坐公交车、坐小汽车都很方便。南苑地区已有了轨道交通，亦庄至天通苑的地铁5号线、大兴区天宫院至海淀区安河桥的地铁4号线、地铁10号线已畅通。近年贯通中轴线的8号地铁已在南中轴延长线运营，设有永定门外、木樨园、海户屯、大红门、大红门南、和义、东高地、火箭万源、德茂、瀛海等站。

三是农民收入增加，农民住房大变化，旧村变成新社区。新中国成立时，多数农民住的是简陋低矮的土坯房，冬天透风，夏天漏雨。改革开放初期住上了砖房，21世纪初期有些农户将砖房改建成二三层的小楼。现在随着旧村改造的深入，许多农民住上了现代化楼房。有一些村庄，由于国家建设占地，全部转工，村庄消失，代之而起的是高楼林立的居民区。多数村庄进行了旧村改造，村旁建起了高楼，成为农民新社区。南苑乡15个行政村，有13个村拆除旧村，建了高楼社区，农民搬迁上楼，成为农村新社区居民。新社区居民饮食营养丰富，生活质量和生活水平提高。南苑镇从2009年开始进行棚户区改造，南苑西置换绿地面积，至2017年已完成原计划73万平方米的建筑面积。建成南庭新苑南区、北区、阳光星苑3个社区，约有7100户近2万人搬上楼房。

四是南苑原来是皇帝的乐园，现在已变成人民的乐园。南苑地区除原有文物古迹可供参观外，近年兴建了一批公园，有南苑公园、槐房钓鱼公园、石榴庄公园、新发地海子公园、世界花卉大观园、碧海公园（在旧宫北面）、团河行宫遗址公园、南海子麋鹿苑、南海子公园、北普陀影视城等。北普陀

南海子公园牌楼

影视城位于南红门，该影视城有拍摄电影电视的清代街道、店铺，有垂钓水面，有北普陀寺。这些公园成为普通百姓的游乐场地。南海子公园是北京四大郊野公园之一，也是北京市最大的湿地公园，总面积超过11平方公里，因位于原明代皇家苑林南海子旧地而得名。2010年9月26日开园，向北京市民和游客免费开放。

附　录

Appendix

一　《上林苑南海子》碑文

赐进士口口政大夫口口

奉敕总督京营戎政少傅兼太子傅彰武伯侍经筵前南京协同守备掌两京后军都督府事六和杨口谨篆

文华殿侍直文林郎通政使司经历定兴张淑谨书

苑囿之设制乎，曰古制。此盖先王蒐、苗、狝、狩，四时示武于天下。但稼穑场圃之中，非驰骛劳逸，如文王七十之囿台沼之设，已纪于傅记矣。故汉相尝请囿以便民，亦不失口荛雉兔口口。唐有两军击球之场，宋建艮岳聚景等园，悉非古制。迨我天朝建都幽燕，文皇初年，于南郊外仍元制。并立上林海子一区，延十八，百六十里。草木蓊郁，珍异充并其中，口以垣墙。置官张史，加以逻卒，但夫外司兵者吏巡警之。盖以重王命，利群黎也。仍钦命总提督官掌其事，规模体制，悉效成周之制，法亦严且密矣。迨正德间，其先驰非复祖宗旧制矣。嘉靖以来，用言者汶其弊滋甚，口削至于盗贼为巢，口渐遗民害当路，目击时弊极言之。复欲整率海户，应禁益弛矣。曾未几何，上命司礼张公至，总督其中。公深体朝廷至意，知我皇上力在追古，制业生民。于是废者修，坠者举，增属吏，倍逻卒，汰冗员，损冗役，□□应科修约束之烦，废庶众职□□务，举□川浸乎周至，苑囿之制矣。而我钦命总提张公敬齐，有功于本苑岂浅，鲜成管理。刘钦等不敢泯，故请余文，以纪其胜。呜呼！游戏郊者颂其成，入周囿者嘉其绩，誉蜚声播乎遐迩。而心祠□碑殆□，弗止于一时之所纪勒者矣。而复赞曰：苑囿之设，创自成周。天王示威，匪止观游。逮我天朝，神京鼎建。上林海子，国之苑囿。相沿即盛，禁驰人玩。赞我张公，大展嘉谟。废者乃兴，坠者亦举。动植克壮，□□□□。

碑文大意：

苑囿的设立自古有之，是前朝用于春蒐、夏苗、秋猕、冬狩和四季校武的地方。苑囿内虽有劳作者种植，但不能到处乱走。如周文王就设置有70个囿台水沼，历史上早有记载。所以到了汉代曾尝试为了方便百姓，允许进苑囿内割草打柴，但不能破坏动物生存的环境。到唐朝，苑囿又成为双方击球的场地。到了宋代，建造艮岳，筑山造景成为园林。这些，并不是沿袭古制。今我朝建都北京，成祖文皇帝永乐初年，于北京城外南郊依元制，设立上林苑南海子辖区。这里距城18里，方圆160里。苑囿内草木茂盛，蓊郁葱茏，各种珍禽异兽藏于其中，苑囿周边围起了垣墙。朝廷设置官员实施管理，并曾设巡逻的兵卒加以守护。执行朝廷的命令，有利于黎民百姓。成祖文皇帝亲自任命总提督官主管苑囿事宜，形成了规模体制。效仿周朝的管理制度，执法严格且周密。但到了我朝正德年间，由于管理松弛，没有继承祖宗定下来的管理制度。到了嘉靖朝，由于管理混乱，引起官民之间议论纷纷。这里甚至竟成了窝藏强盗的地方，严重危害当地黎民百姓，凡看到者无不指责这里造成的危害与弊端。因此，应重新对苑囿的海户人员进行彻底整顿，制止这种管理不严的松弛现象。不久前，朝廷任命张敬齐任上林苑南海子总提督。张公深知朝廷派他来管理苑囿的用意，是让其效仿祖先治理苑囿乱功经验，兴业为民，修旧利废，扶倾立正。他增加必要的管理人员和巡逻士兵，淘汰多余闲散人员，废止那些烦琐无益的事项，健全了新的管理体制。刘钦等人不敢埋没张公敬齐的丰功伟绩，故请我撰文，以记张公的胜绩。啊！使游览南郊的人都称赞张功的伟绩，使进入苑囿南海子的人都盛赞张公的业绩，使之荣誉远近闻名，口碑出于百姓心中。其实，还远不止于所记载的这些啊！有道是：苑囿之设，创自成周。天王示威，匪止观游。逮我天朝，神京鼎建。上林海子，国之苑囿。相沿即盛，禁驰人玩。赞我张公，大展喜谟。废者乃兴，坠者亦举。动植克壮，口口口口。

（石碑落款、立碑时间已毁，不能确认，约立于嘉靖晚期。）

（原载张友才著《南海子探幽》）

二 《南苑劝忠祠碑记》碑文

盖闻：国之大事惟祀戎之典重，死有万端祇疆场之功崇。况今为武装和平时代，凡属国民皆有当兵之义务。平日给以粮饷，赡其家室，教之防御攻击之战术，一旦有事莫不以败为辱、战死为荣，非恶生而好死也：死于国事乃所以忠于国家也。是以东西洋各国，举国皆兵，更番训练，无论外辱猝至内乱发生，动员令下人人感怀，以死之心，故能战胜沙场，称雄海外。

我国自改革以来，十余年中内乱未尝稍平，战争未尝稍息，为国捐躯之将士不胜屈数。即玉祥所部，前以混成一旅，追白狼于陕境，御川难于叙州。迨回驻廊坊，则有恢复共和之役；奉命援湘，则有津市、醴临、常德、桃源之役；洎于驻信阳也，又有援陕之役。及改编第十一师也，又有郑州、长辛店之役。时日久暂不同，而诸将士以身奋勇效死者亦不一而足，虽忠怀缴赏而尽节，不资报而效忠。然国殇之见重于世者，以其为苍生分痛，为国家殒身也。故前在廊坊曾有劝忠祠之建，在陕、在豫或因旧有祠宇，刻石以纪念之；或就国有地址，修葺而崇祀之。盖念国家之多故，益叹死难将士之有以维系人心，而不可一旦或忘也。十一年冬，奉检阅陆军之命，移驻南苑。每于教练之暇，以忠义之言与官兵相勉勖，而昔日共患难、同辛苦之阵亡将士尤足动其兴感。

南苑为练兵重地，咫尺都门。凡将士之枕戈待旦为国效用者尤不可无所观感，以资激励，乃呈请曹大总统建修劝忠祠，奉准发洋五千元，不敷之数由祥任之。择于苑之西偏，购地鸠工，建立祠宇，所以祀各战役阵亡将士之灵。或曰:“将士死战役，分也。”呜呼！祥曰否！否！昔先圣之制祭祀也，以死勩事则祀之，以劳定国则祀之。将士束身入伍，负羽从戎，强敌在前，孤军深入，黄尘蔽日，衰草迷灭，或戕生于枪林弹雨之中，或毙命于援绝天穷之地，虽死之时情形各异，然莫非为国而死耶？莫非效忠于国而死耶？忠魂夜泣，白骨何安？

玉祥幼从军，先考妣故后，贫无以葬，浮厝保阳义地间。壬戌秋，奉中央检阅陆军命，由豫督移驻近畿，小住保次乃得移。年末省墓，见巨石莹然垒墓侧，方施雕工。问之，知为全体官佐醵资购置，欲建碑表墓者。呜呼！诸君高义至可感已，虽然，余曰慨哉，自叙州、廊坊两纾国难，复转战湘、秦、直、豫间，未十载而有捐躯身亡者数百人，顾不悲欤？然则士死国事，非所谓陈死勇非孝也。阵亡诸将士善继父母之志，可谓达孝矣！诸君欲建墓碑亦教玉祥以孝也。玉祥不敢以一人之愚孝湮忠义报国之先志。所忏慰者，于今惟表忠扬烈可继先人之志，则诸君义举实扩孝思于无穷焉。因各返所醵，特运原石，于阵亡者悉刊姓名于上，以资纪念。俾后世来异，知所观感，藉慰诸将士舍身救国之英魂并彰诸君孝思饧类之雅。

潍县王寿彭谨书

中华民国十三年九月十日陆军检阅使冯玉祥率全体官佐敬立

(高世良整理，杨凤魁老师审核修正。该碑因年深日久，又因“文革”期间被改做牲畜槽而多有损坏，有些字迹不清或缺漏，故经反复推敲而补损，力求恢复原文本义。原碑文无标点，为便于阅读断句，笔者加了标点。)

三 《冯检阅使德政碑》碑文

夫自古水患，黄河而外首推永定。盖以上源诸水，皆夹流于晋北万山中，高于本河三千余尺，水湍土松，挟泥沙而下，河淤堤高。人居釜底，每一溃堤，为患最深。甲子入夏以来，连月苦雨，水气勃戾，上源骤涨，汇而下注，溜盖湍急。南上二、三两工，抢救无效，先后决口四处，堤外数百里尽成泽国。人畜漂荡，田庐淹没，为百十年来罕见之奇灾。黄土坡者，左倚京奉铁道，右临本河，北上二工为溃决各口门之对岸也。当南岸决口之后，大溜斜奔，该工正当扫湾顶撞之冲，堤根被水不转，瞬而大堤涮去一百四十余丈。虽经内务部派员周技正、象贤方、顾问维因偕本河员弁、兵夫，竭力抢护，未能脱险。七月八日水势更大。承蒙陆军检阅使冯公玉祥，派现任京畿警备总司令鹿师长钟麟、李师长鸣钟，率部下军队二千余人到堤协助。自营长以上，莫不负薪捧土，身先士卒。嗣见水流过急，随溃随抢，危在旦夕，乃率军士就残余土坡加筑新堤，昼夜弗懈，历三十余日，新堤始成。而水势汹汹，如万马奔腾，冲撞而至，使无新堤之防御，岂惟治河？村落被淹、铁道被毁，即畿辅以南数十万生民皆葬鱼腹矣！厥绩岂不伟哉！祥榕甲子十月奉令管理永定河务，巡视各工。至黄土坡，见新堤百余丈，形如弯月，迎流若屏障焉。河干父老告余曰："此冯公堤也。今夏大水，倘无此堤防护，则吾民早与波臣俱去矣。吾数百村生命财产，今日得以父其父，子其子者，皆冯公之赐也。且也时当盛暑，堤外有荷田数亩，花叶亭亭，以两团兵士之众从事工作者一月有余，虽汗流浃背，未尝妄采一藕以止渴，其纪律之严，诚为近世罕见。"祥榕闻言，乃知德政感民之深且远也。冯公不但精于治兵，且善于治水，古之良将良吏，冯公兼而有焉。当今举世滔滔，安得尽如冯公之连年派队协助者！则不禁临流悚惶，为无数苍生前途既危且惧也。惟是南岸决口未堵，涿、良、文、霸各县人民尚日处于洪流漂荡之中。而环顾两岸堤工，焦头烂额，如黄土坡之险要亟待修治者，尚不一而足。今幸薛公笃弼来尹京兆。凡为政，勤求治理。对于河工尤亟垂询，思所以整治之策，是又继冯公而救我胞与者矣。祥榕钦敬之余，爰铭贞珉，聊代口碑云尔。

京兆永定河河务局局长孔祥榕率全河员弁等恭立

中华民国十四年岁在乙丑一月谷旦

(高世良整理)

后记
Postscript

笔者是退休后开始研究南苑地区文史的，本人不是学文史专业的，也没做过文史工作，对文史是门外汉，仅凭自己的兴趣，到图书馆查阅有关的资连，进行实地考察，访问老者。南苑距京城较近，与国家发生的大事紧密相连。南苑原是辽金及元明清的皇家猎场，元明清的皇家苑囿，元代开辟下马飞放泊，明代建南海子，清代扩建南苑，为清代皇家第一苑。以上五朝皇帝常到南苑一带狩猎、检阅军队、行宫休养。南苑是中国第一个飞机场、航校、飞机修理厂、北京第一个火车总站的发生地，也是八国联军洗劫、军阀混战、抗日战争及解放战争等重要战争的发生地。过去没有专门书籍记述南苑文史，所以笔者在退休后的20多个年头，将主要精力投入到研究南苑文史活动中，并取得了可喜的成果。笔者在报刊发表近200篇文史文章，在北京电视台《这里是北京》节目中两次介绍了南苑文史。此前笔者两次出版了南苑专业书。1999年由北京燕山出版社出版《南苑杂记》，2009年由中国旅游出版社出版《南苑往事》。两次出版的南苑文史书，受到各界朋友的欢迎，令笔者成为编写南苑书籍的第一人。这次是第三次出版，书名为《南苑春秋》。这次出版对原书与南苑文史无直接关系的内容进行了精减，主要内容包括南苑皇家园林、南苑军事战争、南苑钩沉、南苑地名集锦、南苑传说故事和今日南苑新貌。这次出版又补充了一些新资料，增加了几十张珍贵的老照片，并且采用全书彩印，使文字和有关内容的图片放在一起，便于读者阅读和了解。

这次出版得到有关部门和各位朋友的大力支持。南苑街道办事处原主任李忠及南苑街道工委宣传部郑菲同志提供了南苑镇有关资料和照片；南海子麋鹿苑副主任郭耕提供了多张禽鸟照片；靳旭老师提供了拆除大红门草图并绘制了清代南苑位置图，使清代南苑图与现代南苑图结合在一起，便利了读者了解明清南苑的位置；大兴区政协文史委原主任李丙鑫原来曾提供较多的资料和照片，这次又提供了南苑清军的资料和一些照片；大兴区文史学者张友才提供了一些图片；南苑机场的周广银先生提供了一些南苑老照片；西城区《西城追忆》杂志提供了抗战时期大红门老照片；丰台区退休干部甄润昌提供了马家堡火车站至永定门有轨电车的老照片；北京市十五中学退休教师杨凤魁对南苑昭忠祠碑文进行了审核；文史爱好者杜星洲、于嘉义和南苑村商金城提供了珍贵的老照片。清末民初的老照片多是外国人拍摄的，改革开放后逐渐见诸国内各种媒体。南苑寺庙、大红门、二十九军抗日、南苑机场、马家堡火车站和有轨电车等老照片十分珍贵，我们通过这些老照片能了解历史真实面貌。书中有些照片图片是朋友拍摄或提供的，注明了拍摄者、提供者，有些现代照片和图片是笔者拍摄、绘制的，没有注明名字。

丰台区委、南苑乡党委都重视南苑地区历史文化，丰台报和丰台电视台连续报道了南苑地区历史文化。这次南苑乡出资出版《南苑春秋》，对弘扬南苑历史文化和建设南中轴文化轴具有重要意义。

对出版此书做出贡献的单位和诸位先生，表示衷心的感谢。

欢迎广大读者对书中错误批评指正。

高世良
2018年9月10日